IMAGES OF THE ILLUSTRIOUS

The Numismatic Presence in the Renaissance

John Cunnally

古代ローマの肖像

ルネサンスの古銭収集と芸術文化

ジョン・カナリー　桑木野幸司 訳

白水社

古代ローマの肖像——ルネサンスの古銭収集と芸術文化

IMAGES OF THE ILLUSTRIOUS: The Numismatic Presence in the Renaissance
by John Cunnally

装丁　柳川貴代
装丁図版　カバー　古代ローマ、アウグストゥスのアウレウス（金貨）
© Hoberman Collection / Corbis / amanaimages
扉　ブルートゥスの「3月15日」デナリウス銀貨
© akg-images / PPS 通信社

古代ローマの肖像　目次

第1章　枯れることなき地脈より湧きいずる
――ルネサンスは古銭だらけ

一五七九年刊行の著作『古代のメダルと装飾彫刻に関する議論』（以下、『メダルについての議論』と略記）の中で、アントワーヌ・ル・ポワは、アウグストゥス帝の青銅硬貨がブラジルで発見されたことを伝えている。これぞ、古代ローマの水夫たちがコロンブスなんぞよりはるか以前に、新世界に到達していた証拠にほかならないのだという。(1) ル・ポワはおそらく、この注目すべき発見について、地理学者アブラハム・オルテリウスから知ったのであろう。そのオルテリウス本人も、古銭の情熱的な蒐集家で、自身が編んだ巨大な世界地図『地球の劇場』（一五七〇年）の中に、アウグストゥス帝のさまよえる古銭がたどり着いた先を記載している。(2) ではそのオルテリウスはというと、ルーチョ・マリネーオ・シクーロが執筆したスペイン史が種本なのである。著者はイタリア人の人文主義者で、フェルナンドとイサベルが統べるスペイン宮廷に伺候していた人物だ。(3) ただマリネーオの記述では、この驚くべき硬貨はブラジルではなく、パナマ地峡のダリエンで、フラ・フアン・デ・ケベードが同地の司教であった時代（一五一四―一五一九年）に発見されたとされている。マリネーオによれば、この硬貨はのちに、彼の友人ジョヴァンニ・ルッフォが落掌した。コゼンツァ大司教で、スペイン宮廷の教皇特使でもあったルッフォは、この逸品を教皇への贈答品にしたという。この「印度ニテ発見サレシ古銭」のエピソードには、我々も大いに好奇心をそそられる。古代ヨーロッパ人たちは実はアメリカに達していたのだ系のお決まりの考古学ミステリー（あるいはでっち上げ）の、おそらくこれは最初期の事例ではあるまいか。たとえば、一九六〇年代にベネズエラの海岸で掘り出されたと伝えられる、ローマ帝政期の硬貨がたんまり詰まった壺の発見報のたぐいと、同類の情報と見えるのだ。だが、この冒険好き「古銭」にかんする物語の真偽――ヴァティカン・ミュージアムが所有する膨大な古銭コレクション用収蔵キャビネットの引き出しのどこかに、今もこの硬貨が人知れず眠っているのでは、と想像してみたくなる——はさておくとして、このエピソードからわかるのは、ルネサンス期の古物研究家たちが、古銭をいたるところでのべつまくなしに見つかる品と考えていたらしい、ということである。古銭はとめどなく、地中からざくざくと湧きでてくるもの、そんなふうに見なしていたふしがあるのだ。

この心情は、古代の黄金時代への郷愁と、分かちがたく結びついていた。『メダルについての議論』のル・ポワはこう主張している。「およそ古代人のすんでいた土地、地域、国家で、これらローマ人たちのメダルが見つからぬ場所はない。これぞ、古代人たちの偉大さの証言であり、彼らの帝国が世界の隅々にまで広がっていたことを今に伝える記録なのだ」[5]〔「メダル」と硬貨の語の使い分けについては、第12章および訳者あとがきを参照〕。

人々が熱心に求めた古代遺物には、ほかにも大理石だとか、壺だとか、彫刻宝石やカメオなどといった品々があったが、それらに比べると、ギリシア・ローマ期の硬貨は量が豊富で価格も安く、欲しいと思えば、どこの地域に暮らす人文学者であろうと簡単に手に入れることができた。ジローラモ・ルシェッリは、セバスティアーノ・エリッツォの著作『古代メダル論』に寄せた序文の中で、こう書いている。「今日われわれが手にしている古代彫刻の数と比べたら、メダルの量ははるかに多く、世界のいたるところに見つかる」[6]。ここでヴェネツィアの人文学者ルシェッリが語りかけているのは、ポーランド王ジグムント二世である。王が統べる領土には古代のモニュメント類がまったくなく、見つかるのはただギリシアやローマの硬貨ばかり。それも数世紀前に、商魂たくましい商人たちが持ち込んだものか、さもなくば最近イタリアやレヴァント地方から帰郷した蒐集家たちが持ち帰ったものであった。かつてローマ帝国の硬貨は、琥珀、真珠、胡椒《こしょう》、絹の代価として、国境のはるかかなたの地にまで漂流していった。ルネサンスに沸く中央ヨーロッパから見れば端も端のスコットランドやスウェーデン、さらにはドナウ川の向こう側の地域でも、ギリシア・ローマ時代の硬貨が日々出土した。一枚一枚ばらばらに見つかることもあれば、大量に貯蔵された状態でまとめて掘り出される場合もあった[7]。一五九八年にステファヌス・ザモシウスは、トランシルヴァニアで発見された古代遺物の報告集を出版している。トランシルヴァニアといえば、かつてはローマの辺境属州ダキアに属していた地方だ。報告の中には碑文、武器、彫像なども含まれているが、やはりこの地域の古代ローマ人とその同盟国人の遺物として圧倒的な量を占めているのは、硬貨である。「ちょっと想像がつかないほど多種多様」だとザモシウスは記している。なかでも皇帝の硬貨が多く、とりわけトラヤヌス帝とハドリアヌス帝のものが突出しているという[8]。またキケロの硬貨なる代物も一枚、トランシルヴァニアの大地から出土したと報告されている。これなど、ルネサンス期の硬貨偽造屋が、主たる市場であったイタリアとフランスばかりでなく、ヨーロッパの辺境地域でもしっかり商売に励んでいた証拠といえる。ザモシウスは古代ギリシアの硬貨についても、ローマのそれに劣らぬ量を掲載している。リストに含まれている銀貨には、マケドニア王フィリッポス、アレクサンドロス大王やリュシマコスのものをはじめ、「書物ではめったにお目にかかれぬ名前の」王や諸都市の硬貨もある。だが、これらトランシルヴァニアの小さな古代遺物のなかでも、とりわけ著者ザモシウスお気に入りの一品が、美しいセミラミスの姿を刻印したテトラドラクマ銀貨であった。古代アッシリアの女王の頭部像に添えて、ギリシア語で「最古ニシテ、ソノ性ハ粗暴」という銘が読める。ザモシウスはこの硬貨を熱っぽい筆致で描写し、かのキケロのデナリウス銀貨と同じ蒐集キャビネットで保管するに値する逸品と、絶賛している。

ルネサンス期のローマでは、ある人文主義者がこんな言葉を残している。古銭とは「枯レルコト無キ地脈ヨリ湧キイズル」(perenni vena scaturiunt) もの[9]。この表現は、血液の流れを想起させる。古銭というオブジェが、古代遺物のなかでももっとも流動性に富み、激しい勢いでルネサンス期のヨーロッパ中を循環したということを、このイメージは思い出させてくれるのだ。街から街へと、古銭は書簡に添えられて運ばれてゆき、また贈答品や友情のしるしとして、人々の手から手へと渡っていった――「貴兄に抱く尊敬の念の、わずかばかりのしるしです」。エラスムスと書簡をやりとりしていた相手のひとりは、そんな言葉を添えている[10]。もちろんこの偉大な人文学者は、受け取った硬貨のすべてを手元においていたわけではなく、今度は彼自身が贈り主となって、友人たちへの贈答品としていたのである。たとえばパリ大学教授のハインリヒ・グラレアヌスは、結婚祝いとしてトラヤヌス帝とアレクサンドロス大王の硬貨を、エラスムスからプレゼントされている。[11] 古代ギリシアで鋳造されたスタテル貨やドラクマ貨などは、とりわけ長旅を経験した硬貨のたぐいで、故郷の都市や島々を遠く離れた西欧の地にまでたどりつき、蒐集棚や聖遺物箱の中に落ち着き場所を得ている。イザベッラ・デステはあるときソネットを綴った紙で包まれた一枚の古銭を贈られ、大変喜んでいる。贈り主はフラ・サッバ・ダ・カスティリオーネ。デロスのアポロン神殿の遺構を訪れ、物想いにふけった彼が、ふと件の古銭を拾い上げて詠んだ詩がそのソネットであった。[12] ロドス島のディドラクマ銀貨は、「ユダの銀貨」としてイタリアおよびフランス中の教会で保管されていたのだが、その枚数の多さからして、この種の古銭流通がかなり早い時代から行なわれていたことがわかる。[13] 古銭取引にまつわる有名な逸話のひとつに、ローマの偉大な古代学者フルヴィオ・オルシーニが、キケロのメダルにふっかけられた価格があまりに高額なことに不平を洩らした話がある。キケロが属州総督であったときに、小アジアのマグネシアで鋳造されたものだとされる逸品であった。オルシーニの抗議に対し、売人はこうやり返す――価格が高すぎるなんてことはありませんよ。なにせ、この金額でもマグネシアからローマまでの送料をなんとかまかなえる程度なんですからね。[14] おそらく、この同じメダルがそのまま放浪の旅を続けた末に、トランシルヴァニアのザモシウスの手にたどり着いたのではあるまいか。彼がメダルの送料を全額請求されなかったことを、ただただ祈るばかりである！

一五一七年、アンドレア・フルヴィオの『著名人の肖像』(*Illustrium imagines*) の出版を皮切りに、硬貨のかたわらに、別種の品が加わるようになる。それは硬貨と同じように蒐集の対象とされ、人々のあいだで流通し、交換対象とされ、ときには贈答品としても用いられた。尽きることなき自らの鉱脈から、滔々《とうとう》と湧きでてくるようにも思われたその品こそ、古銭学の書物であった（図1）。実際、古銭の表面図像、およびその裏面に浅浮き彫りで刻まれた情景や人物像などは、木版や銅板による白黒版画で複製するには、いかにもぴったりの対象だ。さらに古銭には刻銘が刻まれていたから、印刷ページ上の文字組みとの相性はさらに高まる結果となった。硬貨の丸い形状は、印刷本の文字列との美学的な調和をなんら崩すものではなかった。なぜなら、さまざまなデザインの装飾枠組みで図をぐるっと囲ってしまうか（図2）、あるいは文字列の中に組み込んで、テクストを飾る装飾や、古い写本にみられる絵文字の

図 1：フルヴィオ『著名人の肖像』（ローマ、1517 年）、タイトル・ページ。

図 2：ヴィーコ『アウグスタ伝』（ヴェネツィア、1557 年）収録の図 35、ユリア・ドルシッラ

イニシャルのように見せてしまえばよかったからだ（図3）。ローマのマッゾッキやリヨンのルイユ、アントウェルペンのプランタンなどといったルネサンス期の出版業者がもし、仕事の手を少し休めて、自らの企業活動がはらむ意味について哲学的な省察にふけったとしたら、おそらく次のような述懐に至ったのではあるまいか。すなわち、古銭はとりわけ印刷本による複製に適した対象である、というのも古銭はそれ自体がすでに同一品の大量生産のたまものであるからだ。いわばアウラを破壊する技術、すなわち数世紀後にヴァルター・ベンヤミンが芸術品の機械的複製と同一視することになるあの技術の原型が、ここに見られるのだ。[15] あちこちを流浪する硬貨の図像を木版や銅板に定着させ、さらなる複製や運搬の便をはかること。これは、硬貨がもともともっていた流通と交換という目的の断絶ではなく、むしろその完遂であったように思われる。

　ルネサンス期に流行した硬貨コレクション、およびそれらおびただしい硬貨の図像を複製した書物。この二つは、古典古代の文化——以前には本の虫である一部の人文学者たちのみが占有するものであった——を、ヨーロッパのすべての教養人にとってなじみ深く、気軽に接することができるものとする強力な推進力となった。クロード・レヴィ＝ストロースは、我々の注意を次の点に向けさせている。芸術がもつ機能のひとつは、対象をミニチュア（縮減）化した「相同物」を提供することにある。そしてそれらの対象が、そのままの状態で理解され、支配され、掌握されうるという錯覚を人々に生みだすのだ。「小さくなれば、対象の全体はそれほど恐るべきものとは見えなくなる（……）この量的な転換によって、そのものの相同体〔この場合は美術作品〕に対するわれわれの力は増大し多様化する」[16]（クロード・レヴィ＝ストロース『野生の思考』大橋保夫訳、みすず書房、一九七六年、三〇ページ）。エネア・ヴィーコの一五四八年の著作『裏面もすべて含めた皇帝の図像』は、ローマの宗教や戦争、商業、政治を描いた硬貨が、ページをところせましと埋め尽くしているが（図4）、この本をめくっていると、映画のような感覚をおぼえずにはおれない。古代世界が幻影の行列として現れているのを、キネトスコープの接眼レンズのような、小さなレンズや覗き窓から見ているように。[17] 地図の場合には、芸術がもつこの機能、すなわちミニチュア化を通じて世界を手に届くものにするという機能は明白である。だから、ルネサンス期の古銭学著作の著者たちの多く——オルテリウス、ラツィウス、シメオーニ、サンブクス——が、地図学の発展史においても同様に貢献した人々だったと知っても、驚くほどのことではない[18]。

古代ギリシア・ローマのメダルは、人文主義者たちによって、文字通りのミニチュア版古代遺物と解釈されるケースが多々あった。すなわち、はるかな昔に破壊されるか、地中深くに埋もれてしまった偉大な彫刻や建築モニュメントをぎゅっと小型に縮約したものが、メダルだと見なされていたのである。硬貨に馬上の人物像が描かれていれば、それは古代の著述家たちが言及する今は失われた騎馬像、たとえばトラヤヌス帝が自身のフォルムにたてた作品など

94 IMAGINES

foribus templi eſt ara,in cuius baſi duo ſunt augurales pulli, farinam colligentes, ſuper illos eſt imago viri, cum aliis ornamentis compoſitis ex frondium ligaturis. Ad dextrum aræ latus Imperator loricatus & galeatus conſiſtit,dextra ſchedam tenēs, à cuius tergo duo videntur milites galeati.Læuo aræ lateri ſacerdos palliatus ſiniſtra ſchedam tenens,dextra pateram in ara ſacrificaturus,aſsiſtit: à cuius tergo duo milites loricati nudatis capitibus conſpiciuntur, ſine inſcriptione.

MALLIA SCANTILLA vxor Didii Iuliani Imperatoris. Ab hac perſuaſus Iulianus, Imperium ſuſcepit, ac poſteà à Senatu Auguſta eſt appellata.

DIDIA CLARA Iuliani ex Mallia Scantilla filia, Cornelio repentino in coniugium tradita, Auguſtáque nominata. Poſt patris interitum,nomen eſt abrogatum,ſed conceſſum patrimonium.

PESCENNIVS NIGER ex patre Annio Fuſco,matre Lampridia natus,mediocriter eruditus, moribus ferox,diuitiis

図3：ストラーダ『古代宝物要覧』（リヨン、1553年）94頁、スカンティッラ、ディディア、ペスケンニウスの硬貨

図 4：ヴィーコ『裏面もすべて含めた皇帝の図像』（ヴェネツィア、1548 年）、ネロの銅貨をあらわした図版

& Dione, ſi giacque con tutte le ſue ſorelle, & ancora che la tauola ſua era piena di perſone, ſe ne poneua quando una, & quando un'altra à ſedere à canto da man ſiniſtra, hauendo ſempre la moglie da man deſtra. Et credeſi ch'egli toglieſſe la virginità à Druſilla, eſſendo ancora fanciullo. Et dicono che Antonia ſua auola, in caſa della quale ſi alleuauano inſieme, lo trouò una uolta à giacerſi con lei. Giuraua ſpeſſe fiate pel nome di Druſilla, come di quella, di cui teneua piu conto, che dell'altre. come leggiamo in Dione, lui hauer dimoſtrato nella ſua morte. Ond'è che vedendo il popolo Romano queſte ſue ſorelle tanto amate da lui, gli fece per adulatione battere la medaglia con l'imagine di quelle deificate dal riuerſo, ſi come in Suetonio ſi legge nella uita di Caligula, il quale puntalmente ſcriue quanto di ſopra s'è detto.

TIBERIO CLAVDIO.

LA MEDAGLIA di Tiberio Claudio, di metallo Corinthio, con lettere, che dicono. TI. CLAVDIVS. CÆSAR. AVG. P. M. TR. P. IMP. con una bolla, con lettere tali dietro alla teſta. N. C. A. P. R. cioè. Nobis. conceſſum. à. populo. Romano. Ha per rouerſcio vn belliſſimo arco, che ha ſopra vna ſtatua equeſtre in mezo di due trofei carichi di ſpoglie, con S. C. & con altre lettere intorno tali. NERO. CLAVDIVS. DRVSVS. GERMAN. IMP. Queſta medaglia fu battuta à perpetua memoria & onore del trionfo Britannico. Percioche queſta ſola impreſa ſcriue Tranquillo, che fece Claudio à ſuoi giorni, che fu l'impreſa della Inghilterra. Concioſia coſa che hauendo ordinato il Senato, che per ſuo onore gli foſſero conceſſi gli ornamenti trionfali, deſiderando Claudio di trionfare, eleſſe per mandar ad effetto queſto ſuo diſiderio, l'impreſa della Inghilterra. Onde partitoſi da Oſtia, & andandoſene alla volta di queſta Iſola, per mare, & hauendola ſenza alcuna battaglia, & ſenza ſangue, ridotta in brieue in ſuo potere, tornò à Roma, & trionfò con grandiſſimo apparato. Et queſto è vn'arco, con la ſtatua equeſtre di Claudio; & quelle ſono le ſpoglie de' Britanni. Ma peraventura noi potremmo ancora dire, che queſt'arco poſto dal riuerſo nella medaglia di Claudio, foſſe quell'arco di marmo trionfale, che il Senato fra

F 3 molte

図5：エリッツォ『古代メダル論』第4版（ヴェネツィア、1585年頃)、85頁、クラウディウス帝のメダル

と同一視されもした[19]。だからレオナルド・ダ・ヴィンチが、ローマ皇帝の凱旋門を描いた硬貨の図像を模写したり、そのモチーフを作品に採用したりしていた事実も、驚くには値しない。彼はたとえば、フランチェスコ・スフォルツァやジャン・ジャコモ・トリヴルツィオの騎馬像を作成した際、その野心的なデザインに、ブリテン島攻略を記念したクラウディウス帝の硬貨の図案を利用している[20]（図5）。ルネサンス人文主義で繰り返されたお決まりの主題といえば、ちっぽけな硬貨を、古代の巨大な建造物と比較・対比したり、同一視して見せたりすることであった。ローマ帝政期のメダルにたびたび描かれる神殿や宮殿や公共建築の姿が、この種の綺想を助長したことは疑いない[21]。トマス・モアによるラテン語の詩のひとつに、フランドルの友人が所有するコレクションを賞賛しているものがあるのだが、そこにはこんな文言が読める。「ブスレイデンよ、高貴なる死者への記念碑《モニュメント》という点では、かのピラミッドといえども、君の小さな硬貨蒐集箱にはおよばない[22]」。ローマ帝政期の硬貨を網羅した野心的な総覧たるアドルフ・オッコ『ローマ皇帝の古銭』（一五七九年）には、巻末に四行からなるエピグラムが掲載されている。この本自身が、いま書店で自分をぱらぱらめくっている客に語りかけるという体裁をとったもので、「どうぞ私をお買い上げください――お値打ち価格となっております」と読者をせきたてる。お客様はこれら硬貨の中に古代人たちのモニュメントをご覧になることでしょうが、だがしかし！　「モニュメントといっても私は軽いので持ちあげることもできますし、また携帯だってできちゃいます[23]」。もちろんモアもオッコも、モニュメント（monumentum）という語の二重の語義にひっかけているわけだ。つまり大きさや媒体のいかんにかかわらず記念物一般を指す場合と、現代的な意味での記念碑的《モニュメンタルな》建造物を指す場合と、二重の意味があったことをおさえていたのだ。

第2章　事物の夥多《かた》と多様性
——古銭図像の豊富なこと、多彩なこと

古銭は出土量が豊富で持ち運びも便利という利点に加え、表面に刻まれたさまざまな肖像、情景、シンボル、図案などが大変多様性に富んでいたことも、このオブジェをひときわ魅力的なものにした。図像とあらばなんでも飛びつき、とりわけ古代のものには目がなかった時代のことである。「神殿、征服した属州、杖《カドゥケウス》、握り合う手、二面および四面のヤヌス神、舟、軍隊、豊饒の角《コルヌコピア》」、これらは、古代ギリシア・ローマの硬貨に描かれた実に多彩きわまる図像類の、ほんの一部にすぎない。この一節は、アルトドルフ・アカデミーの学生たちを前に、学長のヨハン・トマス・フライギウスが一五七八年にぶった、『古代遺物について』と題した演説中の一くだりである。学長はなおも続ける。「アマルティアのヤギ、雷撃、名誉と美徳の擬人像、クジャク、ワシ、フクロウ、ダチョウ、蟻、四頭立ておよび二頭立ての戦車、キュベレ女神、イノシシ、犬、鹿、レイヨウ、雄牛、ライオン、イルカ、カバ、蛇、短刀付きの自由帽、天秤《てんびん》、象、オオヤマネコ、トラ、メルクリウスの羽つき帽子、双生児に乳を与える雌狼、太陽、月、七つの丘のローマ、イタリア、勝利の女神、ヘラクレスの棍棒、ケルベロス、リュラ琴、皮膚を剝がれたマルシュアス、三脚台、クピードー、ワニ、子羊、ペガサス、ほかにも数えあげたらきりがないほどの多量の事物[1]」

　アルトドルフ・アカデミーに集ったうら若き学生たちのうち、「カバ」や「ダチョウ」が何を指すのか理解できたものが、いったい何人いたであろうか。また、どうしてヤヌス神の頭が二つだったり四つだったりするのか、理由をうまく説明できただろうか。そんな疑問はさておくとしても、学長が古銭図像の多様性を絶賛するその大演説に、学

生たちが目を輝かせて聞き入ったであろうことは、まず間違いない。とりわけ「夥多《かた》」や「多様性」の観念が、それ自体で喜ばしいものと見なされていた時代のことである。また、「歴史画」ないしは物語画と呼ばれる絵画ジャンルにおいて、古代や英雄の世界をもっともらしく再現するのにも、古銭の多彩な図像は欠くことのできない資料であった。レオン・バッティスタ・アルベルティは『絵画論』の中で次のように書いている。「『歴史画』において、鑑賞者に喜びを与えるいちばんの要素は、事物の夥多と多様性《コーピア・エト・ウァリエタース・レールム》である（……）精神は、ものごとが多様で、豊富である場合に、喜悦を覚えるのだ」[2]。アルベルティはついで、「歴史画」の作品中に描かれるべき事物の目録をリストアップしてゆくのだが、それはあたかも、先ほどのフライギウス学長の演説の要約のような印象を受ける。「老人、若者、少年、既婚婦人、乙女、子供、家畜、犬、鳥、馬、羊、建物、属州」。アルベルティの絵画論は一四三〇年代に執筆されたものだったが、彼がここで吐露した心情は次世紀の初頭に、レオナルド・ダ・ヴィンチによって繰り返されている。「画家は、物語画中の自然の要素が豊富で多彩であることに喜びを覚える。そして一度画面に描いたものは繰り返さないようにして、目新しさと豊富さとが、鑑賞者の目を引きつけ、楽しませるように配慮する（……）物語画では、男性像を描くにも、さまざまな外見や年齢、衣装の人物を取り混ぜ、さらに女性や、犬や馬や建物や野原や丘なども、一緒に描かなくてはならない」[3]。

「無数といってもよいほど多量の」硬貨図像を記載した同類のリストは、エネア・ヴィーコやセバスティアーノ・エリッツォの古銭論でも、やはりお目にかかる。両者の場合は、硬貨蒐集がいかに高貴で有用な趣味であるかを示す指標として、リストが掲げられている[4]。とはいうものの、実は、エリッツォが論じる硬貨のなかには、「スピントリアエ」と呼ばれる悪名高い硬貨も含まれている。これは一世紀に鋳造された青銅メダルで、性交の営みの千姿万態を描いた図像が赤裸々に刻印されているという代物であった[5]。ルネサンス期の古物研究家たちは、これらのメダルをティベリウス帝に帰している。カプリ島での自身のスキャンダラスな営みを後世に残したいと熱望した彼が、こんなメダルを作らせたというのだ。エリッツォは、これらの恥ずべき古代遺物をけしからんと難詰する一方で、彼自身のコレクションにあったそれらのメダル一対を微に入り細を穿《うが》って描写した末に、こうコメントしている。「シリーズのその他のメダルも、同類のみだらな行為を表わしたものだ。考えうる限りの肉交の体位と身体各部の描写でもって、卑猥な媾合の百態を描き、男と女の営みを示している」。アルトドルフ・アカデミー学長フライギウスが、この種の「多様さ」まで学生たちに教えなかったのも、なるほどうなずける。もっとも、もしそこまで教えていたら、若者たちをさらに古代学習へと駆り立てる大いなる刺激にはなったであろうが。

　アルベルティの著作にあらわれる多様性《ウァリエタース》の概念を分析するなかで、マルティン・ゴーゼブルフは次のように示唆している。アルベルティ、および一四五〇－一五五〇年の期間に生きた人文主義者たちにとって、豊富さと多様性の理想は、たんに美学の問題のみならず、倫理的な重要性もおびていたのではあるまいか。そしてそのような理想が、我々が通常ルネサンスの「宮廷人」と結び付けて考える、多彩・多芸で、何にでも順応できる個性というものを発展させる契機となったのではないか。「げにもそれは、多様性の世紀ではあったのだ」[6]。だから、サッバ・ダ・カスティリオーネ――イサベッラ・デステに宛ててデロスの地から硬貨と詩を贈った彼の姿には、前章でお目にかかっている――が、才能豊かな貴紳のたしなみのひとつとして古代メダルの蒐集を挙げているのも驚くには値しないし、エネア・ヴィーコが、これらの小さな古代遺物を繰り返し眺めることで、蒐集家の性格を改善し鋳直すことさえも可能なのだと主張しているのも、なんら不思議ではない[7]。十六世紀の末ともなれば、硬貨を通じて君侯の子弟を教育するという考え方――古代の美徳と文化を理解する王道として――は、ごくありきたりなものとさえなった。ピエール・アントワーヌ・ド・バガリスは国王アンリ四世の命を受け、「王家のキャビネット」を再建する任をうけおった。このキャビネットはもともとはカトリーヌ・ド・メディシスが築きあげ、その後の宗教戦争のさなかに散逸してしまったコレクションの総体で、その復旧の目的は「王城を飾り、王家の子弟を育英・教導し、当世の芸術家たちの規範となるモデルを提示する」ことにあった[8]。このキャビネットを研究したバブロンは資料として、バガリスが一六一一年に出版した『好奇の小冊』を頻繁に引用するのだが、その本の中でバガリスは次のように主張している。カトリーヌ王妃はイタリアから到着されたのちに、王家のキャビネットを設営されたのだが、それは「御子息たる王家の若公達――すなわち、のちのフランソワ二世、シャルル九世、アンリ三世――を教育せんとするため」であった。だがこの顔ぶれは、古銭研究が人格を改善しうるというヴィーコの信条を証明するケースとしては、いささか不適当なのだが[9]。

古代の硬貨を教育目的に使う慣習は、現代までつづいている。私の机の上には、ミュンヘンで一九一二年に初版が出たマックス・ベルンハルト博士の著作『人文主義教育における古代硬貨の図像』が鎮座しているのだが、これは中等学校の古典教育カリキュラムにおけるギリシア・ローマ硬貨の使用法について論じた手引書である。ベルンハルトが序文で、モラヴィアの教育家ヨハン・アモス・コメニウスの『世界図絵』からの一節を引用しているのは、決して場違いではない。コメニウスは、児童を人文学や自然科学の学習へと導くには具象的なイメージを用いるべしと主張した人物で[10]、一六五八年に出版された著作『世界図絵』は、子供用の絵入り教科書の原型と考えられている。だがその前身となったのは、十六世紀に作成された教育用の絵入りの書物であり、それらのなかにはアンドレア・フルヴィオの『著名人の肖像』も含まれる。そのフルヴィオ自身、古典文法学校の教師であり、豊饒で見てわくわくするような古銭肖像画の大行列の内に、ローマ帝国の歴史を圧縮して封じ込めたのであった（図6）。

硬貨コレクションがルネサンス期の人文主義者たちを満足させたやり方は、十九世紀に、新たな写真のテクノロジーがブルジョワたちの所有欲を満たしたのとちょうど同じぐあいだった――「写真を集めることは、世界を集めることを意味する」のだと、スーザン・ソンタグは我々の注意を喚起している[11]。ソンタグの主張、すなわち写真とは「視ることとの文法、いやもっと重要なことには、視ることとの倫理でもあるのだ」という主張は、びっくりするほどすんなりと、ルネサンス期の古物研究家たちがコインを蒐集する行為へと移しかえることができる。これはフランシス・ハスケルが、初期の古銭学者たちに関する論考で述べていることなのだが、この種のコレクションは人文主義の学者や、また彼らの著作を読む人々に、歴史というものをテクストではなく、イメージないしは「図像」の連続体ととらえる傾向を植え付けたのだという。「硬貨の研究を通じてはじめて、古代学者や人文主義者たちは、図像資料を用いることで、それ以外の方法では近づくことのできないような過去のさまざまな側面にぐっと接近し、刺激的な接触を得ることができるという考え方に馴染むようになったのである。」とハスケルは説明している[12]。ということは、ルネサンス期の硬貨コレクションは、コイン蒐集というその小さな営みを通じて、西洋全体の物の見方に影響を

M.AGRIPPA.M.AGRIPPAE.F.
M.Agrippam.M.Agrippæ Augusti
ex filia nepotem nihilo detractabiliorē
immo in dies amentiorem in insulam
transportauit sepsitq; custodia militū
cauit etiam Senatusconsulto ut eodem
loco in perpetuum contineretur.
C.TIBERIVS NERO TIBERII IMP.PA. XXVIII
Pater Tiberii Imp.Questor.C.Cę
saris Alexādrino bello classi oppositus
plurimum ad uictoriam cōtulit:Q ua
re & pōtifex in locum.P.Scipiōis sub
stitutus & ad deducendas in galliam
colonias in quibus Narbo & arelate
erant missus est. &c.
図6：フルヴィオ『著名人の肖像』（ローマ、1517年）、ff. 27-28、アグリッパ・ポストゥムスと大ティベリウスの肖像

与え、人々が現実世界を写真のように断片的で、非連続的なヴィジュアル情報体とみなす傾向に、いっそうの拍車をかけたのだといえる。この、写真のような非連続的ヴィジュアル情報体というのは、ソンタグが自著の中で、やたら小難しく告発している例の観念である。「写真に撮られることで、その被写対象は分類・保管体系に適合した、ひとつの情報システムの一部と化す（……）そうして再定義された現実、それは展示品となり、吟味されるための記録となり、監視をうける対象となる」[13]。このような視覚情報の分類・保管の原型モデルとなったのが、ルネサンス期の硬貨蒐集キャビネットであり、またその文学的対応物たる、イラスト付き古銭本だったのである。いやはやフルヴィオは、なんともすごい本を書いてしまったものである！

実際、エネア・ヴィーコの一五四八年の著作『裏面もすべて含めた皇帝の図像』では、皇帝たちの肖像がページの上部に掲げられ、続いてコイン裏面の図像群が整然と並べられて、きりがないほど多様な情景やシンボル等のイメージを見せているのだが、この紙面構成は、当時の統治者をあらわす一種のメタファーと考えられる。すなわち、己の支配領土内のあらゆる活動を冷静に観察し、分析・評価し、徹底管理を行なう為政者の姿が、このページレイアウトのうちに暗示されているのである（図7）。ここで思い起こさずにはおかれないのは、この種の書物の嚆矢となったアンドレア・フルヴィオ『著名人の肖像』が、ニッコロ・マキアヴェッリの『君主論』および『ティトゥス・リウィウスの最初の十巻についての論考』と同じ年代に出版されている、という点である。このフィレンツェの文豪は、為政者の個人的特性こそが国家の存亡を左右する最重要の要因であると主張し、古代史を、政治の世界の獅子だの狐だのの事例がたっぷりつまった貯蔵庫とみる。そこに見られる計算された暴力や狡猾さは、現代における為政者の着想源となるというのだ。

一国の王位について云々するやつは数多い、だが
シーザーは帝国を手に入れるどんな権利をもっていた？
力がまず国王を作り、法律はアテネの立法者ドラコのように

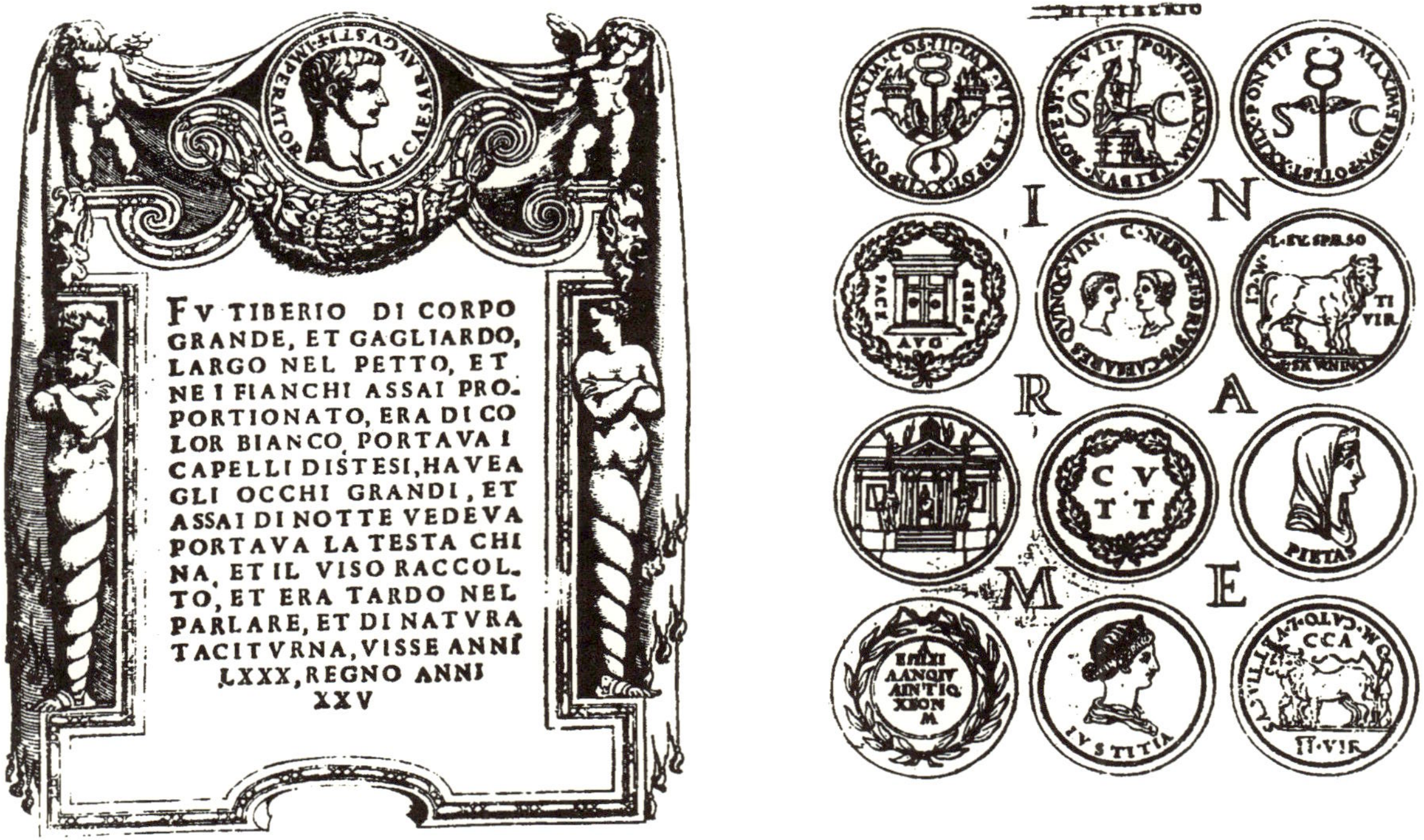

図7：ヴィーコ『裏面もすべて含めた皇帝の図像』（ヴェネツィア、1548年）、ティベリウスの肖像画とティベリウスの銅貨をあらわした図版

鮮血でもって書かれたときもっとも強固なものとなる。⒁

〔クリストファー・マーロー『マルタ島のユダヤ人』小田島雄志訳、白水社、一九九五年、八ページ〕

フルヴィオ『著名人の肖像』に収録された諷刺画風の肖像画は二百あまりにのぼるが、男女ともに、その人相の特徴や個々の装飾品がしっかりと描き分けられている。これらのイメージは、歴史を闘争の場とみなす、十六世紀に新たに芽生えた歴史観とは、なんら矛盾するものではない。この見方によれば、歴史とは自己実現をめざす野心的な個々人が戦う闘技場であり、栄光にたどり着くか、はたまた不名誉の淵に沈むか、いずれかの運命が人々を待ちうけているというものだ（図8）。フルヴィオの書物に現れるクレオパトラ、オクタウィアヌス、トラヤヌス、ファウスティナ、コンスタンティヌス、ユスティニアヌスといった面々は、いずれも個性がはっきり刻印された姿で特徴的に描かれ、さらには髪の毛のうねりや衣装のひだ紋様がつくる躍動的なラインや、木版のふぞろいな線が時として生み出す変化がそれを際立たせている。ディオクレティアヌスのしかめ面や、ネロのにやにや顔のようなものもあるが、いずれも、大きな目と猛々しい眉毛で、彼方を熱く見据えているように見える。これらのページの内には、あまたの獅子や狐が見られるばかりか、ロバや蛇にもお目にかかる。とりわけ重要なのは、これらの肖像画は、その多くが想像上のものであるとはいえ、モデルとなった人物が自身の徳性を後世に伝えるために作らせた、真正の古代メダルの肖像として提示されている点である。古代人は、自立心があり、目標に向かって行動を起こす実行の人たらんとし、国家を芸術作品のように扱うことができる男（あるいは女）を讃えた人々であったという証拠が、求められていたのである。こういった新たなタイプの個性こそは、ヤーコプ・ブルクハルトが一八六〇年に、イタリア・ルネサンスの偉大なる産物だと定義した人格ではあった。⒂

ここで、十六世紀の学長フライギウスのもとに立ち返ってみよう。とりわけ注目すべきなのが、次の点だ。彼は古代に関する演説のなかで、あれこれと硬貨の図柄を描写しているのだが、実際にはそれらの大半は自分のものではなく、手にとって見てもいなかったのである。いやおそらくは、一枚も持っていなかったのだろう。フライギウス本人

CLEOPATRA.

CLEOPATRA AEGYPTI REGINA CESARIS AMICA

Regina Aegipti quæ pulchri'
tudine sua primo.C . Cesarem
ad se amãdum allexit suscepto
etiam filio quẽ idem cesar suo
nomine appellari passus est.
Mox. M. Antonium quoq; im
periũ ægypti obtinentem obse
quio cor poris deuixit coegitq;
illum facere diuortium cum
in bellorũ causę inter Augu'
stum & Antonium bello Ac'
cincto Antonius & Cleopatra
superati Alexandriam confuge

図 8：フルヴィオ『著名人の肖像』（ローマ、1517 年）、f. 13、クレオパトラの肖像

が認めるところによれば、それらの硬貨の図像はギョーム・デュ・シュールによる『古代ローマ人たちの宗教に関する議論』で見たのだという。この『議論』はリヨンで一五五六年に初版が出版された著作で、およそ六〇〇枚あまりの古銭図像（および宝石他のオブジェを描いた版画も少数含む）を掲載し、本文で議論される神殿や神格、シンボル、聖具、儀礼などのイメージを掲げていた（図9）。本書を購入することで、フライギウスは、最小限のコストで即席の硬貨コレクションを手に入れたわけである。そしてこのルネサンスの古代愛好家殿自身が、同じことを生徒たちに勧めているのも、驚くことではない。彼が演説を行なった時点で、この本はすでに五版を重ねていたのである。うち三版がフランス語で、二版がイタリア語であった[16]。

初期ルネサンスの偉大な教育家たち——たとえばマントヴァのヴィットリーノ・ダ・フェルトレや、グアリーノ・ダ・ヴェローナなど——には、生徒たちに勧められるような、その種の書物がまだなかった。十六世紀の初頭以前には、古銭について論じた書き物は、手稿にせよ印刷本にせよ皆無であった。ごくわずかに、ペトラルカ以降の人文主義者たちの著作のうちに、古代硬貨に関する言及がちらほら見られたにすぎない[17]。だがこの欠落も、すぐさま補われた。十六世紀中葉までには、古代ギリシアとローマの硬貨を図示し、説明を加え、解釈をほどこした書物が相当数現れたのだ。その嚆矢となったのが、先にも触れた『著名人の肖像』で、一五一七年にローマで上木されている[18]。メダルの肖像画に短い伝記を添えたこの種の「著名人の肖像」は、同種のものがすぐにリヨンとストラスブールで現れ、やがてはギョーム・ルイユによる『プロンプトゥアリウム』（一五五三年）の二巻本へと結実する。ルイユの著作は図像に飢えた当時の読者たちに、実に八〇〇枚にのぼるメダル風の肖像画を提示する書物で、アダムとエヴァからはじまって、アンリ二世や皇帝カール五世ほか、同時代の貴人たちまでを網羅している[19]（図10）。この種の書物には誤記があふれ、肖像画も架空のでたらめが多く、古代世界への感性などみじんも感じさせぬ粗雑なタッチで彫られている場合が大半である。そのため、ある現代の批評家の言葉を借りるなら、これらは「アマチュア趣味の絵本」にすぎず、「ローマ古銭学の世界を体系化したなどとは、御世辞にも言えぬ代物である」として片づけられてしまう可能性もあった[20]。しかしながら、十六世紀後半のより専門的な古銭学の著述家たちは、フルヴィオの『著名人の肖像』なら

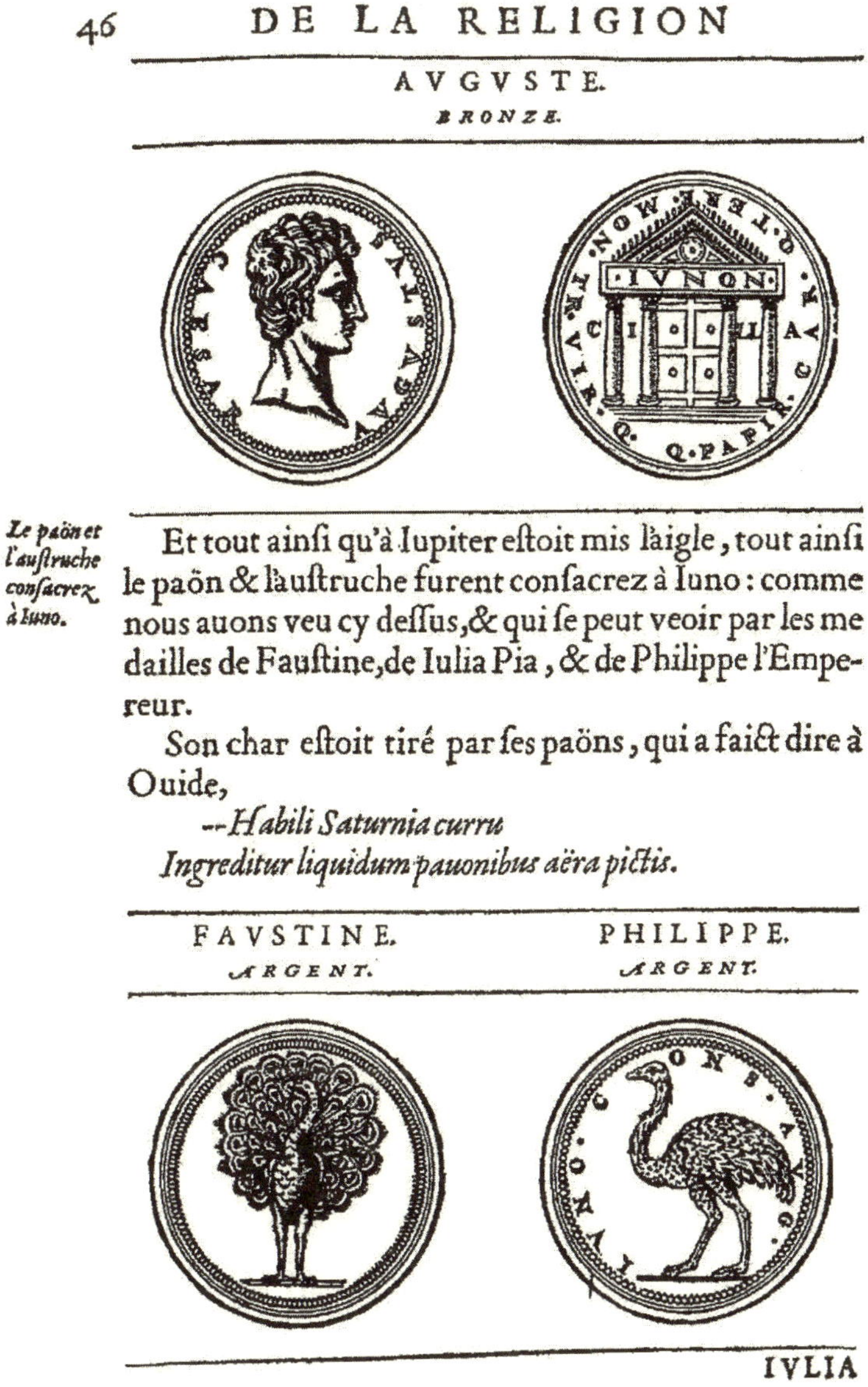
46 DE LA RELIGION

AVGVSTE.
BRONZE.

Le paön et l'austruche consacrez à Iuno.

Et tout ainsi qu'à Iupiter estoit mis làigle, tout ainsi le paön & làustruche furent consacrez à Iuno : comme nous auons veu cy dessus,& qui se peut veoir par les medailles de Faustine,de Iulia Pia , & de Philippe l'Empereur.

Son char estoit tiré par ses paöns, qui a faict dire à Ouide,

--Habili Saturnia curru
Ingreditur liquidum pauonibus aëra pictis.

FAVSTINE. ARGENT. PHILIPPE. ARGENT.

IVLIA

図9：デュ・シュール『古代ローマ人たちの宗教に関する議論』（リヨン、1556年）46ページ、ダチョウやクジャクなどの硬貨

びにその模倣者たちの著作を信頼できる資料として受け入れ、書誌目録や「論駁対象の著作家《スクリットーリ・アックザーティ》」のリストに掲載していったのだった。[21] これら後代の著作家たちは、ちょうどジャン・バティスト・ジャールも近年同様の認識を示しているのだが、「それ以降の世紀に出される博学な著作のすべてが、フルヴィオの一冊に要約されている」と見ていたようである。フルヴィオこそは、印刷版の硬貨キャビネットを考案した最初の人物であり、それによってヤーコブ・スポーンがのちに「古銭図像学《ヌミスマトグラフィア》」と名付ける考古学の一分野を立ち上げたのである。[22]

一五四八年、ローマ帝政期硬貨の裏面の図柄をはじめて採録した本が、エネア・ヴィーコによってヴェネツィアで上木された。[23] 同ジャンルの書物の出版ペースは、一五五〇年代ならびに一五六〇年代に飛躍的に上昇している。また古銭学書に関する最初の注釈つき書誌――「古代のメダルについて物した現代の著述家たち」のサーベイ――が、一五七九年に出ている。この書誌はル・ポワ『メダルについての議論』の序章に含まれたもので、これをめくってみると、例のフライギウス学長やその生徒たちが当時、いったいどれほど多彩な書籍を参照できたかの手がかりになる。[24] ル・ポワによるこの書誌リストの分析には、本書の後段で一章を割り当てておいたので、さしあたりここでは次の事実を指摘しておくだけで十分であろう。ル・ポワのリストには十三名の著者が上がっており、彼らの作品はイタリア、フランス、ドイツ、オランダで各国の言語によって出版されたものである。それらの書物が示す体裁は実に多彩で、たとえば古銭学全般についてのとりとめのないエッセイ風のものから、硬貨から採った肖像画をコレクションしているもの、個々の硬貨の委細を極めた分析や、あるいは古銭資料に大幅に基づいた古代史や古代宗教に関する注釈や、個々の皇帝の硬貨についての集成《コルポラ》ないしはカタログまで、さまざまである。

この古銭学という学問を創始した十六世紀の著述家自身もまた、実に多様な個性と動機の持ち主であり、その社会的な地位や知的能力は大変幅がある。たとえばガブリエーレ・シメオーニは大ぼら吹きのならず者で、兵士やスパイ、占星術師、放浪詩人、大衆向け旅行記作家といった不安定な職を渡り歩いた人物であったし、アントニオ・アグスティンは逆に聖人のような大司教で、その卓越した敬虔さと博学とで、広く人々の崇敬を集めた人物であった。前者はノストラダムスやディアーヌ・ド・ポワティエの友人であり、後者は教皇グレゴリウス十三世やスペイン王フェ

ALEXANDRE, le grand, ſucceda à ſon pere Philippe, au royaume de Macedoine, à vingt ans, & en l'an du mõde 3628. auant la nat. de Ieſ. 334. ans. il fut de ſi grand cueur, meſme en bas aage, que quand on faiſoit les feuz-de ioye pour quelques victoires de ſon pere, luy pleuroit, & diſoit que ſon pere conqueſteroit tout, & ne luy lairroit rien à conquerre. premieremẽt mena ſon armee en diligence pres le Danube, & deffeit Syrmus, Roy des Triballes: puis alla contre les Thebãs, qu'il deffeit auſsi, car ils ſe reuoltoyẽt: pilla & raſa leur ville, pour donner crainte aux autres villes de Grece de ne ſe rebeller. fut par les Grecs appelé Empereur: & lors fut traité du voyage contre les Perſes, ou il alla, apres auoir donné & departi à ſes amis ſes terres de Macedoine & d'Europe: diſant que l'Orient, qu'il alloit conqueſter, luy ſuffiſoit: & que les Perſes auoyent aſſez long tẽps tenu l'Empire, & qu'il falloit qu'il changeaſt de main, à ceux qui le gouuerneroyent mieux, entendant de luy-meſme. brief, emportant ce ſeul treſor d'eſperance auec luy, paruint à ſes attaintes. auſsi ſes gens le ſuyuirent d'vn grãd cueur, & laiſſans femmes & enfans, ſans craindre ſi lointain voyage, eſtimoyent les richeſſes de l'Orient eſtre ia leur proye. il auoit 32000. hommes-de-pié, 4500. de cheual 182. vaiſſeaux ſus mer. eleut de vieux routiers de guerre. vainquit Darius, Roy de Perſe: print ſa mere, ſa femme, & ſes deux filles, qu'il traita honorablement: deffeit 20000. hommes-de-pié 15000. de cheual. tint Inde, iuſqu'au fleuue de Gãges: print Babylone, pilla Perſepolis. Plutar. en ſa vie. & Iuſtin.

THALESTRIS, Royne des Amazones, alla vers Alexandre, le requiſt de coucher auec elle: ce qu'il feit. Voyez Iuſtin li. 2. & 13. Quin. Cur. li. 6. Oro. li. 3. cha. 18.

k 2

図 10：ルイユ『プロンプトゥアリウム』（リヨン、1553 年）第 1 部、131 ページ、アレクサンドロスとタレストリスの肖像

リペの諮問役であった。この両極端な人物像のあいだには、法学者、芸術家、内科医、聖職者、学術出版者といったさまざまな職業、あるいはデュ・シュールのような貴族のアマチュア好事家までがおさまる。いずれもギリシア・ローマの「メダル」への情熱という点で結ばれた人々であり、これらの小さな工芸品が、古代人たちの営みや個性を明るく照らし出してくれるのだと、等しく確信を抱く者たちであった。彼らの著書は当時大変な人気を博し、なかには印刷芸術のうちでももっとも洗練された傑作に数えられる作品もある。たとえばエネア・ヴィーコやフベルトゥス・ゴルツィウスは、学者であると同時に成功した芸術家でもあり、彼らの著作に収録された版画は、マニエリスム期彫版技法の実に優雅な作例としても見ることができる（図11）。だが後世の、より専門特化した古銭学者たちは、これらの著作に誤りやばかげた記述が無数に見つかることを残念がっている。それら「玉に瑕」のうちには、十六世紀のカタログにまぎれこんでいたでっちあげの偽硬貨がある――「ゴルツィウス古銭」なる言葉はヨーゼフ・エックヘルの造語で、ルネサンス期の手の込んだ偽造硬貨をさす用語である。ゴルツィウスの死後二百年たっていた当時の古銭学界でも、いまだにこの種のまがいものを払拭しきれていなかったのである。[25]

今日、いわゆる「ゴルツィウス古銭」は学術的な研究対象からは除外されている。とはいえ現代の古銭学者たちは、かつてルネサンス期の先人たちがいだいていた素朴な手放しの熱狂ぶりを前にすると、どうにも居心地の悪さを感じずにはおれない。当時の人々はともすると、こんなちっぽけな工芸品を、まるで古代人の精神を保存・伝達する聖遺物のごとくに扱っていた節がある。あるいはコインを手に取る者に幸運や美徳をさずけてくれる、そんな護符のように。[26]迷信じみた崇拝と科学的な学問研究とを分ける線引きは、この時代においては、時としてやっかいな問題となる。トマス・モアは友人のブスレイデンが営んだ古銭蒐集を賞賛しているのだが、その理由というのがコレクションによって「ローマがもはや死に絶えた現代に、君はローマ時代の元首たちを保存している」からだという。はたしてこの心情は、単なる詩的な思いつきであろうか。それともイメージの力にまつわる一般的な信条、すなわちイメージというものは描かれた対象の精神のなにがしかを伝達するのだ（「類似は現前に等しい」）、という考えを反映した発言であったのだろうか。[27]

図11：ゴルツィウス『アウグストゥス帝』（ブルージュ、1574年）、タイトル・ページ

EMBLEMATA. 191

Antiquitatis ſtudium.
Ad G.Schirletum.

OMNIA conſumit tempus, longamq́ue ſenectam
Quid videt artifices quod peperere manus ?
Imperio fatum eripuit monimenta, vetuſtas
Ne quid duraret, conficeretq́ue ſitus.
Nunc Deus in frugem veterum virtute probatam
Vt voçet en monſtrat marmora, Roma, tivi.
Effodiuntur opes irritamenta bonorum,
Nec poterit nummos vlla abolere dies.
Aerea teſtantur fuerint quibus aurea ſecla,
Multorumq́ue monent quæ tacuere libri.

Ceden-

図12:サンブクス『エンブレム集』（アントウェルペン、1564年）191頁、「古代研究家の情熱」

「今日われわれが知るところの古銭学は、アマチュアの博学趣味と縁を切るところから生まれた」とマイケル・クローフォードは述べている。「硬貨製造の技術や、同時代に発行された硬貨セット全体を対象とし、年代学や数量化、貨幣政策といったテーマを扱う現代古銭学の立場からすれば、硬貨の一枚一枚が、自立したひとつの歴史資料たりうるなどという考えは、はなはだしい逸脱だ。硬貨が、それが言及する対象への直接のアクセスを可能にするなどという観念は、捨て去るよりほかない」[28]。ここでやり玉にあがっている、対象への直接のアクセス、という観念――すなわち硬貨やその他の古代遺物が、古物研究家を、古代人たちの倫理的・精神的な力へと結びつけ、文献からは得ることのできない知られざるヴィジュアル・ヒストリーへと導いてゆく、という観念――を、他の何にもまして効果的に要約して見せているエンブレムがある。ハンガリーの人文主義者ヨハネス・サンブクスの著作『エンブレム集』（一五六四年）に納められた一品で、サンブクス自身、古銭の熱烈な蒐集家でもあった[29]。件のエンブレムは「古代研究家の情熱」と題され、掲げられた木版図には、ひとりの男が古代遺跡のただなかで地面を掘り返し、そのかたわらでは二人の男が、新たに発掘された大理石の頭部像を賞賛している姿が描かれている（図12）。図の下の六歩格の詩は、「時ハアラユル物ヲ破壊スル」という句で始まり、時と運命による古代モニュメントの破壊を嘆くお決まりの辞句が続いている。だが、サンブクスはこう続けて、我々を安心させてくれる――神はこれらの廃墟から、古代人たちの美徳の「良き果実《フルーゲム・プロバータム》」を引きだされるであろう。

宝は掘り出されるや、良き人々を鼓舞する
時が硬貨を消滅させることはない。
青銅は、かつての時代が黄金であったことを証言し、
書物が決して語らぬ多くのことを教える。

第3章　小さな部屋の無限の財産
——ティツィアーノ描くヤコポ・ストラーダの肖像

ヴェネツィアにある、ティツィアーノが描いた一幅の油絵。硬貨蒐集家にしてアート・ディーラーでもあったヤコポ・ストラーダの肖像画だ。画面から感じる、その華麗さ、ありあまる自信、そわそわとした落ち着きのなさ、そして——これはしばしば鼻につくのだが——無節操なまでの自己宣伝の姿態。いずれも、かれら初期の古銭学者たちに共通してみられる特徴であった[1]（図13）。黄金の鎖を首に巻き、黒のベルベットに赤の繻子、ずしりと重厚な毛皮の外套をまとったストラーダは、大理石の小さなウェヌス像を手に取り、差しだしている。おそらくは、画面には描かれていない顧客に披露しているのだろう。この女神像は、プラクシテレス作の「腕輪をはめるアフロディテ」と同定されているが、ストラーダの豪華な身なりとあいまって、この場面にはうってつけの一品といえるだろう[2]。手前のテーブルには大理石のトルソが転がっており、その脇にはきらきらと輝く硬貨がちらばる。ローマ時代の大型メダルか、最良の時期の高品質のセステルティウス硬貨であることはまちがいなく、どうぞ手にとって吟味のうえお買い上げくださいといわんばかりである[3]。こんな具合に、テーブルクロスの上にコインを無造作にならべる気取らないディスプレイは、ロレンツォ・ロット描く「アンドレア・オドーニの肖像」（ハンプトン・コート蔵）にも見て取れる。こちらは、古物に囲まれたヴェネツィアのアート・コレクターの姿を描いたものだ[4]。また、皇帝カール五世の宮廷付き説教師アントニオ・デ・ゲバラが主君にあてた書簡（本書でのちに詳しく分析する）の中でも、皇帝があらゆる時代の「メダルが一面に置かれた小卓のところに座している」といった描写がみられる。古銭を厳格にカタログ化し、仕

図 13：ティツィアーノ「ヤコポ・ストラーダの肖像」、カンヴァスに油彩。ウィーン美術史美術館蔵　写真：TopFoto ／アフロ

切り棚や引き出しやキャビネットにラベルを張って、きちんと分類収蔵することは近代古銭学の重要な側面のひとつなのだが、ルネサンス期の蒐集家たちは、どうやらそんなことはいっこうに気にかけていなかったようだ。少なくとも、十六世紀の末に大規模な王室ないしは国営のギャラリーが発展してくるまでは、そういえる[5]。

　現存する当時の蒐集目録を見てみると、ルネサンス期の典型的な「キャビネット」の姿がわかる。じつにさまざまなタイプの小箱、金庫、瓶、籠、財嚢《ざいのう》、袋などが、これまたさまざまな棚や書棚や机や卓の上に置かれている、そんなイメージだ。イザベッラ・デステの有名な私室「グロッタ〔洞窟〕」に蒐集されていた宝物類を記録した目録が、彼女の死後の一五三九年に編まれているのだが、これを見ると、青銅のメダル類は板に固定するか嵌めこむかしてクルミ材の箱に重ね置かれている。一方で金貨と銀貨は多種多様な容器に分けて保管されており、そうした容器として「竹でつくった小箱」だの「象牙の箱」だの「象牙の財嚢」だのが挙げられている[6]。十五世紀のもっとつましい収入の蒐集家のひとりに、ボローニャの医師ジョヴァンニ・マルカノーヴァという人物がいるのだが、彼は「『汝忘れるなかれ《メメントー》』という文字がはっきりと象嵌された小箱」、すなわち一種の宝石箱につめられた硬貨コレクションの一式を、遺族に残している。この容れ物の中に、金・銀・青銅・鉛の各種硬貨が、小袋《サツケツティ》に分けて納められていたという[7]。また詩人アンニーバレ・カーロの蔵書を目録化した、一五七八年の日付があるカタログを見てみると、彼もまたメダルのコレクションをさまざまな小箱や紙箱《スカトレッテ・デイ・カルトーネ》に入れて、本や原稿のあいだに置いている[8]。そうした容れ物のひとつは「メダル収蔵用に造られた小箱」と記載され、他にも二四枚の「メダル用の紙板」などという言及もあることから、古銭を収蔵するためにわざわざつくられた箱や板紙が、当時は身近に入手可能であったことがわかる[9]。

　希少なコレクションを所有していた者たちは、なんのためらいもなく、それら蒐集品を人目に触れるように置いておき、訪問者が鑑賞できるようにしていた。少なくとも、トマス・モアのあるラテン詩の一節を読み解くには、そう解釈するのがひとつの方法ではある。その詩の中でモアは、彼のもとを訪れた、とある美しい貴婦人のことをうたっているのだが、その女性は主人がもてなしに出てくるのを待つあいだ、部屋にあった古代のメダルをじっくり観察し、出された菓子をつまんでいるのだ。[10] カーロもまた、自身の硬貨をあれやこれやのテーブル上に多数並べて、すぐ手に取ることができるようにしていたようだ。そうしたテーブル台のひとつとして、「なめし革で覆って、その上にメダル用の小箱を列にならべた卓」が記されている。[11]

ストラーダの肖像画に描かれた、一種の計算された無秩序さとでもいえる硬貨のディスプレイは、ルネサンス期の偉大な蒐集家たちが所有していた彫刻展示用の中庭の情景も思いおこさせる。その種の中庭では大理石のかけら、浮き彫り、碑文、建築の破片といった巨大な古代遺物がでたらめに並べ置かれており、そのようすはヘームスケルクをはじめとする画家たちの素描で伝えられている。[12] 山と積まれたこれらの古物は、お互いにもたれ合い、あるいは上下に重ねられて置かれ、あるいは壁面に塗りこめられることもあれば、壁龕に設置されたり、床や階段の上にちりばめられたりするものもあり、（ヘームスケルクがスケッチしたサッシ家の中庭のように）それらの間に猫が顔をのぞかせたり、鉢植えの植物が置かれたりしていた。こういったディスプレイにもっとも似ているものといったら、古代ローマの凱旋モニュメントにしばしば表現されている、戦利品を山と積んだ戦勝記念碑のほかにない。実際、この種の記念碑はルネサンス期の芸術家たちによって多数コピーされ、版画にあらわされたりしていた。[13] これら大小の人工物を年代順ないしはテーマ別に整理するのは、のちの世代の学芸員たちの仕事である。そうした仕分け作業を経ることで、かつてルネサンス時代の人々が満ち溢れる幸運の観念と結び付けていた、容器をこわしてあふれでる物また物、というイメージは失われてゆくことになった。

ボローニャの詩人ジョヴァンニ・フィロテーオ・アキッリーニ（一四六六―一五三八年）は、ある書簡の中で、綺想に富んだ、ちょっとありえない架空の旅物語をつづっている。物語の中で訪れる、神秘につつまれた地下室には、「山と積まれた」古代の金貨が隠されていたのだという。これぞまさに、ルネサンス時代の大多数の蒐集家たちにとっての夢であったろう。詩人によれば、これらの金貨はセミラミスやネブカドネザルをはじめとする古代カルデアの君侯たちによって鋳造され、もっとも小さい一枚でも、直径が一掌尺《パルモ》はくだらないという[14]――まったくガルガンチュアかパンタグリュエルにでも似合いそうな巨大硬貨コレクションではある！

フベルトゥス・ゴルツィウスは十六世紀の古銭学者のなかでももっとも多作な作家であったが、その彼が選定した出版社の社標はウーベルタース、すなわち豊饒の擬人像で、壺の中からとめどなく溢れだす硬貨を注いでいる姿で表わされていた。この種のオブジェの山だとか堆積とかいったイメージは、初期ルネサンスのコレクションの貯蔵および展示の場面ではよくみられた光景であったのだが、十六世紀の中葉以降になると、それに代わって、位階秩序をそなえ、テーマ別ないしは年代別の図式にしたがって組織化され、統合されたコレクションの姿が一般的となってゆく。バイエルン公国のアルブレヒト五世が一五六六年から着手した古代遺物収蔵館《アンティクアリウム》は、そうした新たなスタイルのミュージアムの最初期の事例である。公爵付きの古物研究家であったヤコポ・ストラーダが、ミュンヘンにある公の居館内に設営された同コレクションの創設に際し、すくなからぬ役割を演じている。(15)

ティツィアーノが描いた肖像画中のストラーダは、大袈裟ともいえるほどの媚びた姿態に、あつかましさをみなぎらせている。そんな彼の姿に嫌悪の情をかき立てられた現代の歴史家が、少なくとも約一名いる。その歴史家殿はわれわれに向かって、ストラーダの表情にあらわれるあの「くだらない」特徴を見てみたまえ、と注意を喚起し、こう難詰する。「狡猾さが見られ、魅力のひとかけらもない気張りとでもいったものが刻み込まれている」(16)しかしながらこの絵を見た別の研究者は逆に好感を抱き、肖像画中に見られる「劇的な身振り、心理の機微、絵画としての美しさ」をほめながら、「この作家にして人文主義者であり古物商でもあった人物をたたえる、雄弁な記念碑だ」と同画を評している。(17)こんなふうに正反対の意見が飛び交うのも、ストラーダ本人の内に狡猾さと雄弁さとが同居していたからこそキャリアの頂点にまでのぼりつめることができたことと、ストラーダの著作、とりわけ一五五三年の作品『古代宝物要覧』には、無意味ともとれる饒舌と真摯な博学とがいっしょくたになっている点に思いをいたすなら、さして驚くべきことではなくなる。

マントヴァに一五一〇年ごろ生を受け、金細工職人としての訓練を受けたストラーダは、やがて己の成功をドイツの地に求め、アウクスブルクのハンス・ヤコブ・フッガーの芸術顧問の地位におさまった。フッガー家といえば、銀行業と投機によって伝説的な富を築き上げた一族である。(18)ストラーダは同家の名代として、湯水のように金を使った。莫大な硬貨コレクションもそうして築かれたのであったが、この種の散財がこの大商人を事実上の破産へとおいやったことも確かに否めない。ストラーダはのちに古物商《アンティークアーリウス》ならびに仲介人として、バイエルン公アルブレヒト五世、ティロルのフェルディナント大公、皇帝マクシミリアン二世らに伺候した。これらの君主たちは彼を幾たびかイタリアへと派遣し、古銭、彫像、宝石、稀覯本などを購わせ、ウィーンやプラハやミュンヘンの宮殿を彩る装飾とした。ストラーダはそうしたある派遣行の折に、無茶な買い物をしすぎて悪名がひろまっている、とアルブレヒト五世の別の通信員から批難されている。[19] そんなかまびすしい流言飛語がとびかうのも、ストラーダが如才ない実業家であった事実を指し示しているのであろう。パノフスキーやウェスィーが示唆したように、そんなストラーダの成功は、彼のライヴァルたちを刺激して中傷へと駆り立てたかもしれないのだ。[20]

ストラーダの手がけた商取引は実際、機密の保持が要求されたり、策略や甘言を弄する必要があったり、そしておそらくは贈賄の授受さえも当然のごとく行なわれたりするような部類のものだった。というのもこの時期――一五五〇年代から一五六〇年代にかけて――、盛期ルネサンスに造営されたイタリアの大規模な古代遺物コレクションが、財政的に逼迫した相続者によって、まるごとか、あるいは細かく分割されたかたちで、市場に大量に出回っていたからである。この時期のコレクション売却のなかでももっとも詳細な記録が残っているのが、ローマのデッラ・ヴァッレ枢機卿のコレクションで、その大半が一五八四年にフェルディナンド・デ・メディチ枢機卿の手に渡っている。あるいはヴェネツィアのガブリエーレ・ヴェンドラミンのコレクションもまた競売に付され、これに関してはストラーダも一五六八年に、公爵アルブレヒト五世のために獲得を試みている。[21] この種の相続財産は、遺言によって売却が禁じられているケースもけっこうあり、したがって取引には最大限の慎重さがもとめられた。そのよい事例がパドヴァの人文主義者ピエトロ・ベンボのコレクションで、その息子のトルクアートは遺産売却に関してストラーダと取引を行なっている。[22] またガブリエーレ・ヴェンドラミンの「古代遺物収蔵室」には古代の宝物をはじめ、ティツィアーノやベッリーニ他のヴェネツィアの画家たちによる同時代の芸術作品がぎっしりと詰まっていたのだが、彼は遺書の中でこのコレクション室を、その価値を正しく理解し運営できる相続人が見つかるまでは閉鎖・封印すること、と指示していたのだった。ヴェンドラミンの遺族たちというのは、どうやら古代遺物の魅力に対しておどろくべき耐性をそなえていた人々のようで、偉大な蒐集家の死から六十三年が経過した一六一五年の時点になっても、蒐集室は封印されたまま手つかずで残されていたという。[23] マックス・フッガーに宛てた書簡のなかでニッコロ・ストッピオ――この道におけるストラーダのもっとも手ごわいライヴァル――は、さるヴェネツィアの貴族について述べている。なんでもこの貴族殿は「遊行、賭博、女」で財産をすっかり枯渇させてしまったために、ストッピオに対して「大量の素晴らしい品々」を売ってもいいと言っているという。こういった手合いは、それほど珍しくもなかったようだ。「奴さん、自分の父親が一五〇〇ドゥカートで購入したものを、私に三五〇で売ってもいいと言っています[24]」。

ストラーダはさまざまな折にヴェネツィアに足を運んでいる。当地では、遺産の処分がひとつの産業として確立しつつあった。ストラーダはこの都市でティツィアーノの知己を得て、ビジネス・パートナーになっている。お互いに古代遺物の商取引に関心を抱いていたのだ。彼らに不満をいだく商売敵のひとりは、両者をさして「一皿の料理にむらがる二名の大食漢」などと揶揄している。[25] 一五六七年から一五六八年にかけてヴェンドラミン・コレクションの売却をめぐる取引に従事していたさなかに、ストラーダは肖像画のモデルとして、ティツィアーノのカンヴァスの前にすわる機会をつかんだ。その肖像画こそは、ウェスィーの言葉を借りるなら、「ティツィアーノの偉大な業績のなかでも第一級の作品」であった。[26] だからこそ、この画家が影でストラーダのことを悪く言っていた事実を知ると、ちょっとした驚きをおぼえるのである。ティツィアーノにいわせるなら、ストラーダは「幸運《ヴェントゥーラ》」にちょいとばかし恵まれただけの、もったいぶった阿呆なのだった。この男がドイツ人たちのあいだで成功を収めたってことは、あの国の連中がいかに無知でだまされやすいのかを良く示しているね、と画家は言うのである。[27] もしティツィアーノがこの言葉どおり彼を低く評価していたとしても、だからといって、彼がストラーダの肖像画中に、モデルの卓越した学識、趣味、ステータスを象徴するエンブレムとして機能する数々の品を描き込む、なんらの妨げとはならなかった。そうした小物類はいずれも、「小さな部屋の無限の財産」を表わしているのである。この「小さな部屋……」の言い回しは、ティツィアーノの肖像画からさほど時を置かずして執筆されたマーロー『マルタ島のユダヤ人』に出てくる表現である。これは商人バラバスが抱いていた考えを表したもので、「目利き」たるもの、黄金を山のように積み上げるかわりに、己の富をごく小さな希少珍品へと換えるべきなのだという。こうした心情こそは、ルネサンス期の蒐集家たちを突き動かしていたものに違いない。

さて、肖像画中に描かれたエンブレム的なオブジェのなかに、柄をぬっと突き出した剣が、画面右下に見える。これは、貴紳と宮廷人の証明であり、皇帝付き顧問の役職をしめす持ち物だ。それからストラーダの首からは、巨大な黄金のメダルがかかっており、ひげを生やした皇帝らしき人物の姿が中に見えているが、これはおそらく「ストラーダが仕えていた王室のパトロンのひとりが贈ったぜいたくな品であろう」[28]。またテーブル上のコインの山の脇に、封が切られた一通の書簡が置かれているのは、ストラーダが全ヨーロッパ規模で構築していた顧客、代理人、文通者のネットワークを暗示する[29]。実際、ストラーダの頭上の薄暗い棚には、ヘラクレスの小像がうっすら見えているのだが、これなどは（もしそれが古代遺物一般の観念を表す以外になにがしかの意味をもつとするなら）、この古代学者に莫大な富と名声をもたらした、かの神話の英雄にも匹敵する難行や旅の人生を暗示しているのかもしれない[30]。その同じ棚のヘラクレスの隣には、本が二冊置いてある。一冊は巨大な二つ折り判（フォリオ）、もう一冊は中ぐらいのサイズの四つ折り判（クアルト）で、ともに革製の装丁がリボンで結ばれている。これら学術研究のエンブレムはウェスィーの見るところ、「ストラーダ自身の古代ローマに関する著作のどれかを表わしていることは間違いない」のだが、画面構成の中でこれらの書籍が占める特異な位置に関しては、一言つけ加える価値があるだろう[31]。ティツィアーノの他のどの肖像画においても、これほど書物が目立って描かれたためしはない。詩人サンナザーロや歴史家ベネデット・ヴァルキといった文人たちの肖像ですら、小判の自著をぞんざいに抱えているにすぎない[32]。ストラーダの頭の真上に書物が位置しているということは、彼が本を一種の戴冠にふさわしい品と見なしていたことを示唆している。すなわち、石ころだの安物の装飾品だのを売買して富を築くよりも高尚な活動のシンボルとして、自身の経歴の最高の業績として、この書物を見なしていた、ということである。

この二冊の本のタイトルを同定しようとすれば、それこそティツィアーノがストラーダに認めたような「幸運」の助けがいりそうだが、それでも一方がフォリオ判で、もう一方がクアルト判のように見えるという点は、おそらく重要な意味を持つといってよいだろう[33]。ストラーダは数多くの手稿著作をものし、取引があったパトロンたちの硬貨コレクションを記載したり図解したりしているのだが（そのなかにはゴータに所蔵されている、二十九巻構成の浩瀚なフッガー家コレクション目録もある）、この肖像画が描かれた時点で印刷出版されていたのは二作品のみであり、おそらくそれらが画面上部の棚の上に描かれた作品であろう。一冊は、フラ・オノフリオ・パンヴィニオ『ローマ人の

EPITOME
THESAVRI
ANTIQVITATVM,
hoc est, IMPP. Rom. Orientalium & Occidentalium Iconum, ex antiquis Numismatibus quàm fidelissimè deliniatarum.
Ex Musæo Iacobi de Strada Mantuani Antiquarij.
LVGDVNI,
APVD IACOBVM DE STRADA, ET THOMAM GVERINVM,
M. D. LIII.
Cum Priuilegio Regio.

図 14：ストラーダ『古代宝物要覧』（リヨン、1553 年）、タイトル・ページ。

歳事と凱旋』。フォリオ判（三四センチ）のこの著作は、ストラーダがパンヴィニオのテクストにローマ帝政期硬貨の木版図を付して、ヴェネツィアで一五五七年に出版したものである。もう一冊は『古代宝物要覧』で、こちらはクアルト判（二三センチ）。リヨンで一五五三年に出版されたこの著作には、数百にのぼるローマ皇帝たちの硬貨の記述や図版が収録されている。ストラーダによれば、これらは自身のコレクションすなわち美術蒐集庫《ムーサエウム》から選別したものだという（図14）。

我々がストラーダの学術的誠実さや性格にどうしても信頼が置けないのは、フラ・パンヴィニオが、ストラーダ版『ローマ人の歳事』に強い不満を抱いていたことを知っているからである。彼の手になる版には多くのミスが含まれており、なかでも驚くべき量のページ・エラーがあるのだ。おそらく全体の五分の一近いページ番号がずれており、おかげで巻末の浩瀚な索引がまったく役立たずな代物と化してしまっている。パンヴィニオはただちに別の出版社を見つけ、訂正版を出している。[34] そのうえさらにストラーダが自著『要覧』で記述した硬貨の多くが空想の産物で、それらの記述もまったくのでっちあげであった。たとえばウェスパシアヌス帝の硬貨として紹介されるコインがそのひとつで、「ユダヤの反乱からの凱旋」という銘とともに、皇帝とその息子が一台の戦車にのり、それに続く兵士たちがソロモン神殿からの掠奪品を運んでいる場面を表わしている。これは明らかに、ティトゥス凱旋門にある浮き彫りをちゃっかり拝借した構成である。[35] この種の欠陥というのは、ストラーダが同僚の古物研究家たちに投げつけた言葉を借りるなら、「あつかましさと無知」の堂々たる証明ではあるのだが、実は古銭論のジャンルにおいては典型的に見られるものであり、なにもストラーダだけが特別というわけではないのであった。[36]

第4章 「かくのごとく他者の図像を愛する者」
――ルネサンス期イタリアにおける、徳の鑑としての古銭

最初の古銭学の専門書が世に現れるよりはるか以前に、イタリアの学者や芸術家、裕福な教会人や商人らはとっくに、ギリシア・ローマの硬貨を集め、交換し、互いに議論をかわしていた。この種の活動がすでに一五〇〇年代初頭の段階であまりに広く浸透していたものだから、こんな仮説をたててみたい誘惑にかられてしまう。すなわち、これらの小さな古代遺物の取引が一種の共通語《コイネー》を形成し、人々を結びつけるきずな、あるいはコミュニケーションのネットワークとなって、古代愛好家たちがお互いを知り、認め合うことを可能としたのだ、と。[1] フランチェスコ・ペトラルカは一般に、古代の硬貨を真摯な態度でコレクションした最初の人物であるとされる――とはいえマイケル・グリーンハルは、ペトラルカより早いかほぼ同時期の硬貨コレクションに関する資料を編纂してはいるのだが。[2] 一三五五年に書かれた著名な書簡の中でペトラルカは、皇帝カール四世のために、自身の所有するローマ皇帝硬貨のなかから逸品を選び出す作業を行なったことを回想している。いずれも、硬貨を鋳造させた皇帝たちの美徳や偉業に関する講義に沿って選ばれたもので、ペトラルカはこれによって、平和を愛するこの君主の内に、軍事的な勇敢さと栄光とをめざす欲求が芽生えることを望んだのだった。[3] ペトラルカはまた、これらの硬貨を歴史研究のために用いた最初の人物としても知られており、たとえばウェスパシアヌス帝の硬貨の図像について、『記憶すべき事柄の書』(*Rerum memorandarum libri*)のなかで注釈している。[4] さて、このペトラルカによる古銭考察よりも、さらに年代的に古い資料がある。ローマの硬貨類を図解した知られうる限り最初の事例とされる手稿がそれで、ヴェローナの学者

ジョヴァンニ・マンスィオナーリオが一三二〇年頃に執筆した『皇帝史』の欄外に描き込まれたものだ。[5]

ペトラルカとマンスィオナーリオが吟味した古代硬貨の出所は、実に多岐にわたっている。親から子へと、宝石か護符のように受け継がれてきたものもあれば、[6]教会の聖遺物箱の中に保管されてきたものもある。すでに触れたロドス島の「ユダの銀貨」も後者のたぐいで、はるかな東方から、商人や巡礼者たちの手で運ばれたものだった。[7]だが最も豊富な源泉といえば、古代人が戦争や内乱の際に土中に埋めた退蔵宝貨で、数世紀ののちに、建設作業員や農民が地面を掘り返して発見することになる。たとえば、「良質黄金の大宝物」発見のエピソードなどは、公式文書に記録するに値する出来事とみなされていたようで、パドヴァ年代記の一二四七年の項目にそのたぐいの報告がしっかりと記載されている。[8]これほどの派手さはないが、もっと頻繁にお目にかかることができた事例といえば、古代遺跡の周囲で作業をしたり、宝探しをしたりしていた人々の個別の発見エピソードである。ペトラルカは回想録の中で、ローマにいた彼のもとをたずねてきた葡萄園の園丁たちのことを語っている。どうです、買ってくださいませんか、と園丁が差し出したその硬貨は「鍬の固い刃によってへこんでいた」という。[9]またブルネッレスキとドナテッロは――もしマネッティの伝記記述を信じるとするならば――ローマの古代遺跡のあいだをめぐり歩いていたときに、金貨や銀貨を拾ったという。[10]

十五世紀イタリアの君侯や高位聖職者たちは、家財の内にギリシアやローマの硬貨も所有しており、数千枚という規模のコレクションがロレンツォ・デ・メディチやエルコレ・デステやヴェネツィアの枢機卿ピエトロ・バルボらによって所有されていた事実を、我々は記録から知るのである。[11]この種のコレクターを戯画化した、オムブルーノという名の架空の君主を主人公とする物語がある。ボローニャの詩人アキッリーニが十六世紀初頭に出版した、諷刺書簡に登場する人物だ。まず読者に、この君主が所有する壮大な珍貨奇宝のコレクション、たとえば貴石だの、武器や防具だの、楽器だの、古代彫像だのを示したあと、著者アキッリーニは「貴重なメダルがいっぱいにつまった貯蔵庫」を我々に開陳する。「メダルの径は巨大で、鮮明な浮き彫りが施され、完全な円形を保っている――洗練され、その品質は厳選され、調和のとれたデザインを有しており、黄銅、青銅、銅、銀、金その他の金属で鋳造されている。つくりは繊細で技巧を極め、さまざまな意匠の裏面があまりに見事な技で仕上げられているものだから、自然は自らの技に恥じ入り身を隠してしまうほどだ。（……）先述の、いとも高貴なオムブルーノ殿は、こう主張される──わしは毎晩、硬貨を明々と照らして瞑想にふけるために、蠟燭の照明に一〇ドゥカートを使っておるのだ」[12]。詩人アキッリーニはそもそも彼自身が通人であり、その風刺のヴェールを透かして、当時の理想の硬貨コレクションの概要を見て取ることができる。すなわち、硬貨の形状は大きくて完璧な円形であり、卓越した技術で鋳造され、その数は無限、ということだ。

例の「いとも高貴な」オムブルーノ殿下のような君主に庇護されていた人文主義者たちもまた、自分用のつつましい蒐集箱を手に入れ、そこに集められた硬貨は、歴史的資料として描写されたり、引用されたりした。そんな記述が、たとえばポッジョ・ブラッチョリーニ、チリアコ・ダンコーナ、フラヴィオ・ビオンド、ポリツィアーノらの書物には、あちこちに見られる[13]。また古典風のスタイルを駆使するルネサンス期の画家や彫刻家、細密画家、メダル制作家らが、古銭をモデルとして用いていた事例に関しては、膨大な量の研究文献が存在する[14]。ドナテッロ、ギベルティ、ギルランダイオ、マンテーニャ、ヤコポ・ベッリーニらの作品構成の内には、ネロ帝の「デクルシオ（軍事演習）」硬貨、ドミティアヌス帝の「ゲルマニア・カプタ（征服されたゲルマニア）」硬貨ほか、よく知られた古銭図案の面影を認めることができる[15]。古典テクスト、とりわけスエトニウスの『ローマ皇帝伝』の彩飾者たちは、ページの余白やタイトルページの部分を、皇帝の硬貨からとった頭部像で飾り立てる慣習を続けたが、これはかつて十四世紀初頭にマンスィオナーリオが行なった装飾法であった[16]。そして、これらの小さな古代遺物に対する賞賛が高じて、やがて記念メダルという新しいアートの形態が生まれてくる。その起源は、一三九〇年代のパドヴァにまでたどることができる[17]。

ルネサンス期の蒐集家たちは間違いなく、次のような考えを受け入れていた。すなわち古代の硬貨、とりわけローマ時代のものは、単に貨幣流通のためだけに鋳造されたのではなく、偉大な人物の美徳を讃え、それを伝え残すために作られたというものである。あるいは、ティベリウス帝に帰される「スピントリアエ」硬貨の場合には、その悪徳を伝えるために。この考え方はやがて、エネア・ヴィーコとセバスティアーノ・エリッツォとの間に一五五〇年代に勃発した、有名な論争へと発展してゆく。その中でエリッツォは、ローマ時代の肖像画付きメダルは純粋に記念品として作成されたのであって、一般流通貨幣としての使用などは、ゆめ考えられていなかったのだと主張した[18]。フェッラーラの詩人であり宮廷人でもあったニッコロ・ベッカリは、晩年にはペトラルカの知己を得た人物だが、ある時こんなことを頼まれた。ここにユリウス・カエサルの姿を刻んだ硬貨が一枚あるのだが、描かれたカエサルが、ローマでの覇権を握るはるか以前の若き青年になっている。ひとつ、この硬貨が正真正銘の本物であることを弁護してくれないだろうか、と。するとベッカリは、コインが偽物ではないかと疑っている人々に対し、しゃあしゃあとこう言ってのけてその懐疑を吹き飛ばした。いわく、ローマの硬貨鋳造者たちは、この卓越した若者がどえらい可能性を秘めていることに気づき、彼を待ち受けている運命をしかと予見したのだ。だから、「偉くなってしまってから慌てないように」、まだ若者のうちから彼を讃えるメダルをせっせと鋳造しておいたのだ、と[19]。

はじめて偽造硬貨が製造された事例や、古代硬貨を近代にそっくり真似て作った話などについても書かれており——たとえばヴァザーリが語るところによれば、ギベルティはその種の模造品を喜んで鋳造したのだという——、このような古代硬貨に対するいや増す情熱が、どれほど激しいものであったのかをよく示すこんな逸話がある。カルロ・デ・メディチがローマからしたためたある書簡で不平をこぼしているのだが、なんでもバルボ枢機卿が彼を誘拐同然のやり方で連れ去って監禁し、彼がつい最近手に入れたばかりの古代ローマ銀貨をゆずることに同意するまでは、そこから出してくれなかったそうである[20]。ペトラルカはこう考えていた。これらの古代硬貨を眺めたり所有したりする行為は、その持ち主たちを駆り立てて、硬貨に顔が描かれている英雄や指導者たちの美徳と張り合おうという気持ちを起こさせるのだ、と。この意見は、もしナポリ王アルフォンソについてのある逸話を信頼してもよいのであれば、十五世紀には広く他の人々にも共有されていたようである。アルフォンソはナポリを一四四三年から一四五八年まで治めた人物で、どこへ旅をする時にも、自身の硬貨コレクションを貴重な聖遺物のように象牙の小箱に入れて、肌身離さず——それは「あたかも信仰にかられたかのようであった」と、伝記作家が伝えている——持ち歩いていたという。そしてこれらの品々を眺めることで、「王の心の内に、美徳と栄光の炎が、めらめらと燃え上がってきた」という。[21]

古銭には、それを所有する者や、その図柄を書物のページの上で瞑想する者のモラルや性格を高尚なものとする能力が秘められている、とする信念は、十六世紀の古銭学書の著者たちによって繰り返し表明されており、古銭学書という出版ジャンルがかくも人気を博した重要な要因のひとつとみなされるべきであろう。一五一七年出版の『著名人の肖像』に収録された献辞のなかで、印刷業者ヤコポ・マッゾッキは同書物を、古代ローマ人たちが公共スペースに設置した著名人たちの彫像になぞらえている。それらの像は、見る者の魂をゆさぶり、人々に栄光を夢見させるべく、かかる場所に置かれたものであった。「あぁ、現代にもこのような慣習があったらよかったのに！」これはありそうなことであるが、マッゾッキではないにせよ、少なくとも著者のアンドレア・フルヴィオのほうは、「イマーゴー」（imago）という語がもともと持っていた意味、すなわち一族崇拝の対象物としてローマの邸宅のアトリウムに飾られていた、崇敬された祖先の蠟製デスマスク、という原義を理解していたのであろう。[22] 硬貨コレクションが帯びる倫理的な価値について、エネア・ヴィーコがコメントしている箇所は、全文を引用するに値する。「硬貨を眺める愉悦にどっぷりと浸ったおかげで、悪習からきれいに足を洗い、――あたかも、なんらかの刺激に駆り立てられるかのごとくに――誉れ高く高貴なる人生を歩まんとする、そんな人々を私は見たことがある」[23]。ヴィーコはこの硬貨情操教育という魅惑的な考えを、法学者マルコ・マントヴァ・ベナヴィデスについて述べる際にも繰り返している。「この御仁の中には美徳が備わっているのに違いない、かくのごとく他者の図像を愛する者なれば」[24]。この種の常套主題のうち、もっとも精緻に練り上げられた表現というなら、ギョーム・ルイユが著作『プロンプトゥアリウム』（一五五三年）に付した読者への序文ということになるだろう。ルイユが言うには、偉大な人物の肖像を眺める者は、目を楽しませるだけでなく、「自らの精神をも大いにもてなすのだ」。もし読者諸氏がこれらの不死なる偉人たちの美徳を模倣するならば、自身の肖像が、本書『プロンプトゥアリウム』の未来の版に収録されるのを見ることもありうるだろう。「有徳の人士が、文筆や行動によって記念すべき偉業をなし続けるかぎり、この本もまた果てしなく版を重ねてゆくのだ[25]」。

ここでふと、考え込んでしまう。ではいったいなぜ、ネロやカリグラの硬貨があれほどの人気を博し、彼らの美麗なセステルティウス銅貨が高値で取引されたのだろうか。ほかにも、不品行で名高いメッサリナだとか、不貞のファウスティナだとかいった、好ましくない「料理」が、ルイユが主催する精神の饗宴に並べられていたのは、どうしたわけか[26]。とはいえ、アントニオ・アグスティンが述べている次のような見解が、当時一般に流布していた意見を代弁しているのだろう。つまり、モラリストというものは、たとえ不道徳な性格の持ち主について思いを巡らせた折にも、高徳の人物を瞑想したときと同様に得るものがある。ちょうど、我々がクロコダイルやカバ、その他の似たような怪物をながめることからも、自然について多くのことを学ぶのと同じように、というのである[27]。十六世紀の暮れ方、ある印刷業者が、自身の発行する硬貨肖像図案集に邪悪な皇帝たちの肖像を多数含めている点について、厳格なスパルタ人たちの事例を援用して自己弁護をしている。いわく、彼らスパルタ人は、プルタルコスによれば、自分の子供たちを饗宴の席へと連れてゆき、そこで大酒のみどもがどんな痴態を演じるのかを、しかと見せて教育したのだという[28]。

この大変啓発的な趣味がイタリア人人文主義者たちのあいだに広まっていったにもかかわらず、古銭の価格は、バルボ枢機卿やメディチ家の財産目録において古銭に与えられている金銭価値などから判断するに、十五世紀を通じて低いままであったようだ。この経済的要因は、じっくり検討してみる価値がある。というのも、ルネサンス期におこった古銭マーケットの変化が、初期の古銭学本の発展に一役買っていると思われるからだ。

バルボ枢機卿の財産目録にあがっている、個々の硬貨の評価額にはけっこうな幅があって、各品のクオリティや希少性によって大きく変わるのだが、それでも枢機卿が所有していた銀貨（およそ一〇〇〇枚）の平均的な価値を計算してみると、一枚およそ二カルリーノ、もしくは五分の一ドゥカートあたりに落ち着く[29]。これらの価値を計算した公証人が、果たして一四五七年当時の実際の市場価値を考慮していたのかどうか、確証は持てないわけだが、それでもこのリストの価格は、一四六五年に作成されたメディチ家の財産目録の数字と、みごとに一致する。メディチ家のリストでは、五〇三枚の銀製メダルが一〇〇フローリンと計算されているからだ（フローリン貨と教皇庁のドゥカート貨は、同等の価値を持つ金貨であった）[30]。バルボ枢機卿の財産目録が作成された当時の教皇庁の貨幣カルリーノは、古代ローマのデナリウス銀貨とほぼ同じ重さの銀貨であって、枢機卿が持っていた古代銀貨といえば、このデナリウスがその大半を占めていた[31]。ということは、平均的なデナリウス銀貨は十五世紀の中葉には、近代銀貨の重量のたったの二倍の値段で売られていたことになる。これは今日から見れば、驚くほど安価のように思われる。ここから考えられるのは、これらの小型の古代遺物は、十五世紀の人々の需要に対して、比較的豊富にあったのだろうということである[32]。カルロ・チポッラの試算によれば、イタリアの都市に暮らす「平均的な市民」の生活費は、十四世紀末から十五世紀末にかけて、年間二〇フローリンもしくはドゥカートであった[33]。メディチ銀行の行員は、たとえば、十五世紀末には年間二〇フローリンの給料を受け取っていたし、一方で石工や大工のような熟練工の場合には、やはり同世紀末の時点の数字であるが、日当で十分の一フローリンを稼いでいた[34]。そのようなつましい労働者にとっては、二カルリーノに相当するローマの銀貨は、数日分の労賃に匹敵する品である。決して少ない金額ではないが、でも、硬貨コレクションを手に入れたいと強く望む者にとっては不可能な数字ではなかったのだ。

　もちろん、十五世紀の大半の行員や大工たちは、ローマ皇帝の硬貨を所有することなんぞには、てんで興味をいだいておらず、また裕福な商人や聖職者といえども、その大半は彼らの「自由になる」お金を、金・銀の皿や宝石といった伝統的な財宝のために使うことで満足していたのである。バルボ枢機卿の目録でもメディチ家の目録でも、古代のカメオや紋様が刻み込まれた宝石類のほうが、硬貨よりもはるかに高額な評価額がつけられている。というのも、宝石類のほうが希少性が高く大変珍しかったからだけではなく、装飾品としても利用可能なので、より広い要求にこたえることができたからでもあった[35]。バルボ枢機卿所有のカメオのなかには、一〇〇ドゥカートの評価額がついたものが二点あるほか、メディチ家の財産目録中のカメオや宝石には、さらに高い価値を有するものもあり、たとえばアポロンとマルシュアスを刻んだ紅玉髄などは、一〇〇〇フローリンの値がつけられている[36]。とはいえ忘れてはならないのは、一四九二年作成のメディチ家の財産目録中でもっとも高額だったのは、古代遺物ではなく「一角獣《ユニコーン》のいたのだった[37]。

角」――実際にはイッカクの螺旋状の牙――だったという事実で、なんと六〇〇〇フローリンの評価額がつけられて

人文主義文化が十五世紀を通じて硬貨崇拝者の数を徐々に増やしてゆくにつれて、古銭に対する需要も増大していったわけだが、それはおおむねイタリアに限定された需要にとどまり、それも、このようなエキゾチックでおよそ役に立たない品々に喜んでまとまった金を使う熱心なファンか、その種の支払い能力がある富裕層のみを対象とするものであった。おそらくはそんな事情から、十五世紀にはギリシアやローマの硬貨の集成を編もうとするいかなる試みもなされず、また学者や芸術家のために古銭を解説・図示したモノグラフ研究のたぐいも現れなかったのだろう。需要よりも、実際の硬貨の数量のほうが豊富であったわけだから、古代遺物の崇拝者たちはとりたてて、将来参照するために硬貨の図像を記録しておく必要など感じなかったのである。たとえその種の図録本が執筆されたとしても、おそらく出版社のほうで――とりわけコストのかかる彫版師を特別に雇う必要があったから――利益が見込めないと判断したことだろう。なぜなら、古銭の図案に興味を抱いていた蒐集家や芸術家や学者の数は、その種の本を千部とはいわずともわずか数百部刷る場合にすら、すべてをさばき切るには足りないぐらいだったからである。とはいえ、このような状況に、ほどなく変化が訪れる。

第5章 「なんでも手当たりしだいに買いあさる」
——北方へと伝染《うつ》る古銭マニア

十六世紀には、硬貨コレクションの営みは、イタリアの人文主義者たちによる他の観念や慣習と同様に、北へ北へと拡散していった。一五二〇年代には、トマス・モアが、さる貴婦人の賓客〔第3章を参照〕をたいそう喜ばせることになる、例の古銭のコレクションを入手している。[1] そしてそのトマス卿本人も、フランドルの友人ジェローム・ブスレイデンをメシュランの邸宅に訪ねた際、友人所有のコイン・キャビネットを賞賛している。[2] それからイングランド人の学者カスバート・タンストール、彼はのちにロンドン司教になった人物であるが、そのタンストールが、一五一七年にネーデルラントで古銭を買い求め、相当な量を入手した記録なども読み知ることができる。[3] さらにエラスムスの書簡は、すでに本書でも見ておいたように、贈答品や友情のあかしとして古銭を送付するという魅力的な慣習が、十六世紀の初頭には北方の人文主義者たちのあいだで広く行なわれていたことを示している。[4] コイン・キャビネット（硬貨収蔵庫）は、自分の古代文化への溺愛ぶりを内外に示したいと望むフランス・ドイツ・オランダの君侯らによって設置されていった。カトリーヌ・ド・メディシスは、古銭コレクションをフォンテーヌブローの地に一五三〇年代に設営し、それを息子のシャルル九世が大幅に拡大している。[5] また神聖ローマ皇帝カール五世の弟にあたるフェルディナント大公は、代理人を雇い——ヤコポ・ストラーダもそのひとり——、地中海の全地域から大公のもとに「異教の硬貨」を送らせた。一五四〇年代に作成された、そのフェルディナントの財産目録には、一〇四九枚の古銭が数え上げられ、その大半がローマ帝国時代のものとなっている。[6]

カール五世の宮廷説教師にして編年史家であったアントニオ・デ・ゲバラが皇帝に宛てた書簡は、十六世紀の君侯たちが抱いていた古銭への興味を垣間見せてくれる、実に貴重な資料である。[7] ゲバラはまず、カール皇帝は余暇の時間を実に有益にお使いになられる、リュディア王ウィアントゥスのようにカエル釣りに呆けることもなく、ドミティアヌス帝のごとくハエ採りに興じることもなし、と賞賛する。皇帝が没頭した啓発的な気晴らしのなかには、あらゆる時代の硬貨を手にとって調べ、解釈をたれることも含まれていたようだ。ゲバラはこんなふうに回顧している。

「陛下は御前に、メダルで一面覆われた小台を運ばせました。それら金や銀、銅や鉄のメダルは、眺める価値があり、賞賛に値する品々でした。陛下がそれらのメダルの面を眺め、刻まれた文字に目を落とし、図案を仔細に検証なさるのを楽しまれるご様子を拝見するのは、大変喜ばしいことでございました。刻まれた文字は、読みとりやすいものばかりではなく、ましてやその理解となると、それは難しいものも多々ありました。メダルのなかにはギリシア語やラテン語のものもあれば、カルデア語、アラビア語、ゴート語、ドイツ語のものもありました。陛下は私にそれらを検査し読み上げるようお命じになり、それらのうちもっとも傑出したものを解説するよう、お求めになりました。そして実のところ、このご命令こそは、他の誰でもなく、まさに私こそが適任中の適任であったのでございます。なんとなれば私こそ、皇帝付き編年史家の任にあったのでございますれば。陛下が疑義を抱かれた品について説明を加え、陛下が読み上げられた文言について解説を添えることこそは、私にふさわしい仕事であったのでございます」

ゲバラはついで、メダルのうち五枚について、たいへん詳細に、かつ奇想に富んだ演説を滔々と繰り出すのだが、結局のところその長口舌で言わんとすることは、それらのメダルの文字は判読が実に難しく、ましてや内容の理解などいうにおよばず、ということに尽きるのであった。[8] ゲバラがカール五世に宛てた書簡は一五二六年から一五三九年の間に書かれたものと想定されるが、これは貴重な資料で、当時の蒐集家たちが品物の解説を強く望み、ぜひとも「解説」してほしいという要求が存在していたことを伝えている。そして人文主義者の側でも、そういった要求に（たとえ不十分な仕方であったにせよ）喜んで応える準備があったことがわかる。おそらくはこのような状況があったからこそ、セバスティアーノ・エリッツォ『古代メダル論』（一五五九年）だとか、コスタンツォ・ランディ『ローマ古銭の解説』（一五六〇年）だとかいった、硬貨を一枚一枚詳細な分析にかけてゆくような著作が出版されることになったのであろう。

一五六三年、ブリュージュの彫版師にして古物研究家であったフベルトゥス・ゴルツィウスは、ユリウス・カエサルの硬貨を論じた美麗なフォリオ判の著作を出版した（図15）。この本には、ゴルツィウスが古銭調査巡検のためにネーデルラント、ドイツ、イタリア、フランスを旅した際に、彼の探査に助力をくれた学者や蒐集家たちの名が九七八名分収録されている。[9] それぞれの名前は、彼が訪れた都市――総計一二〇にのぼる――の下にリストアップされていて、まずアントウェルペンから始まり、その他の低地地方の諸都市が続いている。一五五六年の春から夏にかけて、ゴルツィウスがくまなく歩いてまわった地域だ。さらに彼は、パトロンであったワーテルフリートの君主マルクス・ラウリヌスから支給された旅費と紹介状を携えて、ブリュージュを一五五八年十一月に発ち、アーヘンとケルンを訪れ、そのままライン川を下ってマインツに至り、フランクフルト、ニュルンベルク、アウクスブルクとまわって、さらにドイツ・スイス・オーストリアの諸都市を見てまわった。ついでインスブルックからアルプスを越えてトレントに入り、ヴェネツィア、パドヴァ、ボローニャ、フィレンツェ、ローマと足をのばし、さらにナポリまで南下したところでようやく引き返し、帰路はシエナ、ミラノ、ジェノヴァ、マルセイユ、リヨン、ジュネーヴ、トゥールーズ、パリを経て、故郷の家に戻ったのは一五六〇年の十一月、実にまるまる二年の歳月が流れていた。

ゴルツィウスのリストの中には、当然のことながら、当時の大君主や高位聖職者らが名を連ねている。フランス王やローマ教皇、あるいはフルヴィオ・オルシーニやアントニオ・アグスティンといった名だたる人文主義者たちだ。とはいえ、リストの大部分を占めるのは、専門職に就く人々や、いわゆる中産階級の市民たちで、どうやらこのころまでに、硬貨コレクションはヨーロッパ中で、教養ある貴紳たちのお気に入りの気晴らしになっていたらしいこと

C.IVLIVS CAESAR. VII

Origo prosapiæ Iulij Cæsaris à Venere per AEneam.
Ratio nominis CAESARVM, ab Elephanto occiso,
qui Punica lingua CAESAR dicitur.

図 15：ゴルツィウス『ガイウス・ユリウス・カエサル』（ブルージュ、1563 年）、pl. VII、カエサルの硬貨

が、うかがえるのである。[10] ローマの項には七一名、ナポリには四七名、パリには二八名がリストアップされている。アウクスブルクはこの時、実に二九名もの古銭学専門家ないしは愛好家を誇っていたが、あえていわせてもらうなら、この数字はおそらく今日同市にいる古銭通の数を上回っているであろう。ゴルツィウスが知己を得た著名人の多くは、他の場所ではとりたてて硬貨コレクターとしては認められていない場合が多い（ローマの項に名前があらわれるミケランジェロなど、まさにこのケースにあたる）。そしてこれらの人物名の大半が、このリスト以外の資料にはいっさい見られないのである。たとえば、ゴルツィウスが一五六〇年に立ち寄ったニームの項には、ラングドックの領主であったジャン・ド・ジョワイユーズ子爵、ならびに郷土の古物学者で、ニームに関連したローマ古銭の情報を含む著作『蒼古にして著名なる都市ニームの歴史に関する議論』の作者でもあるジャン・ポルド・ダルベナスの名が挙がっている。この二人の名がリストにあっても、別に驚くことではないし、さらに、著名な商人でなめし皮業者であったベルナール・ヴァレットの名が挙がっているのも、これまたおかしくはない。だが、「キリアクス・セルロニウス」および「イシドルス・アッシュルス」なる二名のニームの名士に関しては、どうやらこのリストを除いては、歴史の舞台からまったく姿を消してしまった人物であるように思われる。二人の名前から類推するに、おそらくはフランス人というよりは、イタリアかスペイン、あるいはギリシアあたりの出身の人物で、ゴルツィウスと同じく旅の途上であったのだろう。[11]

ゴルツィウスはピレネー山脈を越えてスペインに入ったことはなかったけれども、「スペイン人」とされる名称が、とりわけイタリアとネーデルラントの諸都市の項目で多数列挙されている。これは当時のスペインが、軍事・外交的に諸国を広く圧倒していた証拠といえるだろう。それからリスト中にイングランド人が四名あがっているのも興味深い。それぞれバーゼル、ストラスブール、フランクフルト、アウクスブルクのところで名前が見えるのだが、彼らに関するさらに詳しい情報をぜひとも知りたいものである。[12] ゴルツィウスからは一世代前にあたるトマス・モアやカスバート・タンストールらが、古銭学に興味を抱いていた点にはすでに触れたが、古銭を目にし、購うためならば、二人はよろこんでドーヴァー海峡をも渡るほどであった。『恋の骨折り損』の中で、ある宮廷人が衒学なホロファニーズをからかって、彼のことを「ローマの硬貨に彫られたすり減った顔だ」と揶揄する場面がある。これは、一番安いチケットでシェイクスピアの劇を楽しむような人々の層にも、古代のコインが、質の良いものではなかったにせよともかく入手可能であったことを示している[13]。

とりわけ強い感銘を受けるのが、リスト中に挙がっている医師と法律家の数の多さである（彼らは“medicus”ならびに“juris doctor”という称号から職業が同定できる）。たとえばドイツのシュパイアーの街でゴルツィウスが訪れたのは、当地の領主（ヴィルヘルム伯）、医師が一人、法律家が二人、それから何の称号も特記されていない市民が一人。オランダのドゥエーでは、同市で面会した四人全員が大学法学部の人員であった[14]。ゴルツィウスの資料は、よく知られた「法服貴族」の台頭を物語っているように見える。すなわち行政にかかわる彼ら専門エリートが力を獲得し、土地に根付いた世襲の「帯剣貴族」にかわって、宮廷、市議会、王政官僚政治などで日増しに権力を行使するようになる、そんな当時の世相だ[15]。彼ら新興の階級は、古銭やその他の古代遺物をコレクションするという営為の中に、自らが上位文化《ハイ・カルチャー》へと真摯に参画するための道を見出していたのだろう。ちょうど、のちの世紀の成金たちがモダン・アートを買いあさった事情とよく似ている。ここでわれわれは再びサッバ・ダ・カスティリオーネの言葉を思い出す。彼は一五四九年初版の『邸宅装飾の回想』で、家の内装の提案を行なっているのだが、楽器や巨匠の絵画作品や彫刻とならんで、良き趣味をもつ貴紳たるもの、古代の金・銀・銅貨ぐらいはコレクションしなくては、としているのだ[16]。

ゴルツィウスの人名リストは、本書で触れる以上に徹底した分析に値する資料ではあるのだが、これを見てなにより驚くべきことは、当時の苛烈な宗教党派の闘争のただなかにあって、彼があらゆる宗派の学者の専門知識を活用できている点である。すなわち、カトリックのミュンヘンからルター派のニュルンベルク、さらにはカルヴァン派のジュネーヴまで、その人脈は多岐にわたっているのだ。ゴルツィウスが語るところによれば、アンボワーズのフランス宮廷に滞在していた折、ユグノー派の首領コリニー提督を訪ね、そして（おそらく同じ日に）カトリック派の最右翼ギーズ公フランソワにも目通りがかなっている。またブレダにオラニエ公ウィレムを訪ねたかと思えば、その数か月後には、公の不倶戴天の敵役であるアルバ公に、ナポリで謁見している。この交友録を見ていると、こんなことを考えてみたい誘惑に駆られてしまう。すなわち、同リストを出版したゴルツィウスの思案の中には、党派もなにもない宗教上の普遍性を謳う意図が含まれていたのではないか。あるいは少なくとも、世界の「古銭友愛」が、神学者どもの喧嘩などに邪魔されることのない、国際的な同胞愛を形成するのだという希望を、やんわり提示したかったのではあるまいか。この観点から意義深いのが、ゴルツィウスのリストの中にセバスティアン・フランクの名が挙がっている点である。ルター派の牧師であったフランクは、あらゆる宗派からの迫害を受けた人物であったが、それは彼が寛容と、すべての信仰に対する相互の尊重を要求したからであった。フランクは一五四二年に死去していたが、それでもゴルツィウスは彼の後継者たちにドナウヴェルトで会ったと主張している。「私の心は、だれに対しても分け隔てることはない」そうフランクは書いていた。「私の兄弟たちは、トルコ人やカトリック教徒やユダヤ教徒の中に、いやすべての人類の中にいるのだ[17]」。

ゴルツィウスのリストには、あきらかにトルコ人だと思われる名前はあがっていないものの、ユダヤ教徒が二名含まれており、彼らの名前は、人目を引くヘブライ語のアルファベットでつづられている――すなわちワイセンブルクの項には、エゼキエルの子イザヤなる人物が挙がっており、またソロモンの息子ザカリアという男が、フランクフルトの医師として記載されている（図16）。これら両名の名がリストに挙がっている点から思い出されるのが、古代ヘブライ硬貨に対する当時の関心の高まりである。その理由の一端は、卓越したキリスト教カバリストであるギョーム・ポステルの研究活動に負うところがあって、一五三八年に出版された古代言語に関する彼の著作中では、古代ユダヤのシケル銀貨を描いた知りうる限りもっとも初期の図版が掲載されていた[18]（図17）。ポステルは同書でこんな話を語っている。彼は、聖地で出会ったユダヤ教徒たちがこれらの銀貨を所有しているのを目にした。彼らはこれらの硬貨をたいへんな宝物として大事にしまっていた。その愛でようは相当なもので、その銀貨一枚と金貨二枚の交換にも応じようとはしなかったという。「読者には、その二十分の一の価値もあるとは思われないであろうが[19]」。彼によると、この種の硬貨は、イェルサレムの溝掘り工夫たちの手で、瓦礫の奥底や、地中深くの建物の基礎などから毎日の

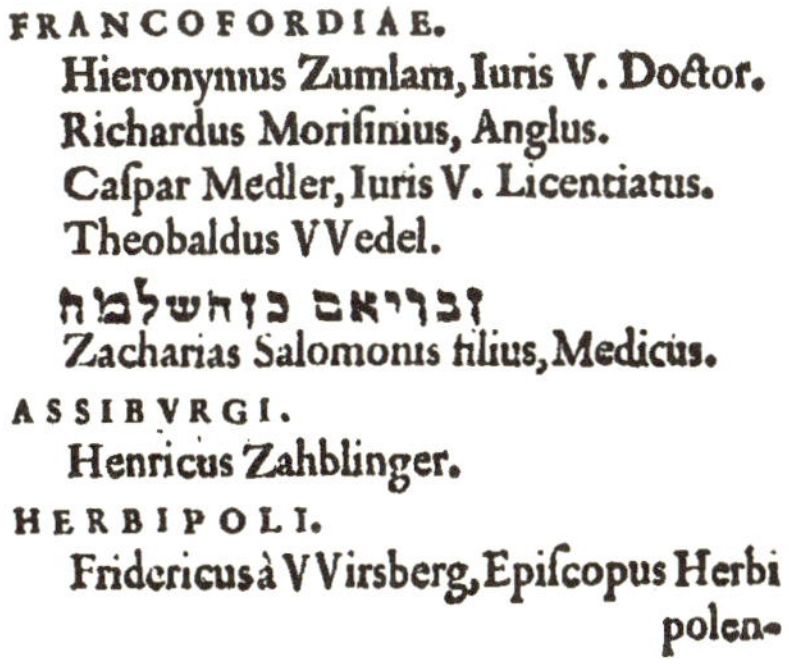
FRANCOFORDIAE.
Hieronymus Zumlam, Iuris V. Doctor.
Richardus Morisinius, Anglus.
Caspar Medler, Iuris V. Licentiatus.
Theobaldus VVedel.
זבריאם בןהשלמה
Zacharias Salomonis filius, Medicus.
ASSIBVRGI.
Henricus Zahblinger.
HERBIPOLI.
Fridericus à VVirsberg, Episcopus Herbi
polen-

図 16：ゴルツィウス『ガイウス・ユリウス・カエサル』（ブルージュ、1563 年）、f. aa4r。ドイツの古銭学者のリスト。フランクフルト市の項目に、ザカリア・ベン・ソロモンなる人物が含まれている。

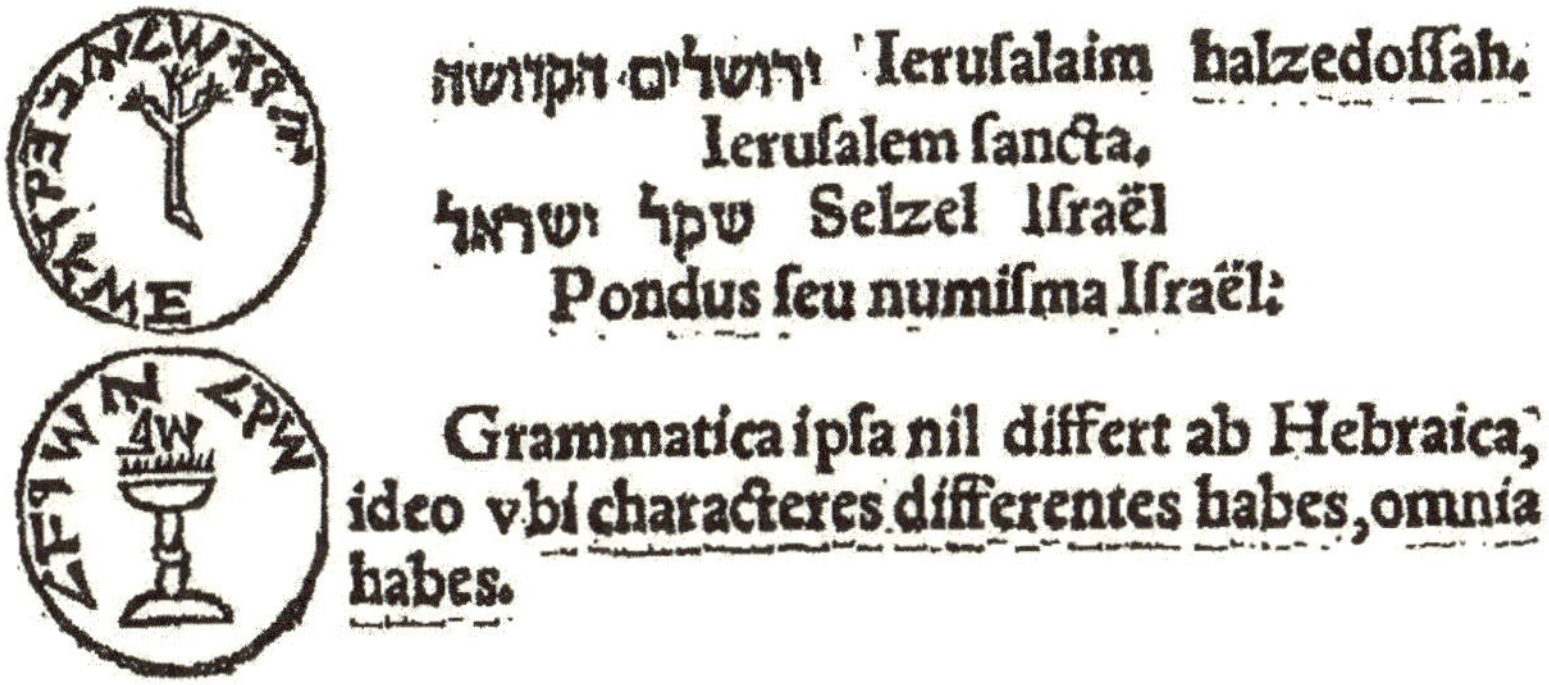
ירושלים הקדושה Ierusalaim halzedossah.
Ierusalem sancta.
שקל ישראל Selzel Israël
Pondus seu numisma Israël:

Grammatica ipsa nil differt ab Hebraica, ideo vbi characteres differentes habes, omnia habes.

図 17：ポステル『文字の異なる 12 の言語の初歩、入門、そしてとても簡単な読み方』（パリ、1538 年）

ように発見されており、それらの建造物の年代の古さをしめす証拠ともなっているという。これらの硬貨は、おそらくはポステルが出会ったようなユダヤ教徒の巡礼者や商人がもちこんだおかげで、ヨーロッパでも同様に入手可能であった。そのことを示すのが、ル・ポワやアグスティンの古銭学書に掲載された、本物のシケル銀貨を見て描いたと思われる図版である。[20]スペインの神学者アリアス・モンタヌスは、友人の大司教からトレント公会議の折にシケル銀貨を一枚贈答されたと語っている。ユダヤ文化の崇拝者がもっともいそうにない場所でのできごとだ。[21]またガブリエーレ・シメオーニ――残念ながら情報の信頼度の点では少しおぼつかないのだが――が語るには、フランソワ一世はアヴィニョンからエマヌエルなるユダヤ教徒の博学な律法学者を呼び寄せて、以前に王が贈答品として受け取ったソロモンの金貨に刻まれたヘブライ語の解説をさせたという。その硬貨はもちろん贋物であったが、律法学者はそれを微に入り細をうがって説明し、王を大変満足させたのだった。[22]

十六世紀に入って、あらゆる種類の古銭に対する興味が拡大したことは、コイン・マーケットにも相応の影響を及ぼしたに違いない――古銭のコレクションが学者や法律家たちの流行になるや、たちまち地方の硬貨供給源が干上がってしまった事態は、容易に想像できる。フルヴィオ・オルシーニに宛てた一五七三年の書簡の中で、メシュランの大司教ラエウィヌス・トレンティウスは、古銭が枯渇している状況に大いに不平をもらし、「ドイツ人たち」のせいだと非難している。「連中は、莫大な金額を支払って、なんでも手当たりしだいに買いあさる。所有する枚数を競い合うばかりで、その美しさや職人芸や希少性、歴史的意義などには、目もくれない[23]」。エネア・ヴィーコは一五五五年の著作『古代メダル論』の中で、とっておきの逸品につけられた途方もない価格のあれこれを回想している。それらの中には、コンモドゥス帝の美麗なセステルティウス貨についた六〇ドゥカートという価格の例も含まれていた。もとは単なる銅貨一枚、コンモドゥス帝の時代には、一食分の代金にさえ足りないぐらいの価値しかなかった貨幣である。[24]日々新たな退蔵宝貨が地中から発見されていたし、またアマチュア考古学の流行から、古代遺跡の周辺で古銭が偶然発見される確率もおそらく増していたであろうが、そんな程度では、新たな古銭需要をとてもまかないきれるものではなかった。そこへきて、オスマン帝国による無慈悲なまでの東方征服である――一四五〇年代にはコンスタンティノープルが陥落しギリシアも征服され、一五一七年にはエジプトが、一五二三年にはロドス島が、そして一五二六年にはクロアチアがオスマン帝国の支配下にはいった――。これによってヨーロッパの蒐集家たちは、ギリシアおよびローマ帝政期の硬貨のもっとも重要な産地から、切り離されてしまったのである。

需要の高まりに応じて、贋物硬貨の数が急増したのも不思議ではない。これをうけてヴィーコは『古代メダル論』の中で、硬貨の真贋の見分け方を論じた一章を設けざるをえなかったほどである。[25] これらの偽物硬貨の多くは、でたらめな刻印文字や根拠のない図像をもっていたにもかかわらず、古銭学の書物に巧みに入り込み、本物として扱われてきた。それらの偽物を一掃するには、十七世紀と十八世紀の、より科学的で厳格な古銭学者の登場――とりわけヨーゼフ・エックヘル――を待たねばならなかった。そんな模造品のひとつに、裏面がデクルシオ（軍事演習）の図案（実際には銅貨にしか現れない図柄）というネロ帝のデナリウス銀貨がある。ヴィーコによってはじめて一五五四年に記録されたこの偽硬貨（図18）は、のちのエックヘルの鑑査の目をもうまくのがれ、十九世紀の末にいたるまでずっと本物とされつづけたのだった。[26] バンティとシモネッティは一九七八年に、これらのデクルシオ硬貨のいくつかをルイージ・チゴーイの作としている。チゴーイというのは、一八〇〇年代初頭に活躍した名うての贋硬貨造り屋である。[27] もし彼が本当にデクルシオ硬貨のコピーを生産したのだとしたら、なかなか面白い状況になってくる。なぜなら、十九世紀の偽造者が、ルネサンス期の同業者にまんまとだまされたことになるからだ。「パドヴァ人」ジョヴァンニ・カヴィーノ、およびヴィチェンツァのヴァレリオ・ベッリの二人が、おそらくはメダル・アートのなかでも有害なこの模造分野における、もっとも名の知れた多作家であった。さらにヴィーコは、彼ら以外にも腕のいい贋硬貨造り屋の名をいくつか、模造品の章の中で挙げている。彼らの作品は今なお、ヨーロッパの巨大なコイン・キャビネットの中に入り込んでいる可能性がある。[28]

ヴィーコにしても、同世紀の他の古銭学作家たちにしても、この手の偽造品を非難することはなく、むしろ見栄えが良く、技巧的に優れている作品に関しては、心からの賞賛を送っている。ジョヴァンニ・カヴィーノの手になるメダルなどがその好例で、アグスティンは自著の十一番目の対話で、それらが見目麗しい作品であることを認めている。そのアグスティンは、偽造刻印文字についても驚くほど寛容な態度をしめしており、たとえばオノフリオ・パンヴィーニオがでっちあげた刻印文のように、質の高いものであればその出来栄えを認め、歴史学の書物にそれらを転載してもいる。チャールズ・ミッチェルが指摘したように、十六世紀の古物研究家たちには、芸術家や詩人たちと同様、古代遺物の解説だけではなく、それらを復元する役割も期待されていた。「古物研究家たちは、文学研究に携わる人文主義者たちと同様、自ら作品を生み出す者であった。かれらは鑑識眼を誇示するために、古代風の刻銘を自分で考案することもあったし、あるいは己の技術力を証明し、古代人に対抗するだけの能力を備えていることを示すために、硬貨を偽造したりもした。その作品の出来栄えが本物らしければらしいほど、古物研究家としての信頼度にもそれだけ箔がついたのである[29]」。

なるほど、初期の古銭学文献のなかには確かに贋物硬貨がしばしば入り込んではいたが、それらの文献のいくつか、とりわけ十六世紀後半以降に出版されたものは、コレクターたちをその種の贋物から保護する意図をもって執筆された可能性もじゅうぶんにある。つまり、本物の硬貨を掲載した権威あるリストを提示することで、売り手も買い手も、ともにそれを参照することができるようにしていたわけである。明らかにこの種の機能も担っていたと思われる著作が、一五四八年出版のエネア・ヴィーコ『裏面もすべて含めた皇帝の図像』で、これにはローマの最初の十二人の皇帝に関する、知られうるすべての硬貨の裏面の図柄が図示されていた[30]。著者のヴィーコは、ストラーダと同様、古代遺物商あるいは仲介者としての顔ももっていた。このことはおそらく、『皇帝の図像』出版の背後に、学術目的だけではなく商業意図もあったことを示唆している[31]。ローマ硬貨を印刷した権威ある一覧セットは、これを手にしたコレクターに、掲載されているすべての硬貨を自分のキャビネットにそろえたい気を起こさせたことだろう。現代のコレクターにもたやすく理解できる目標だ。そしてまさにこの目標のために、ぶれることのない、しっかりと画定された規範を確立することが不可欠だったのである。ヴィーコが図版におこした硬貨のすべてが本物というわけではなかったものの、出版の準備過程で、あからさまな偽物や、できの悪い模造品が慎重に選りわけられたことだろう。その手の品々には、ローマやフィレンツェやヴェネツィアの硬貨マーケットや、蒐集家のコイン・キャビネット

図 18：ヴィーコ『すべての皇帝たちの真なる図像』（ヴェネツィア、1554 年）、pl. FF.I、ネロの銀貨。左下にデクルシオ・デナリウス硬貨がみえる。

の中で、ずいぶんお目にかかっていたであろうから。だが同時に、当然といえば当然ながら、これらの本は偽造屋の情報源にもなっていた。つまり、ジョヴァンニ・カヴィーノが鋳造したローマの模倣銅貨のいくつか、たとえばデクルシオやアドゥロクーティオー〔皇帝が兵士に激励の言葉を与える図像〕の図案をもつネロ帝のセステルティウス硬貨などは、実際の古銭ではなく、ヴィーコの本に収録された図版をもとに作成されていた可能性があるのだ(32)。

詩人にして宮廷人であったアンニーバレ・カーロが、僚友の蒐集家コスタンツォ・ランディ伯に宛てた書簡を読むと、十六世紀中葉の古銭学談義や、硬貨の流通シーンを覆っていた――いっそマニアといってもいいほどの――熱狂の一端を、垣間見ることができる(33)。注意すべきなのが、カーロがこの書簡で、ローマ建国の父ロムルスの出来の悪い模造硬貨について触れている点である。実際にはカーロはこれを、五世紀の皇帝ロムルス・アウグストゥスと取り違えていたのだが、どうやらランディ伯は以前からカーロに、帝国末期《インペラトーリ・バッスィ》の皇帝たちの硬貨を、目を皿にして探すように依頼していたらしいのだ。ところがカーロのほうは、同時代の多くの人々同様、これら帝国末期の硬貨を「見るに堪えない」、粗野なものとみなしていたのだった。

閣下のためのメダルが五枚、手元にございます。一枚は銀貨で、アウグストゥス帝のもの。裏面には円柱の並ぶ神殿が描かれ、彫像が一体添えられています。〔神殿の〕コーニスに刻まれた銘は“DIVO JULIO”〔「神君ユリウス」〕と読め、ティンパヌムの部分には星か彗星が描かれています。周縁部には“TER. DESIG.”〔「三度目〔の執政官に〕予定」〕とある以外、ほかに文字はありません。表面には、“IMP. CAESAR DIVI F. IIIVIR. R.P.C.”〔「神君の子、インペラトル・カエサル、国家再建三人委員」〕の文字が。残りの四枚は、小型の銅貨です。そのうち一枚は皇帝ロムルスを描き、“DIVO ROMULO〔「神君ロムルス」〕NUDIS CONS.”の刻銘が添えられていますが、この後半部分は管見では“LUDIS CONSULARIBUS”〔「執政官の祭典」〕の意味でありましょう。裏面には円形の神殿が描かれ、“AETERNAE MEMORIAE”〔「永遠の記憶に」〕の銘が。二枚目はマグネンティウス帝のもので、表面には“IMP. CAES. MEGNENTIUS AUG.”〔「インペラトル・カエサル・メグネンティウス・アウグストゥス」〕の刻銘。裏面では武装した皇帝が、一人の囚人を踏みつけており、その周囲には"VICTORIA AUG. LIB. ROMANOR"（「ローマ人の解放者たる皇帝《アウグストウス》の勝利」）の文字。閣下は以前、かぶとを被ったローマと共にいるマグネンティウス帝の硬貨を送るよう、私にお命じになられましたが、今回のものにはかぶと付きのローマの姿がありません。もしそのような一品を目にした暁にはお届けいたしますし、今後もよろこんで、これら帝政末期の皇帝たちの硬貨を探し続ける所存であります。見苦しいものではありますが。ほかにも二枚、閣下にお目にかけたく、これまで見つけることのできなかった品をお送りいたします。その他の閣下の所有になられるすべての硬貨につきましては、目下返却の途上です。それから、私のコレクションからも一枚お届けいたしましょう。ポストゥムス帝の銀貨なのですが、銘はたった一文字欠損しているだけで、その欠落部分も、タリアフェッロが所有していた同じ硬貨から復元できました。すなわち"C. POSTUMI. I. A."と読めるのですが、これは閣下がお持ちの一枚をしのぐ品でございます。裏面に描かれている頭部像は、間違いなくディアナ女神のものであることがおわかりになるでしょう。それから閣下に、アタラリックの小メダルもお送りいたします。表面にはユスティニアヌス帝が描かれていて、私の所有するものでは刻銘が読み取れないのですが、閣下のご興味のために、タリアフェッロが所蔵していた別の一枚を見てまいりましたところ、"D. N. JUSTINIANUS"（「我らの主たるユスティニアヌス」）の銘が見え、すなわちドミヌス・ノステル（我らの主）の意味だとわかりました。私はまだヤヌスの硬貨は一度も目にしておりませんが、こちらも先ほどのタリアフェッロが、表敬の言葉とともにやがて閣下のもとに一枚お届けする予定になっております。それから、ギリシア硬貨の複製を二枚所有しているのですが、その他の硬貨とともに、まさに今日これからお送りするつもりでおります。ローマのヘラクレス、ならびにアンティオコスの硬貨については、まだ見つけることができないでおりますが、近々大量の古銭を手に入れることになっており、もしそのなかに発見しましたら、閣下にお送りいたします。ファッキネット卿が、閣下より借用した書物を二冊所有しており、それらを返送なさりたいとのことです。私が願うのは、ただ閣下のお心にかない、その御手に口づけをすることのみでございます。パルマより。一五五七年十一月二十日。

もしカーロとランディのペアが当時数百組という規模——ゴルツィウスの古銭コレクター・リストを念頭におけば、これは決して大げさな数字ではない——で存在したとすると、古銭を専門に論じる著作にたいする、相当規模のマーケットが存在したとみなすことができるだろう。とりわけ、十六世紀の典型的な古銭学の書物が、およそ一〇〇〇部ほど刷られていた事実を考慮するなら。(34) 加えて、ヴェネツィア、リヨン、ストラスブール、アントウェルペン等に拠

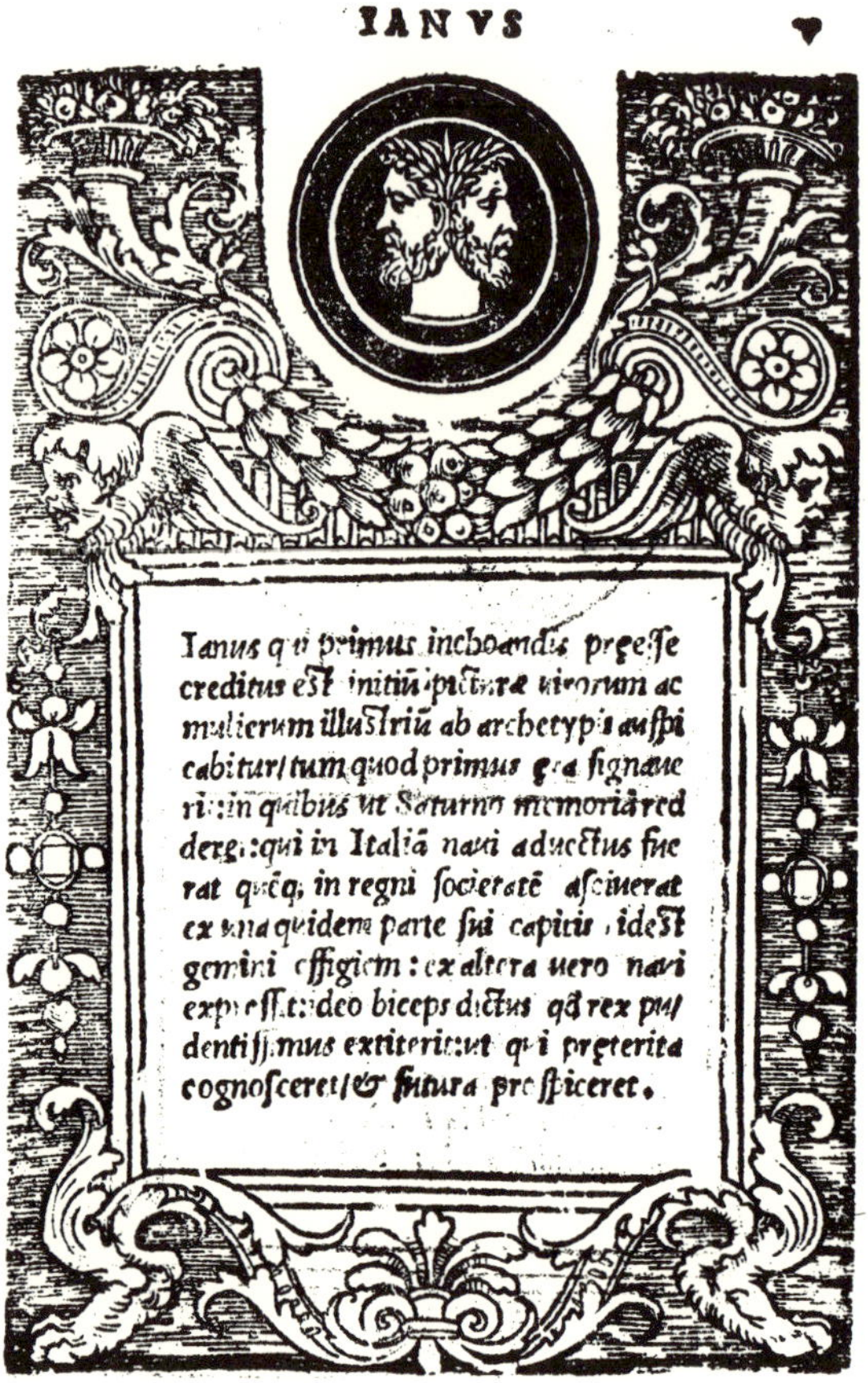

図 19：フルヴィオ『著名人の肖像』（ローマ、1517 年）、f. 5、ヤヌスの頭部像

点を置く大出版社は、代理店や小売店をヨーロッパ各地に持っていて、出版地からはるかに遠隔地のマーケットでも、自社の本をさばくことができたという事情があった。たとえばギョーム・ルイユは、自身のヒット作『プロンプトゥアリウム』を、ラテン語はもとより、フランス、イタリア、スペインの各国語版でも出版しているし、ゴルツィウスは著作『全皇帝の肖像イメージ』を、ブリュージュの地で五か国語で上木している。[35] そんなわけで、十六世紀になって、ギリシアとローマの硬貨を記述・図示する印刷本が現れたのも、ちっとも不思議ではない。このジャンルの嚆矢となったのは、一五一七年の『著名人の肖像』だ。我々の期待通りというべきか、この本の出版地は、それから四十年後に旅の途上のゴルツィウスが大量の古銭学者に出会うことになる都市、すなわちローマであった。

つまるところ、十六世紀に図版入りの古銭学書が登場した理由の一端は、出版界の販売効率の上昇という要因もあったわけだが、それ以外にも、一五〇〇年以降に硬貨コレクターの数が急増し、地域的にも広がりを見せた結果、良好な状態の古銭サンプルが不足しはじめたという事情も大きく作用していた。思い出されるのが、ラエウィヌス・トレンティウスが非難していた「ドイツ人たち」だ。連中のうち何人かは、アウクスブルクやマインツというよりは、むしろパリやブリュッセルやヴェネツィアの出身ではないかと疑いたくなるのだが、そういった輩が、古銭とみれば手当たり次第に、馬鹿げた価格で買いあさっていったのである。興味深いのは、あのアンニーバレ・カーロが、ランディに送るためのヤヌスの硬貨を見つけられなかった点だ。ヤヌス神の頭を刻んだアス銅貨は、共和制ローマ時代のもっともありふれた銅貨であったにもかかわらず、である。[36] ただ、ヤヌス神の銅貨は、とりわけ入手が困難であった可能性がある。というのも、アス銅貨ならびにヤヌス神は、古代文献を読んだ人文主義者たちにとってはすっかり馴染みで人気のある存在であったからだ。[37] 状態のいい品をもっている売人なら、さほど時間をかけずにさばけたことだろう。硬貨の供給量が減り、価格が高騰しはじめると、印刷された古銭本が、現実の硬貨コレクションを紙媒体によって代替ないしは補足するもの、という役割を帯びるようになった。アンドレア・フルヴィオ『著名人の肖像』に収録された最初のイラストは、やはりというか、共和制ローマ時代のアス銅貨からとったヤヌス神の頭部であった（図19）。

第6章　「ローマの古物学者」——アンドレア・フルヴィオと『著名人の肖像』

「学識があって勤勉、そしてとりわけ熱狂的な古物研究家であった——とはいえ飛び抜けて才気煥発な切れ者というわけでもなかったが」。いまいち煮え切らない人物評だが、これはロバート・ワイスがアンドレア・フルヴィオを評した際の言葉だ。[1] 遺されたひとにぎりの著作をのぞけば、フルヴィオの人物像を伝える史料はわずかしかなく、同時代の記録にもほとんどその名が現れない。ラファエッロは一五一四年の書簡の中で、「我らのフルヴィオ」は古代遺跡を探索したさいの同伴ガイドであったと書いている。[2] フィリップ・ジャクスはフルヴィオを指して、「当時にわかに数が増えつつあった、ローマ古物の専門家を自称する集団ないしは職業家の典型的な人物」とみなしている。そういった連中が、教皇レオ十世の時代に、古代ローマの研究を席捲したのだった。[3] わかっているのは、フルヴィオがおそらく一四七〇年ごろにパレストリーナで生まれ、そして一四九〇年代にローマに上京して、同市の偉大な人文主義者ポンポーニオ・レートのもとで勉学にうちこんだということである。初期ルネサンスのローマ市の人文主義は、地方の郷土愛ないしは愛国主義的な感情に導かれている面があり、それが共和国礼賛や、反ローマ教皇の感情と結び付くこともしばしばあった。一三四〇年代には、コーラ・デイ・リエンツィが、ローマの古代遺跡と碑文（そこにローマの古銭も含まれていたとする学者もいる）に霊感を得て、ローマ市民を煽って長期にわたる武装蜂起を先導し、共和政体を樹立したが、たちまち教皇とローマの封建領主たちに鎮圧されている。[4] やはり古典古代の復興を装った反乱が、ステーファノ・ポルカーリに率いられて一四五〇年代におこったが、こちらも同じような結果に終わった。ポンポーニオ・レートが私的に主催していた「アカデミー」のメンバーのなかに、政治的陰謀に加担した者がちらほらいたことは、さして驚くべきことではない。そういった輩のひとりに軽率なプラティーナという人物がいるのだが、彼はヴェネツィア出身の教皇パウルス二世によって牢獄にぶちこまれてしまった。しかし後年、著作『教皇伝』のなかで、歯に衣着せぬ筆致でパウルス二世の伝記を綴って、仕返しを果たしている。プラティーナの筆にかかると、パウルス二世も無学で、宝飾品を貪欲に買いあさるあこぎな男になってしまうのだった[5]。

アンドレア・フルヴィオが、同様に政治革命に対する何らかの関心を抱いていたのではないかと疑う理由は、とくにない。ただし彼は師のレートから、古代遺跡や彫像、碑文そのほかの古代遺物に対する情熱を引き継いでいた。十五世紀のローマ市民たちは、普通はそんな古物など気にもとめず、時には何の考えもなしに破壊してしまうことさえあった。フルヴィオが一五一七年に『著名人の肖像』を世に問うた背後には間違いなく、ローマ市民たちに自らの偉大な過去を、皇帝たちのもとで築き上げてきたあの偉大な過去を、思い出させるという動機も含まれていたはずだ。フルヴィオは十六世紀初頭の数年間、ローマ市に雇われた文法教師として生計を立てていたことがわかっている。その職務は、ローマの若者たちにラテン文学のてほどきをすることであった。この時期に、他の古物学者たちとの知己を得たのに違いない。というのも彼は、フィレンツェ人のフランチェスコ・アルベルティーニがローマの驚異を論じたガイドブック『新旧の都市ローマの驚異についての小著』(一五一〇年)に、賛辞のエピグラムを寄せているからだ[6]。それからほどなくして、フルヴィオは彼の最初の著作となる、ラテン詩の作法を論じた短い手引書を出版している。本人が語るところによれば、彼のもとで学んでいた女生徒ディアノーラ・レオーリから、ぜひ書いてくださいとリクエストを受けていたのだという[7]。実際、フルヴィオが初等学校の教師であったという事実――彼はローマのブルジョア市民や貴紳たちの息子ばかりでなく令嬢の教育にもあたった――が、おそらくは著作『著名人の肖像』にみられる一風変わった、当惑させるような側面をある程度説明してくれているように思われる。とりわけ風変わりなのが、皇帝たちの顔を描いた漫画のような戯画肖像や、簡素でやたらと道徳くさい伝記記述、さらには皇帝の妻や娘、あるいは母親にかなりの紙幅が割かれている点である(図20)。

フルヴィオは、己の詩作の才能と、古代の芸術や建築にたいするあこがれを、著作『都市の古代』の中で組み合わせている。これは、ラテン語の六歩格詩で書かれたローマの古代遺跡ガイドで、[8] 一五一三年に出版されている。同書には、新しく教皇に選出されたばかりのレオ十世に宛てた献辞が収録されているのだが、このレオ十世の就任こそは、文化と学問の黄金時代の到来として、人文主義者たちから歓呼して迎えられた出来事であった。このメディチ家出身の教皇が、おそらくは、フルヴィオの著作の出版費用を援助したのであろう。というのも、フルヴィオはレオ十世に、現在はラウレンツィアーナ図書館の所蔵になる、上質の羊皮紙を使った同書の豪華な手稿版を献呈しているからである。[9] アルベルティーニの『新旧の都市ローマの驚異についての小著』や、さらに前の世代のフラヴィオ・ビオンドによる『ローマ復興』といった著作もそうであったが、このフルヴィオの『都市の古代』がめざしたのは、中世に大人気を博したローマの地誌ならびに建築のガイドブック、すなわち十二世紀に出版された『都市ローマの驚異』を、人文主義的な原理のもとに改訂することであった。この中世のガイドブックには、古代遺跡にまつわる無数の民間伝承の類いが満載で、情報として不確かだったのだが、十六世紀になってもいまだに複数の言語に翻訳されて出版され続け、永遠の都に巡礼に訪れる人々のあいだに広く知れ渡っていた。[10] ルネサンス期に新しく執筆されたガイドブックには、近年の考古学的発見の成果や、あるいは十五世紀の教皇たちによって建てられた新たな記念建造物についての情報も含まれており、また古代遺跡についての情報は、古典作家たちの記述に依拠したものとなっていた。フルヴィオが参照した作家には、オウィディウス、タキトゥス、ウァッロ、フロンティヌス、ストラボンなどが含まれる。また古代遺跡や建物に関する記述は、明らかに、フルヴィオ自身が長年にわたって実物をじかに目にした経験が生かされている。とはいえ彼の著作『都市の古代』は、中世の『都市ローマの驚異』に見られる伝統的な構成を踏襲したものとなっている。第一巻は都市の地区ごとに分割され、まず城壁や門や丘の記述からはじまる。丘のパートに含まれるカンピドーリオの記述では、古代彫刻のコレクションが賞賛され、とりわけブロンズ製の雌オオカミ像と刺を抜く少年の彫像がほめられている。筆がヴァティカーヌスの丘にさしかかると、フルヴィオはサン・ピエトロ大聖堂の偉観に驚愕し、またニコラウス五世以降の教皇たちが加えた近年の建物にも驚嘆している。さらにはユリウス二

AVRELIA MATER CAES.DICT. XV
AVRELIA MATER C.CES DICT.
Aurelia Cęs.mater.hęc,P.Clodiũ
ad sacra bonę deę nocturno tẽpore
ĩgressum muliebriq; habitu : indu/
tum deprehendit Pompeię uxoris
Cęs.amore captum.

図 20：フルヴィオ『著名人の肖像』（ローマ、1517 年）、f. 15、カエサルの母親アウレリアの肖像

世がベルヴェデーレの中庭に集めた、アポロン、ラオコーン、横臥姿の「クレオパトラ」といった彫刻にも言及している。(11) 第二巻は建築物が種類ごとにまとめられた記述となっており、橋梁、水道設備、浴場、凱旋門、劇場、神殿、競技場、オベリスク、霊廟、その他の記念建造物が解説されている。

それから四年後、『都市の古代』を上梓したのと同じ出版者のヤコポ・マッゾッキが、『著名人の肖像』を世に送り出した。十五×十一センチの小型本で、サイズ的には典型的な八つ折り判だが、実際は小型の四つ折り判という体裁の作品であった。(12) 本書には二〇五名の古代の偉人たちの短い伝記が収録されているが、その大多数を占めるのがローマ皇帝で、記述は凝った木版の枠組みの中に組み込まれ、さらに円形浮彫りの中に、ローマ硬貨を模したかたちで、各人物の横顔の肖像画が収録されている。(13) そっけないほど簡素なタイトルページにはフルヴィオの名は現れないが、最終ページ（f. CXX）の奥付には、「勤勉このうえない古物学者アンドレア・フルヴィオの手で校訂・縮約された」と記されている。この文言からわかるのは、本書を作成するうえでのフルヴィオの役割が、編集ないしは校訂に限定されていたという点であり、したがって古いカタログなどで著者として彼のかわりにマッゾッキの名があがっているケースがあるのも、別に驚くにはあたらない。(14) ヤコポ・ストラーダは一五五三年に、この『著名人の肖像』の作者を、教皇レオ十世の教養ある秘書、枢機卿ヤコポ・サドレートだとしたのだが、実際には枢機卿は本が献呈された相手であった。この作者の同定ミスは、その後のカタログでも繰り返されることになる。(15) ただしワイスの報告によれば、奥付の部分がかなり変更された版が少なからず伝わっており、そこには次のような文章が読めるという。「古銭の図柄から印刷された、皇帝や著名な男女の容貌に、碑文入りの銘を添えたもの、それらはさまざまな学識者の手になるものであるが、その大部分は大変勤勉な古物学者アンドレア・フルヴィオが手がけ、彼によって作品全体が校訂・縮約された」(16)。奥付の文章が増やされ、フルヴィオが編集にくわえテクストの大半の執筆も担当したという情報が加えられたのは、おそらく著者自身が、これでは自分の仕事が十分に認知されていない、というたぐいのクレームをつけた結果ではないかと、ワイスは推測している。

確実に言えることは、肖像画に付された短い伝記は、ローマ史のみならず古代遺物にも造詣の深い学者によって、その大部分が執筆されたであろうということだ。たとえば、著者が指摘するには、アウグストゥス帝の霊廟は、世間では「アウスタムの霊廟」という誤った名で通っているという（f. XXIII）。また、アウグストゥスが甥のマルケッルスを記念して建造した劇場の遺構が、「ホリトリウム広場とテーヴェレ川のそばに」今なお見ることができる、と記している（f. XXVII）。著者はさらに、ティトゥス帝の凱旋門およびハドリアヌス廟にも言及し（ff. LXI and LXVIII）、またトラヤヌス帝の遺骸が、同帝の「九〇フィートの高さを誇る」記念円柱の下に埋められているという中世の伝承を繰り返している（f. LXVI）。この他にも中世のガイドブックから生き残って『著名人の肖像』に引用された伝承がいろいろあるが、そのなかには、十一世紀の神聖ローマ皇帝ハインリヒ三世の御世にローマで発掘された、巨人の遺体にまつわる話も含まれている。遺体のそばにあった碑文によると、この巨人は、『アエネーイス』でもその死の模様がかたられている、エウアンデルの息子のパッラスなのだという（f. CXVII）。こんな伝奇のたぐいよりもっと信頼のおける話として、フルヴィオはこんな報告をしている。「大変美しいアンティノウスの彫像が二体、我々の時代に発掘され、教皇レオ十世の手でヴァティカンに置き据えられた」（f. LXIX）。これと同じ報告を、彼は一五二七年出版の『都市ローマの古代遺物』の中でも繰り返している。[17]

フルヴィオの著作を出版したのはヤコポ・マッゾッキだったが、その彼自身もまた、有能な学者であったようだ。「ローマのアカデミーの書肆」（*bibliopola Achademiae Romanae*）なる銘を社標にかかげる彼の出版社は、ポンポーニオ・レートやフランチェスコ・アルベルティーニをはじめとするローマの知識人たちの人文学的な著作を得意とした。[18] マッゾッキの主たる活動は出版業であったが、その古典の造詣はたいしたもので、古代の重要な碑文を集めた著作『都市ローマのエピグラム』（一五二一年）をみずから編纂・出版するのに十分なほどの知識を有していた。[19]『著名人の肖像』に収録された、サドレート枢機卿に宛てた献辞の中で、マッゾッキは古代人たちが行なっていたある慣習――古代の人々は、著名な祖先のイマーゴー（imagines）、すなわち肖像を蠟で作り、そのかたわらに銘板（tituli）を添えて、当該人物の名と偉業を刻んだのだという――に触れ、賞賛している。邸宅のアトリウムや公共の広場などに展示されたこれらの碑銘付き肖像は、それらを見る者の魂を鼓舞し、自分も栄光を手に入れたいという思いを、人々にかきたてることを目的としていた。「この習慣はもちろん、現代でも実行可能であろう」とマッゾッキは述べている。古代人たちはまた、図像をあつめて掲載した書物――残念ながら失われてしまったが――も出版した。そうした作品には、ポンポニウス・アッティクスが手がけたものや、あるいは著名人の肖像を七〇〇点収録したというマルクス・ウァッロの記念碑的な著作などがあった。出版者マッゾッキが言うには、「私はこうした先例に沿いつつ、正真正銘の驚くべき古さを誇る硬貨からさまざまな人物の肖像画を描写する労をとった（*diversorum vultus ex probatissimis miraeque vetustatis numismatibus*）」。この言い回しからわかるのは、硬貨コレクションがまだ黎明期にあったこの段階においてすでに、コレクターたちが古銭の真贋に傾注していたということである。さてマッゾッキはこの献辞の文言を、こんな賛辞でしめくくっている。サドレート枢機卿は文人たちを支援し、その活動を後押ししてくださっており、その営みたるや本書の中で讃えられた多くの古代人たちに匹敵するものである（もちろん古代の先例といっても、マッゾッキがここで、カリグラ帝やネロ帝のことを念頭に置いていたのではないと思いたいわけだが）。

ではこの『著名人の肖像』という書物の中でクローズアップされた古代の男女とは、いったいどのような人物であったのだろうか？　本書に伝記が収録された二〇五名の大半が、イタリアの支配者もしくはローマ帝国の皇帝たちなのだが、おもしろいことに、最初の二名は双頭神ヤヌス（図19）とアレクサンドロス大王になっている。だがヤヌス神は実のところ、中世の伝承によれば、イタリアを治めた初期の王のひとりで、その居館をヤニクルムの丘に定めたのだという。そしてなぜだか理解に苦しむが、聖書のノアとも同一視されたこのヤヌス神は、太古の黄金時代を統治したのだった。この神は門や門番とも関連する属性を持ち、ゆえに聖ペテロならびに教皇たちの原型といえるのだと、教皇ユリウス二世の宮廷につかえた文人エジーディオ・ダ・ヴィテルボは賞賛している。[20] 一方でアレクサンドロスのほうは、父親フィリッポスがいだいた世界帝国の夢を実現し、世界のさまざまな地域を統べるとともに、イタリアの支配者にもなった。フルヴィオの記述によるなら、大王の統治領域は、世界の果てにまで達したのだという。全人類をひとつの政体のもとに統一するというアレクサンドロスの使命は、もちろんのこと、ローマ皇帝および歴代教皇たちによって引き継がれたというわけである。さて、続いて『著名人の肖像』で取り上げられているのが、共和制ローマ時代の偉人達で、マルケッルス、マリウス、ポンペイウス、キケロ、ブルートゥス、マルクス・アントニウス、クレオパトラといった名が挙がっている。ユリウス・カエサルの項目（図21）には、彼の家系の成員が多数加えられており、これなど、フルヴィオが生きていた当時のイタリア社会における血縁関係の重要性をうかがわせるものとなっている――すなわち、カエサルの祖母、母、父、姉妹、息子、娘、そして生涯にめとった四名の妻までもがしっかり言及されているのだ。人名録はこのあとさまざまなローマ皇帝とアウグスタたちを取り上げてゆくのだが、そのリストは、西ローマ帝国の滅亡で終わらずに、初期のビザンツ帝国やカロリング朝、オットー朝の時代にまで続いてゆく。不可解なのがあのシャルルマーニュの名がないことだが、代わりに息子のルイ、孫のロタール、ルイ二世、シャルルの肖像がある。この皇帝列伝は、十一世紀の支配者であるハインリヒ二世、コンラート二世、ハインリヒ三世らの伝記で終わっている。

これらの短い伝記は、人が持つ道徳上の強さと弱さを強調しており、ひょっとしたらこの本はもともと、フルヴィオが暮らしていた地区の文法学校のための、修身と愛国教育の授業用につくられたのではないかという、我々の疑念を裏付けてくれる文章ではある。たとえばアレクサンドロス大王は、父王の範にならうことで世界の支配権を手に入れた。クレオパトラはアントニウスを虜にし、オクタウィアヌスとの戦争へと突入した結果、恋に溺れた二人はともに破滅にいたった。またフィリップス・アラブスは、最初のキリスト教徒の皇帝とみなされるものの、たいそう傲慢な支配者で、その治世には記憶に値するべきものは何ひとつなかった。ユリアヌスはその背教ゆえに、神慮によって殺されたのだが、その点をのぞけば大変教養の深い人物で、名声と栄光を渇望していた。ユスティニアヌスの甥にあたるユスティヌス二世は貪欲で知られ、不誠実で暴力的、神や人を軽蔑した挙句、最後は気が触れて亡くなった。ブルートゥス（図22）はすべての美徳を兼ね備えた人士として記述され、ローマ人のなかでもっとも高貴であったとされる――これは、当時の人文主義者たちのサークルに見られた、暴君殺害者に対するひいきの一例といえる。[21]ちなみにブルートゥスは、学徒としても優れていたという。「〔彼は〕諸々の高尚な学問の薫陶と、哲学の探求を十分に吸収していた」（f. XI）。

図21：フルヴィオ『著名人の肖像』（ローマ、1517年）、f. 16、ユリウス・カエサルの肖像

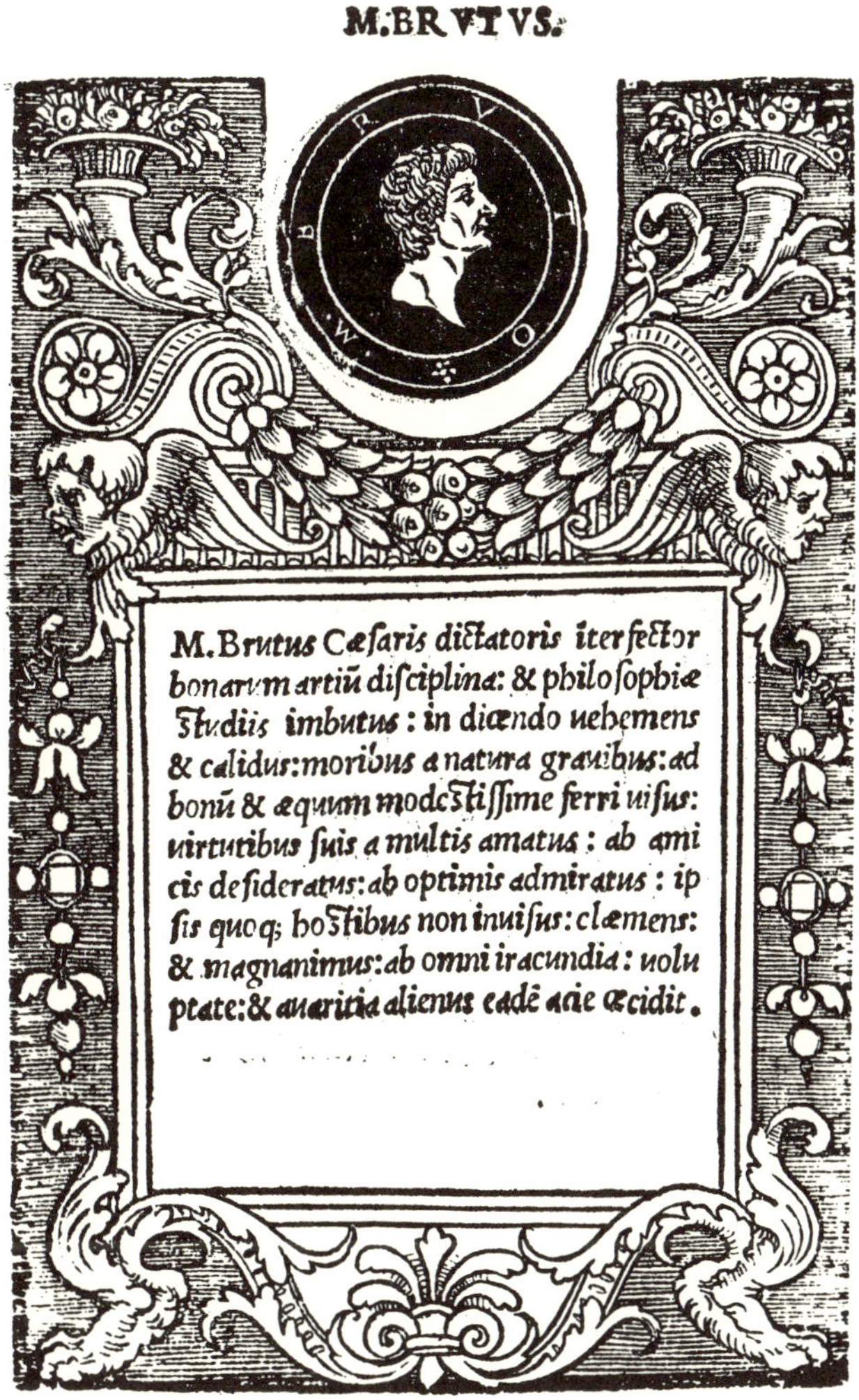
M.BRVTVS.

M.Brutus Cæsaris dictatoris iterfector
bonarum artiũ disciplina: & philosophiæ
studiis imbutus: in dicendo uehemens
& calidus: moribus a natura grauibus: ad
bonũ & æquum modestissime ferri uisus:
uirtutibus suis a multis amatus: ab ami
cis desideratus: ab optimis admiratus: ip
sis quoq; hostibus non inuisus: clæmens:
& magnanimus: ab omni iracundia: uolu
ptate: & auaritia alienus eadẽ acie cecidit.

図 22：フルヴィオ『著名人の肖像』（ローマ、1517 年）、f. 11、ブルートゥスの肖像

巻末の数ページには、事実に関する誤認だとか、タイポグラフィー上のエラーが頻繁に見られ、この箇所の編集が大急ぎで行なわれたことをうかがわせる。たとえばコンラートとハインリヒ三世の肖像が置き換わってしまっており（図23）、コンラートが伝記の最後の人物として取り上げられているように見える（f. CXVIII）のだが、テクストの部分ではちゃんと、ハインリヒはコンラートの娘むこで、後継者であると説明されている（f. CVII）。この配列が単なるミスであり、フルヴィオの当初の意図はむしろハインリヒ三世の伝記で記述を終えるつもりであったと仮定するなら、彼がなぜ本書の皇帝列伝を、ハインリヒ三世という、混乱して、とりたててみるべきもののない皇帝の治世で閉じようとしたのか説明がつくかもしれない。そのハインリヒの伝記記述のなかで、フルヴィオはこう述べている。「この皇帝の時代に、ローマで骨壺と、とんでもなく巨大な人物の遺骸が、完全な状態で見つかった。そばには墓碑銘があって、『ここにエウアンデルの息子パッラス眠る、この者、トゥルヌス王の槍により殺められたり』」。アエネアスの友人にして同盟者であったパッラスの完全《インテグルム》な遺体発見の報は、当時相当に流布した話題であったようで、早くはボッカッチョが『異教の神々の系譜』に記載しているし、中世の年代記にもいくつか記述がみられる。(22) フルヴィオはこの出来事をもって、アエネアス時代の古きイタリアの英雄主義や偉大さへの回帰をしめす、一種のシンボルないしは予言とみなしていた、とすることは可能だろうか。周期的におとずれるという黄金時代、すなわちかのヤヌス治下の繁栄の時代が、これまでいくどとなく繰り返され、それがこのたび、まさに教皇レオ十世のもとで頂点に達する、そう考えていたのであろうか。その教皇レオは当時、新たな「ヤヌス」として「無数の頌歌の調べにおいて」絶賛を浴びていた人物ではあった。(23) もしフルヴィオの意図がそこにあったのだとしても、彼の後継者たち——そのなかにはヨハンネス・フッティヒとギヨーム・ルイユも含む——は、シンボリズムを解さないか、あるいはそういったものを著作に盛り込んだりはせずに皇帝の列伝を続け、カール五世をはじめとする同時代の支配者たちにまで及んでいる。

『著名人の肖像』を飾る図版は実に見事な出来栄えで、この瀟洒《しょうしゃ》な小型本の魅力をいやがおうにも高めているわけだが、それらのイラストをながめていると、マッゾッキが生み出そうとした効果がはっきりわかってくる。つまり、

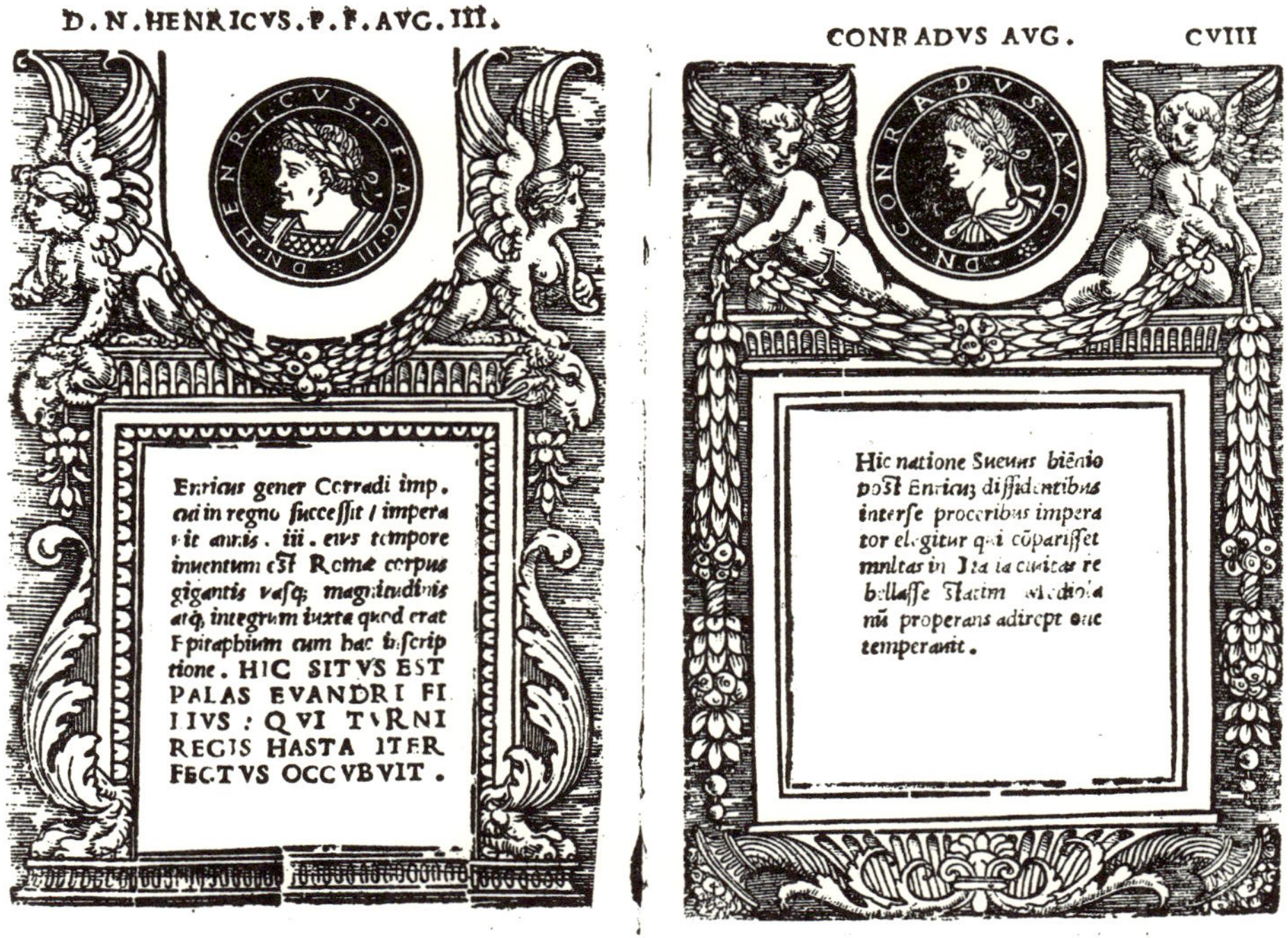
D. N. HENRICVS. P. F. AVG. III.
Enricus gener Corradi imp. cui in regno successit / imperavit annis. iii. eius tempore inuentum est Romae corpus gigantis vasq; magnitudinis atq; integrum iuxta quod erat Epitaphium cum hac inscriptione. HIC SITVS EST PALAS EVANDRI FILIVS : QVI TVRNI REGIS HASTA ITER FECTVS OCCVBVIT.
CONRADVS AVG.
CVIII
Hic natione Sueuus biēnio post Enricu; diffidentibus interse proceribus imperator eligitur qui cōparisset multas in Ita ia ciuitas rebellasse Statim
temperauit.
図23：フルヴィオ『著名人の肖像』（ローマ、1517年）、ff. 117-118、ハインリヒ3世とコンラートの肖像

古代人たちが祖先を祀るために肖像画や碑文で飾っていたとマッゾッキが考えていた、ローマの墓碑もしくは記念碑に似たような効果を、この本に込めていたのだ。各ページは、伝記と肖像画が木版による建築的なフレームの中にきっちりと嵌めこまれている。フレームは、花綱、葡萄のつる、プットー、スフィンクス、グリフォン、仮面、イルカ、壺、豊穣の角といった要素で構成されており、これなど、古代ローマにおけるもっともバロック的な時代――ネロ帝、ハドリアヌス帝、セウェルス帝の治世――に作成された浮彫り彫刻を連想させるものとなっている。こうした建築フレームは八種類用意され、そのそれぞれが二五回ずつ使用されている。力強くかつ優雅なこれらの意匠は、古代の葬儀関連の浮彫り――祭壇、石棺、石碑ないしは飾り板――を思い起こさせる。そうした古代の浮彫りは、当時、イタリアの目利きたちが営んでいた彫刻庭園におかれたり、あるいはローマの教会の壁に塗りこめられたりするなどして、目にすることができた。その種のもので著名な事例といえば、アメンプトゥスの石碑がある。ルネサンス期の芸術家たちから大変な賞賛を受けた一品で、枠付きの碑文が彫りこまれ、その周囲を花綱、リボン、仮面、松明、ケンタウロス、プットーが取り囲んでいる。この作品は十六世紀初頭には、アンドレア・デッラ・ヴァッレ枢機卿のコレクションに含まれていたもので、今日ではルーブル美術館で目にすることができる[24]。ちなみにエネア・ヴィーコはこの石碑を写し取って、一五五七年出版の自著『アウグスタ伝』の扉絵に活用している（図24）。さて、マッゾッキが『著名人の肖像』のために用意したフレーム意匠のうちの三つには、ひと組のプットーが円形肖像画を手に持つか、支えている状態で描かれている。この図像はローマ時代の一般的な石棺のデザインを想起させるもので、そこには空飛ぶ一対の小天使が円形の小盾《クリペウス》を掲げ持つ姿で彫りこまれ、その盾の中には故人の胸像が描かれていた。聖アグネスの墓とされる、この種の石棺の三世紀の事例が、サンタニェーゼ・フオーリ・レ・ムーラ教会にあり、主祭壇に組み込まれた形で見ることができる[25]。この種のモニュメントや類似の作品例に関しては、ルネサンス期の芸術家たちがさかんにスケッチを残しており、彼らはローマへ巡礼してこういった断片遺構を研究・模写しないことには、自らの教養形成は完成しえないと考えていたのであった。

全二〇四点の円形盾の肖像画が際立った印象を与えるのは、反転シルエット、すなわち漆黒の背景に白の顔の輪

図 24：ヴィーコ『アウグスタ伝』（ヴェネツィア、1557 年）、タイトル・ページに適用されたアメンプトゥスの石碑

郭がくっきり浮かぶという手法によるものである。出版者のマッゾッキがここでせこく背景の黒インクをケチらなかったのは、もっけの幸いといえよう。肖像画は簡素な線描で表現され、版画家が明暗法《キアロスクーロ》〔第7章参照〕の使用を避けたことで、まるで硬貨の図柄のような平坦なイメージが生まれている。だが各肖像画の頭髪は——ときには衣装の襞も——、繊細で小さな線が生き生きと絡み合う状態で表現され、これによって黒の背景と白い顔とを媒介する中間領域が生み出されて、これらの細密肖像画の傑作の美をいや増す効果をあげている。版画家は明らかに、さまざまな皇帝が見せる人相や性格の差異を読み取る眼力を持っていたと思われ、正確な筆致でネロの肖像には華奢な横顔を刻み（図25）、ガルバ帝は粗忽で荒々しい顔立ちで表している。三分の一弱の肖像が、実際の硬貨の図柄から模写されたようだ。それらの大半が一世紀から三世紀にかけての皇帝で、彼らの容貌はすでにイタリアの人文主義者たちのあいだではおなじみのものであった。（スエトニウスが『皇帝伝』で取り上げた）十二名の皇帝たち、二世紀の「善き皇帝たち」、セウェルス朝の面々、それから短命におわった三世紀の軍人皇帝たちは、わずかな例外を除いてはいずれも、硬貨に描かれているのと同じ姿で版画に写し取られており、戯画《カリカチュア》すれすれの大げさな表情をまとっている。たとえばウィテッリウス帝は雄牛のような太い首を持ち、マクシミヌス・トラクス帝の顎はグロテスクに反り、バルビヌス帝は無精ひげが目立つ、といった具合だ。版画家は彼らを描く際、古代ローマ時代の様式的な差異をしっかり踏襲しており、三世紀後半の皇帝の場合には長い首の上に小さくて気難しそうな頭部がのっかり（図26）、四世紀初頭の皇帝の場合には、弾丸のように丸みを帯びてなめらかな頭部となっている（図27）。

『著名人の肖像』中、本物の硬貨の図像を用いた肖像はすぐにそれと見わけがつく。というのも、それらは通常、硬貨の表面に刻まれた銘まで正確に写し取っているからだ。たとえばフォリオ二五・裏に収録されたマルクス・アグリッパの頭部像には、M. AGRIPPA L. F. COS. III（「ルキウスの息子、マルクス・アグリッパ、執政官三度」）なる銘が付されており、ここからモデルとなった硬貨が、ティベリウス帝が鋳造したアグリッパのコインであったことがわかる。[26] とはいうものの、本書の肖像の多くは、似たような名前をもつ皇帝の硬貨を誤ってモデルとしてしまっている。これはルネサンス期にはよく見られた誤りで、たとえばフォリオ七五・裏に掲載されたマルクス・アウレリウス帝のもの

図 25：フルヴィオ『著名人の肖像』（ローマ、1517 年）、f. 47、ネロの肖像

図 26：フルヴィオ『著名人の肖像』（ローマ、1517 年）、f. 90、アウレリアヌスの肖像

図 27：フルヴィオ『著名人の肖像』（ローマ、1517 年）、f. 94、コンスタンティウス・クロルスの肖像

とされる胸像は、実際には粗野で知られるカラカラ帝（図28）の姿で、そのカラカラ帝は自身の硬貨においてはマルクス・アウレリウス・アントニヌスの名を用いていたのだった。またフォリオ六五のネルウァ帝の像は、実際には後継者にあたるトラヤヌス帝のイメージであり、トラヤヌスはネルウァの養子となった関係で、自身の名に養父の名前を加えていたのだった。ワイスは、際立って巨大なアレクサンドロス大王の肖像（図29）は、コントルニアート・メダル――製造目的のはっきりしない古代末期の青銅メダルで、英雄や賢者の姿が刻まれることが多かった――の図柄からとられたものだと確信しており、またそれと同じ伝で、クレオパトラの円形肖像画（図８）は、アレクサンドロス大王の母親であるオリュンピアスを描いたコントルニアート・メダルの図柄を採用したのだという。[27]だが、このクレオパトラの肖像に関しては、プトレマイオス王朝が鋳造した、ヴェールをかぶったアルシノエ女王やベレニケの硬貨にも、その図案の一部を負っている可能性もある。[28]

十六世紀初頭の他の古物研究家たちと同様に、フルヴィオもまた、共和制ローマ時代の硬貨に刻まれた神々の頭部像を、当時の執政官や実在の偉人を描いたものと思い込んでいた。そんなわけで、たとえば酒神バッコスのメダルが、こともあろうに、ローマ随一の謹厳実直さをうたわれたカトーの伝記の上に掲げられてしまったり（図30）、あるいは月桂樹とリュラ琴を帯びたアポロン神が、際どい冒険好きの護民官プブリウス・クロディウス・プルケル（共和制ローマ期の政治家。男子禁制のボナ・デア祭の折、女装してカエサル邸に侵入し、カエサルの妻と密通しようとした）に変身してしまったりしている（f. Xv）。その一方で、自尊心に満ち、唇をきゅっと引き締めたブルートゥスの肖像は、「自由帽と短刀」の図柄と三月十五日の日付を刻んだ、彼の有名なデナリウス銀貨に由来しているように思われる（f. XIv）（七七ページの図22を参照。また、肖像画の元になった彼のデナリウス銀貨は扉の写真を参照）。この硬貨はルネサンス期にはよく知られていて、数多くの模倣品を生み出した。そうした作品のひとつとして、ロレンツィーノ・デ・メディチがいとこのアレッサンドロ公を暗殺したのちに、そのロレンツィーノを讃えるべく鋳造されたメダルがある。[29]

『著名人の肖像』のイラスト画家は、硬貨の見つかっていない、帝政後期の皇帝や女性の配偶者および親族の大半も含めて、実にさまざまな表情の顔の差異を作り上げている。そうした図像のなかには、アウグストゥス帝の母親

図 28：フルヴィオ『著名人の肖像』（ローマ、1517 年）、f. 76v、マルクス・アウレリウスの肖像

図 29：フルヴィオ『著名人の肖像』（ローマ、1517 年）、f. 5v、アレクサンドロス大王の肖像

図 30：フルヴィオ『著名人の肖像』（ローマ、1517 年）、f. 9、カトーの肖像

であるアティア（f. XXII）や、粗暴な皇帝ベレンガル（図31）のものが含まれているが、これらはカリカチュア画のちょっとした傑作といえる。このように多様な顔の表現が見られる一方で、それら真贋入り混じった顔・顔・顔には、ある奇妙な表情の類似が見られる。それは、頑迷さと自己満足の混成とでもいった顔つきで、ここには肖像画を手掛けた画家がいだいていた、古典的な美徳《ウィルトゥス》と重々《グラウィタス》しさに関する、ある独特な解釈が如実に反映しているように思われる。ほとんどの皇帝とその配偶者の女性たちは、半笑いの笑みをうかべており、そろって活力に満ちた攻撃性を示しているのだが、こうした特徴から思い出されるのが、十六世紀初頭にジョルジョーネ、ティツィアーノ、パルマ・イル・ヴェッキオ他の北イタリアの画家たちによって描かれた一連の肖像画である。こうした画家の作品には、武骨な若人や、毛皮や繻子に身をつつんだ女性、悪漢や高級娼婦などが登場し、どこか放心のていの軽蔑のまなざしで、観者を見すえている。ティツィアーノの画になるウィーンの「ヴィオランテ」や、ナショナル・ギャラリーのアリオストの肖像などが、この種の作品ではよく知られている。

マッゾッキが雇った画家は、皇家の女性たちのさまざまな髪形を緻密《ちみつ》に再現することに、とりわけ喜びを感じていたようだ。たとえばアグリッピナのサイドがカールした短髪、ティトゥス帝の娘ユリアの細かいフラウィウス朝〝パーマ〟ヘア（図32）、またハドリアヌス帝の妃であるサビナの編みこんだおさげ髪である。ともあれ画家はこうした髪の毛の表現のうちに、これらの女性を描いた実在の硬貨に記録されていた、一過性の皇族たちのファッションをうつしとったのである。イメージ典拠がない肖像、つまり古代のモデルが得られないケースにおいては、この画家の才気はいっそうほとばしり、ローマ時代のヘア・デザイナーも顔負けの創意を示している。[30] ドミティアヌス帝の妃であるドミティア・ロンギナの肖像では、長い三つ編みの髪が額飾りのところをクロスして伸び、首の後ろの部分でゆるやかに束ねられている。またネロの妻であったポッパエアは、同心円状の真珠ないしはビーズの飾りを頭のてっぺんと後頭部につけ、それが、ゆるやかに垂れて肩にかかる髪の毛に結わえられた姿で表されている。『著名人の肖像』に描かれたこれらの空想上の髪形は、十五世紀末から十六世紀初頭にかけてのイタリア絵画に見られる、古代の女性ないしは古代風のよそおいに複雑な、ときには妙ちくりんな髪型をした同時代の女性を描いた肖像画との符号を見せ

（左）図 31：フルヴィオ『著名人の肖像』（ローマ、1517 年）、f. 115v、ベレンガルの肖像
（右）図 32：フルヴィオ『著名人の肖像』（ローマ、1517 年）、f. 63、ティトゥス帝の娘ユリアの肖像

る。たとえばコンデ美術館所蔵のピエロ・ディ・コジモの筆になる「クレオパトラに扮したシモネッタ・ヴェスプッチの肖像」だとか、あるいはラファエッロの「キリストの変容」の画面下部に描かれた、どうかわが子を救ってくださいと使徒にすがりつく取り乱した母親の姿などが、その例である。ルネサンス時代には、イタリアの女性たちは奢侈禁止法によって自らの髪を贅沢に飾り立てることが禁じられており、通常は公衆の面前では髪を覆い隠していたのだが、こうした肖像を見ると、あたかも芸術家たちには女性の髪をエロティックな鍾愛の対象と化し、フェティッシュなオブジェとして描くことが許されていたのではないか、と思えてくる。そして古代のことを、髪形が放埓なまでの自由を謳歌し、偏倚を極めた時代であると、芸術家たちは見なしていたのではあるまいか。こういった古代観は、おそらくはサビナや大ファウスティナ、あるいはそのほかのお洒落な皇妃たちの胸像を見ることで、大いに助長されたのだろう[31]。

『著名人の肖像』の木版による枠組み部分の図は、影の部分や量感の表現などにハッチ線が用いられ、円形肖像画に使われる輪郭線の際立ったシルエット効果を欠いているのだが、やはりこの部分も、肖像画を手掛けたのと同じ人物によるものであることは確実だ。たとえば、枠組み図版のなかには、横向きのスフィンクスのペアを描いたものがあって、その顔つきや髪形は、肖像画のものと似ている。また肖像メダルのうちの一枚、アレクサンドロス大王の肖像を囲む月桂樹の枠は、そこに描かれている葉っぱの大きさ、プロポーション、形態がどれも、枠組み部分をしばしば飾る月桂樹の花綱装飾に現れるものとまったく同じになっている。とりわけ魅惑的なのが、枠組み部分に立ったり、しゃがんだり、座ったりしているさまざまなプットーたちの姿だ。みな力強いコントラポストで描かれ、松明や豊穣の角を掲げ持ち、本文のほうを示すしぐさを見せているのだが、彼らの表情豊かな視線や、うっすら笑みを浮かべた顔立ちは、自らが支えている円形肖像画の図像の多くに共通するものとなっている。これらの活発な子供たちは、ラファエッロやその弟子たちが一五二〇年代にヴァティカンや他の宮殿にさかんに描いた、丸々太り、それでいて筋肉たくましい小天使やケルビムたちと同族といえる。プロポーションや表情やポーズの面で、枠組みのプットーたちは、ヴィッラ・ファルネジーナのプシュケーの間のヴォールトを跳ねまわっているプットーの姿に、大変よく似ている。この広間の装飾は、まさに『著名人の肖像』の出版と同じ年に施されたのであった[32]。

一五二七年以降、アンドレア・フルヴィオに関する消息はぷっつりと途絶える。ワイスがほのめかしたように、その年の五月、ローマ劫略の際に命を落としたとも考えられる[33]。この出来事のわずか数週間前、フルヴィオのもっとも重要な学術著作である『都市ローマの古代遺物』がローマの地で上木されている。出版者名は不明だが、同書にはマッヅッキの活字と木版のイニシャルが使用されている。これは一五一三年に出版された『都市の古代』の散文ヴァージョンで、新たな調査によって内容が大幅に増幅されている。クレメンス七世にあてた同書の献辞の中で、フルヴィオは郷愁の念もあらわに、かつてラファエッロとともに行なった古代遺跡巡検のことを想起している。彼が指さすものは何でも、画家が鉛筆でスケッチしてくれたのだという[35]。ワイスが指摘したように、タイトルにあらわれる「古代遺物」の語は、この言葉が古代世界の物質的な遺物という近代的な意味で用いられた最初期の事例である。すなわち、文学や碑文や古銭学に関する膨大な量の史料に基づいて考察することができた、フルヴィオのような古物研究家の助けを借りて初めて、それは現代人によって理解され、また芸術家たちが修復の手を加えることができたのである[36]。トラヤヌス帝のフォルムといえば、かつて同帝の青銅の騎馬像が据えられていた場所であるが、その広場の遺跡について論じる中でフルヴィオは、次のように報告している。「この馬の姿は、同帝の硬貨の多くに見ることができ、たいていはS.P.Q.R. OPTIMO PRINCIPI（「元老院とローマ市民が、最良の元首へ」）という刻銘が付されている」[37]。同様にして、かつて旧フォルムに建っていたヤヌスの神殿の姿も、ネロ帝が全世界の平和時に同神殿の扉が閉じられたことを記念して鋳造した硬貨に、その姿が刻まれているという[38]。アクア・トラーヤーニー、つまりトラヤヌス帝が建設した水道・噴水システムは、同帝が鋳造した硬貨において擬人化され、「マルフォーリオ像に似た」横臥姿の神の像で表されているという[39]。またアウレリアヌス帝が太陽神に捧げた崇拝は、同帝がクイリナーレの丘に建立した神殿遺構だけでなく、皇帝が鋳造した硬貨の中にも、「不敗の太陽神に」という刻銘として残っているのだという[40]。フルヴィオはまた刻銘を、古代遺物を同定したり、説明したりするためにも活用している。さらに彼は、大理石彫刻のもつ魅力にも、決して無頓着ではなく、ラオコーンと息子の群像がごく最近、ティトゥス帝の浴場跡から発見された、という報告も残している[41]。またハドリアヌス帝がアンティノウスの死後に据えた、「このうえなく美しい」同青年の二体の彫像が近年、トラヤヌス浴場近くで発掘され、教皇レオ十世がヴァティカンに運び込ませたとも伝える[42]。フルヴィオと同僚の古物研究家はもちろん、これらの彫像を、ギリシア＝ローマ期に鋳造された同青年を描いた青銅貨と比較することで、人物の特定をすることができたのである。その種の硬貨の一例が、『著名人の肖像』（f. LXIX）にも採録されている。これらの硬貨は、アドルフ・オッコが同世紀の末に作成した目録にその種の硬貨が大量に記載されていることから、どうやら、十六世紀の通人たちによって熱心にコレクションされていたようだ[43]。

第7章 「ダレス」は誰？
――『著名人の肖像』の挿絵画家を探せ

『著名人の肖像』の円形肖像および装飾枠組みには、古典主義的な表現や、ラファエッロばりの優雅さ、そしてなによりも卓越した描画技術などが認められる。ここから、その作者はきっと、この時期にローマに暮らしていたあの画家に違いない、と推定する愛書家たちもいた。問題の画家とは、ラファエッロや他の盛期ルネサンスの芸術家たちの絵画構図を木版画として複製したことでも知られる、ウーゴ・ダ・カルピである[1]。このウーゴがもっともよく知られているのは、明暗法《キアロスクーロ》の木版技術を発明、ないしは大きく発展させた功績によってである。これは、画面の線描および濃淡の領域を、二ないし三個の版木を用いて表現してゆく手法で、グリザイユ画やインク染みブラシで描いた絵と同じような効果を得ることができた。だがウーゴは、典礼用の書物のために、ごくありきたりな木版画も制作していて、それらには“VGO”という署名を残している。ルイージ・セルヴォリーニはこれらの本の挿絵を十二点カタログ化してくれているが、それらの多くは、さまざまな日禱書やミサ典書に収録されて何度も出版されており、制作年代は一四九八年から一五二三年にわたっている[2]。ウーゴ本人か、あるいは彼を雇った出版者が、古典文化に関するテーマや古代モニュメントに関心があったことはまず間違いない――その点は、ウーゴが明暗法を駆使して仕上げた、バルダッサーレ・ペルッツィの構図に基づく「ムーサの神殿から嫉妬を追い払うヘラクレス」の版画がよい証拠となっている（図33）。だが作品をつぶさに検証してみると、『著名人の肖像』収録の図版とウーゴの署名入りの版画作品との間に、強い類似性を認めることはちょっと難しいし、セルヴォリーニも、『著名人の肖像』の図版をこの版画家に

図33：ダ・カルピ「ムーサの神殿から嫉妬を追い払うヘラクレス」、明暗法表現の木版画

帰することに関しては、留保の態度を示している。[3] ワイスもまた、様式的観点から、これらの図版をウーゴの作品とみなすことはできないとしており、となるとそもそもどうして、これまで常に彼の名前が筆頭に挙げられてきたのか、不思議に思えてくるわけである。[4]『著名人の肖像』の担当絵師は、網目状《クロス・ハッチング》の陰影を用いていないのに対して、ウーゴはこの技術をミラノもしくはヴェネツィアで、ドイツ人の版画師から学んでいたことは明らかであり、彼の作品の多くにはっきりと活用されている。実際ウーゴは『著名人の肖像』の挿絵画家よりもはるかに卓越した技量を有しており、陰影の濃淡や線の多様性を巧みにあやつるその優れた腕前は、北方のデューラーやハンス・バルドゥング・グリーンとも十分張り合えるレベルである。『著名人の肖像』の画家は、プットーたちの身体に差す影を表現するために、櫛の歯のような平行線をそっけなく用いているだけである。線の一本一本の向きだとか、長さだとか、間隔などを調整することで、肌表面の変化を表現したりはしていないが、ウーゴはそれをしっかりやっている。このような硬直した線表現のせいで、プットーたちのなかには、まるで厚手のコール天のズボンをはいているかのような、無様な印象を与える者さえいる（たとえば、図6のガイウス・ティベリウス・ネロ〔大ティベリウス〕の右に腰かけている一体など）。その一方で、この挿絵画家にまま見られるルーズさと大雑把さが、プットーやじゃれあう動物たちが踊り跳ねる枠組み装飾に、どこかしら滑稽味を加えていることも確かである。そのような感情は、英雄的で荘厳な古典主義を洗練させたウーゴの作品には、逆に見られない。

ジュゼッピーナ・ザッペッラの見解によると、『著名人の肖像』の挿絵画家は、図を黒の背景地の上に置くことを好む点で、ウーゴの画風とは違っているという。[5] この手法は、画家がニエロ（黒金）彫版術に通じていたことを示唆する。ニエロというのは、黒地に白の図を表現する装飾用の小版の銅板プリントで、容器や燭台などを飾るために金細工師が描いた図柄を複製することもあった。この技法で表現される典型的なモチーフには、古典的な寓意像や、花卉《かき》装飾紋、ローマ皇帝たちの横顔などがあった[6]（図34）。十六世紀初頭、ニエロ彫版術の中心地といえばボローニャで、そこではフランチェスコ・フランチャやペレグリーノ・ダ・チェゼーナらが、この技法を用いて大量に作品を生み出していた。[7] フランチャは画家であり、ボローニャの造幣局の局長を務めるかたわら印刷業も営んだ人物で、大規模な工房を経営し弟子たちを抱えていた。弟子のひとりマルカントニオ・ライモンディは、のちにローマで成功し、ラファエッロの作品の複製版画で人々の賞賛を勝ち取った[8]。フランチャの息子のヤコポも、一五二〇年代にローマを訪問したと考えられ、彼の制作した版画にも、盛期ルネサンスの古典主義の影響を認めることができる[9]。マルカントニオならびにヤコポ・フランチャは、黒地に白の図で表現するニエロ技法の鍛錬にいそしんだのだが、その影響がのちのちまで長引いたことは、二人の多数の版画作品のうちに見てとれる。多作で鳴らしたマルカントニオの工房では、現に古銭の図柄から取った十二名の皇帝の肖像を描いたシリーズ版画を生産しており、皇帝たちの横顔は、やはり陰影の濃い背景の上に置かれている[10](図35)。円形浮き彫りを似せて描いた、ニエロ技法風の教皇レオ十世およびハドリアヌス六世の小型版画作品もまた、このマルカントニオ工房の作品とみなされている[11]。したがって、こう結論づけざるを得ない。『著名人の肖像』の木版画家は、マルカントニオやヤコポ・フランチャのように、おそらくはローマにやってくる以前にボローニャ人たちのあいだで修業をし、そして聖都にやってきて、そこでラファエッロの古典主義の魅惑にからめとられたのだ、と。

私の知る限り、『著名人の肖像』の木版画家はヤコポ・マッゾッキ出版で刷られた他の本を飾る装飾も手がけている、という事実を指摘している者はいない。同社の出版物が相当数あることから、我々の手元には作者同定の手掛かりとなる資料がそれだけたくさんありそうである。たとえば、一五一七年に書肆マッゾッキから出版された書物に初めて現れる、一組の木版装飾パネルの連作なども、例の木版画家の仕事だと考えられる作品だ。これらはいろいろな方法で組み合わされて、同社の書物のタイトルページの境界線やページの縁取り装飾をつくったりできるようになっていた[12]。垂直パネル群の構成は、古典的なモチーフ——鎧、プットー、スフィンクス、花模様の渦巻き、壺など——をあれこれ取り合わせたもので、それらのイメージが、盛期ルネサ

図34：フランチャの一派「ローマ皇帝の頭部像」、ニエロ版画

図 35：ライモンディ「ユリウス・カエサルのメダリオン風肖像」、彫版画

ンスに大変な人気を博したグロテスク紋様風に配列されている。グロテスク紋といえば、その可能性がもっとも豊かな発展を閲したのが、ラファエッロとその一門が手がけたフレスコ画の装飾縁取りにおいてであった。また縦パネルよりも小さな横パネル群の装飾には、ユリウス・カエサルのものに似た古銭の肖像画を挟んだペアのプットーのほか、カリュドンのイノシシ狩りを描いた陽気な情景も見られる。この狩猟場面では、メレアグロスやアタランテ、さらには場違いなほどに中世風の衣装をまとった角笛吹きの勢子らがイノシシを取り囲んでいる（図36）。これらの装飾的な縁取りは、マッゾッキが出版した記念碑的な碑文集成たる『都市ローマのエピグラム』（一五二一年）に、たびたび登場する。そして同書のために、件の版画家はさらに二枚の方形の木版パネルをデザインしているのだが、それらの姿は古代の祭壇に似ており、碑文サンプルを提示するフレームとして同書中では用いられている[13]（図37）。この祭壇風フレームに現れる横向きのスフィンクスや雄羊の頭部が、『著名人の肖像』に登場する同種のモチーフと同一人物の手になるものであることを確かめるには、両者を比べてみるだけで十分である。そしておそらく双方の図版は、ほぼ時を同じくして制作されたのだろう。マッゾッキが『エピグラム』の制作に取り掛かったとおぼしいのが、一五一七年。というのも、同書の冒頭に収録されたローマ教皇からの出版特権付与状に、この年号が見られるからである[14]。これは七年間の効力を持つ特権許可証であったのだが、そこに記された「一五一七年十一月末日」という日付は、興味深いことに、『著名人の肖像』の出版特権状記載の日付と一致するのだ。これはマッゾッキが、二つの企画を同時に進めていた――そしてお抱えの木版画師たちに仕事を割り振っていた――証拠であろう。

碑文のほかにも、『エピグラム』には古代のモニュメントや浮彫りに捧げられた、一枚刷りの木版が十二点ふくまれている。描かれているのは、パンテオン、コンスタンティヌス帝凱旋門、ヴァティカンのオベリスクなど、いずれもローマの際立った古代遺構であるが、それらが選ばれたのは、各モニュメントに掲げられた碑文のゆえであった。図版の多くは、簡素な概略的形態で表現されているため、様式や技巧に基づいて作者を同定することは不可能である。ただしそれらのなかでも、『著名人の肖像』の図版画家の作品であることがはっきりわかる図が二点ある。一点は、スキピオ・オルフィトゥスの葬儀用祭壇の図版で、ライオンに引かせた戦車にキュベレ女神が乗った姿を、浮彫

TABVLAE XV

LIVS CAESAR AVG . TIBERIVSQ VE CLAVDIVS CAE SAR AVG . GERMANICVS TENERENTVR IIS LEGI BVS PLEBISQ VE SCITIS IMP. CAESAR VESPASIANVS SOLVTVS SIT Q VAEQ VE EX Q VAQ VE LEGE RO GATIONE DIVVM AVGV . TIBERIVMVE IVLIVM CAESAREM AVG . TIBERIVMVE CLAVDIVM CAE SAREM AVG . GERMANICVM FACERE OPORTVIT EA OMNIA IMP . CAESARI VESPASIANO AVG . FA CERE LICEAT.

VTIQ VE Q VAE ANTE HANC LEGEM ROGATAM ACTA GESTA DECRETA IMPERATA AB IMPERATO RE CAESARE VESPASIANO AVG .IVSSV MANDA/ TV VE EIVS A Q VOQ VE SVNT EA PERINDE IV/ STA RATAQ. SINT AC SI POPVLI PLEBISVE IVSSV ACTA ESSENT.

SANCTIO.

SIQ VIS HVIVSCE LEGIS ERGO ADVERSVS LEGES ROGATIONES PLEBIS VE SCITA SENATVSVE CON SVLTA FECIT FECERIT SIVE Q VOD CVM EX LEGE ROGATIONE PLEBISVE SCITO . S . VE . C . FACERE OPORTEBIT NON FECERIT HVIVS LEGIS ERGO ID EI NE FRAVDI ESTO NEVE Q VIT OB EAM REM POPVLO DARE DEBETO NEVE CVI DE EA RE ACTIO NEVE IVDICATIO ESTO NEVE Q VIS DE EA RE APVD ———— CI SINITO.

図 36：マッゾッキ『都市ローマのエピグラム』（ローマ、1521 年）、f. 15、イノシシ狩り、ならびに他の古典的モチーフを描いた木版パネル

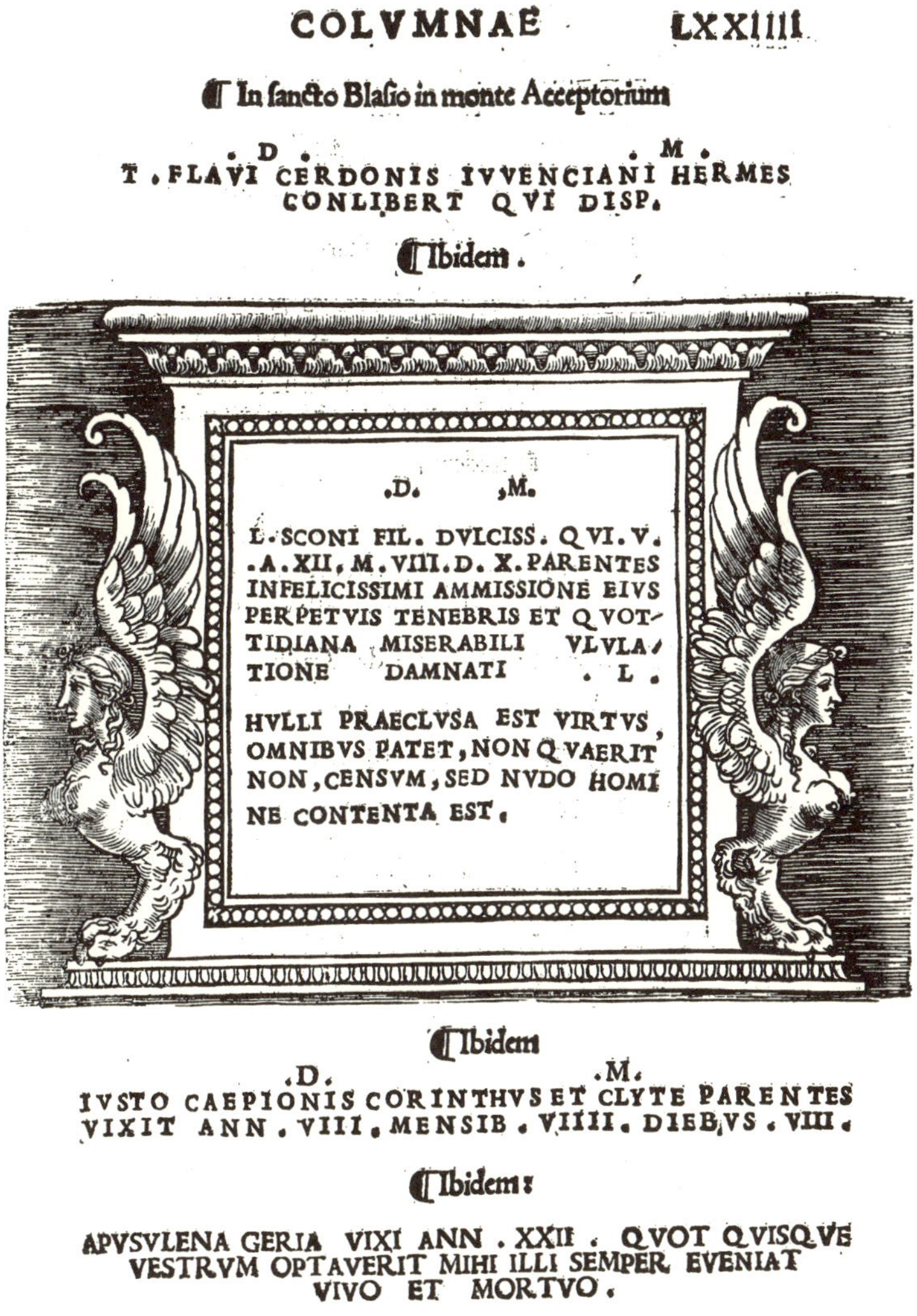
COLVMNAE LXXIIII

In sancto Blasio in monte Acceptorium

.D. .M.
T. FLAVI CERDONIS IVVENCIANI HERMES
CONLIBERT QVI DISP.

Ibidem.

.D. .M.
L. SCONI FIL. DVLCISS. QVI. V.
.A. XII. M. VIII. D. X. PARENTES
INFELICISSIMI AMMISSIONE EIVS
PERPETVIS TENEBRIS ET QVOT-
TIDIANA MISERABILI VLVLA-
TIONE DAMNATI . L.
HVLLI PRAECLVSA EST VIRTVS,
OMNIBVS PATET, NON QVAERIT
NON, CENSVM, SED NVDO HOMI
NE CONTENTA EST.

Ibidem

.D. .M.
IVSTO CAEPIONIS CORINTHVS ET CLYTE PARENTES
VIXIT ANN. VIII. MENSIB. VIIII. DIEBVS. VIII.

Ibidem:

APVSVLENA GERIA VIXI ANN. XXII. QVOT QVISQVE
VESTRVM OPTAVERIT MIHI ILLI SEMPER EVENIAT
VIVO ET MORTVO.

図 37：マッゾッキ『都市ローマのエピグラム』（ローマ、1521 年）、f. 74、古代の祭壇を真似た木版枠組み

りとして描いたものだ（図38）。祭壇の上下はコーニスと台座で飾られているのだが、これらは『著名人の肖像』のタイトルページ（図1）に現れる、アカンサスないしはパルメット椰子を不器用に様式化したフリーズ装飾帯を、拡大して複製したものにほかならない。もう一点の木版は、"BATINIA PRISCILLA NYMPHIS SACRVM"（「バティニア・プリスキュラがニンフたちに（この祭壇を）聖なるものとして（捧ぐ）」）という碑文が刻まれた祭壇を一基描いたもので、伝えられるところによれば、ルドヴィーコ・ポダカッターロ枢機卿が所有していた古代遺物だという（図39）。図中には、グロッタ風の壁龕の中にたたずむ三人の裸体の女性が描かれており、その腕の絡み合いは、一般に三美神と関連付けられるポーズとなっている。[15] 彼女たちの頭部、とりわけ左端の女神の横顔などは、『著名人の肖像』中の似たタイプの図像を思わせるし、とりわけ、ページの縁取り装飾にあらわれるスフィンクスの横顔との類似がはなはだしい（図23参照）。

バティニア・プリスキュラの祭壇を描いたこの木版画を手かがりに、その作者を、十六世紀初頭のローマで活躍していたある彫版画師の作品と関連付けることが可能となる。そしてこの人物が駆使する様式上のマニエリスムは、まさにマッゾッキのおかかえの画家のそれと一致するように思われるのだ。その彫版画師とはすなわち、ジョヴァンニ・バッティスタ・パルンバ、またの名を「鳥の画家 I.B.」としても知られる人物である。[16] これまでに、十四点の彫版画と十一点の木版画が、彼の作品と同定されている。この画家はかつて、彼が用いた一風変わったモノグラム〔I.B. のイニシャルのあとに、鳥の図を添えたもの〕でのみ知られていたのだが、一九三〇年代にアウグスト・カンパーナが、とある不鮮明な手稿ページの欄外部分に彼の本名が記載されているのを見つけたのだった。[17] 件の手稿（ヴァティカン図書館 cod. Vat. lat. 3351）は、ラテン語とイタリア語の詩のコレクションで、作者はローマの人文主義者エヴァンジェリスタ・マッダレーニ・デイ・カポディフェッロ。ユリウス二世およびレオ十世時代の教皇宮廷で活躍した人物であった。そのカポディフェッロ作のエピグラムのひとつに、「ダレスによって刷られたレダについて」と題したものがあり、ダレスなる人物（この詩人は、知人たちに古典めかしたあだ名をつけて呼んでいた）によって印刷されたレダと白鳥の絵がほめたたえられている。そして欄外の注釈で、この「ダレス」が「ヨアンネ・バプティスタ・パルン

IN VIA APPIA
In sancto Sebastiano
M . D . M . I . ET ATTINIS
L . CORNELIVS SCIPIO OREITVS
V . C . AVGVR . TAVROBOLIVM
SIVE CRIOBOLIVM FECIT
DIE . IIII . KAL . MART .
TVSCO ET ANVLLINO COSS .

図38：マッゾッキ『都市ローマのエピグラム』（ローマ、1521年）、f. 171v、スキピオ・オルフィトゥスの葬儀祭壇

DE REGIONE

¶ Ibidem.

BATINIA
PRISCILLA
NYMPHIS
SACRVM.

図 39：マッツォッキ『都市ローマのエピグラム』（ローマ、1521 年）、f. 105、バティニア・プリスキュラの祭壇

バ」なる人物であることが明かされている。カンパーナは、カポディフェッロがここで賞賛している絵とは鳥の画家I.B.の署名が入った二枚のレダのうちの一枚に違いなく、この画家が用いた署名こそはpalumbaないしはpalombo、すなわちイタリア語で鳩を意味する語を名に持つ人物にふさわしいモノグラムであることを、示してみせたのであった[18]（図40）。このカポディフェッロという人文主義者はまた同時に、『著名人の肖像』に収録された冗長な教皇の特権状の作者「エヴァンジェリスタ」であったとおぼしい。彼が、知り合いの画家に付けたダレスというあだ名は、その画家が古代の英雄譚主題に強い興味を抱いていたことに、オマージュをささげる意味合いがあったことは確かだ。なぜなら、「フリュギアのダレス」はトロイア戦争の目撃者とされる人物で、その彼の手になるとされるトロイア陥落の記述は、中世時代には大変な賞賛を受けた作品であったからだ[19]。

パルンバの生涯についてはは、何ひとつ詳しいことはわかっていない。彼が残した作品を見ると、古典的なテーマに魅惑されていたことがわかるし、またニエロ技法風の黒地に白のコントラストがいたくお気に入りだったことも明らかである。その傾向は、とりわけ小判の「思慮」の版画や、あるいは大判の「ローマ」（図41）にもっともよく認められ、それらの画面では神々の横顔が、影に沈んだ下地の上にくっきり浮かび上がっている。この時期の他のイタリアの彫版画家たちがみなそうであったように、パルンバもまたデューラーに対する賞賛を包み隠さず示し、デューラーに見られるピクチャレスクな背景をすっかり自分のものにして用いることもしばしばあった。しかしながら、ラファエッロや盛期ルネサンスの画家たちからの影響は、たとえばレダの版画に見られるピラミッド型の構成に認めることができるし、あるいは大型木版画の「ガニュメデスの略奪」（図42）中のさらわれる少年のしぐさは、バルダッサーレ・ペルッツィが一五一一年ごろに、ヴィッラ・ファルネジーナのガラテアの間の天井に描いたガニュメデスの姿をそのまま引きうつしたものとなっている。

これらの諸特徴が示唆しているのは、パルンバがボローニャで訓練を積んだこと、そしてローマにおいては、エミーリア出身の同僚である、マルカントニオ・ライモンディと同じ芸術環境に身を置いていたということである。実際、「鳥の画家I.B.」の正体がパルンバだと知られるようになる以前、バイアム・ショウはこの芸術家のことをボロー

図 40：パルンバ「レダと白鳥」、彫版画

図 41：パルンバ「ローマ」、彫版画

ニャの画家ヤコポ・リパンダと同定しようと試みたことがあった。そのリパンダなる画家は、ローマに赴き、コンセルヴァトーリ宮の装飾として、ポエニ戦争を描いた連作フレスコ画（一五〇七―一四年）を制作した人物だ。[20] また一八九四年にはフリードリヒ・リプマンが、そしてより近年ではコンラート・オーベルフーバーが、この画家をロンバルディア地方出身と推定したのだが、その根拠となったのが、「身体をつつみこむ光に対する感性や、線描の装飾的なクオリティの高さ」といった点であった。これらの特徴は、「洗礼者ヨハネの打ち首の画家」のあだ名で知られるミラノの彫版画家や、ジョヴァンニ・ピエトロ・ビラーゴらによっても共有されているものだ。[21] パルンバが好んで描いた激しい顔の表情（ここには、もしわれわれの仮説が正しいとすれば、『著名人の肖像』にみられる活気あふれる横顔肖像群も含まれる）は、おそらくレオナルドからの影響を示しているのだろう。というのもレオナルドは、感情が人の表情に及ぼす影響に魅了されており、その芸術趣向がミラノに大きなインパクトを残したからだ。その出自がどうあれ、パルンバは卓越した折衷的な芸術家として身を立てた。彼の生産する版画はいたって人気が高く、他の出版社がその複製を出すほどで、同時代のマジョリカ焼きの皿にもその図柄がコピーされたりした。[22]

パルンバの作品には、製作年が記載されているものは一枚もない。唯一、ある程度の確実さでもって年代が推定できる版画が、「三体の怪物」と題された作品（Shaw no. 14, Hind no. 3）で、画面には一五〇三年三月にローマで起こった、奇形児の出産を伝える題字が含まれている。この版画は「あきらかに、民衆の迷信信仰の炎を煽り立てる意図があった」と、ショウは分析している。というのも、この種の怪異現象は災害の予兆だとみなされており、とりわけ教皇アレクサンデル六世の治世の末期には、そういった信仰が強かったという。一方でリプマンは、パルンバの手がけた最初期の版画作品群の年代を一五〇〇年ごろと推定しているが、その理由はそれらの作品が、マンテーニャの十五世紀末ごろの版画作品のスタイルに酷似しているからというものであった。その一方で、もっとも時代が下る作品はおそらく一五一〇年ごろの作であろうと推察している。これは、パルンバが用いるデューラー風の背景が「イタリアの画家たちのあいだで、しだいにすたれて使われなくなるのが、ちょうど一五一〇年ごろであるから」という理由によるものである。[23] また、パルンバの署名のある版画作品には、技術上の質にばらつきがあることから、ハインドは、

図 42：パルンバ「ガニュメデスの略奪」、木版画

おそらく画家は原画となる素描を描いただけで、あとは熟練の職人に彫りを任せたのだろうと結論づけている。[24]こうした仮説が正しいものとして、オーベルフーバーはパルンバの芸術キャリアを五つの段階に分けている。一五〇〇年ごろの、マンテーニャ風の段階から始まって、その十年後の、ローマの盛期ルネサンスの原理をすっかり自家薬籠中のものとした局面にまでいたるものだ。この最後の段階を代表するのが、「レダと子供たち」(**Shaw no. 4, Hind no. 10**)ならびに明暗法で作製された「聖セバスティアヌス」(Lippmann no. 5, Shaw no. 20)の二枚である。そのうえでオーベルフーバーはこう結論付けている。「明らかと思われるのは、一五一〇〜一一年ごろを最後に、パルンバによる単体の木版画および彫版画の生産が途絶えたことである」[25]。ザッカーもこの終焉の年代を受け入れて、次のように発言している。「ボローニャが端緒と推定される画業の開始から、やがてローマの盛期ルネサンスにおける活動へと展開してゆくこの芸術家のキャリアは、一五〇〇年ごろに始まり、一五一〇年かそのもう少し後ぐらいまでの期間つづいたと思われる」[26]。これに対してカンパーナは、一五二〇年代にヴェネツィアとシエナで印刷された書籍に現れる、「**I.B.P.**」ないしは「**IO.B.P.**」なる署名が入った木版の挿絵の作者が、パルンバであるとの説を信じている。[27]

マッゾッキ『エピグラム』に収録されたバティーニア・プリスキュラの祭壇に現れる三美神の頭部(図39)と、パルンバの署名入り木版画「ディアナとアクタイオン」にみられるディアナ女神とニンフたちの頭部(図43)とを比較してみるなら、両者の類似は明らかだ。マッゾッキの挿絵がスケッチ風で、仕上げも荒い点を差し引いたとしても、表情、顔のプロポーション、髪の毛の扱いなど、二枚の間に明白な類似を指摘できる。パルンバと同様、マッゾッキの本の挿絵画家もまた、古典風の髪飾りを好んで描き、また顔をふちどるように前やサイドの髪を後ろに流し、長く垂れた巻き毛の房が、首もとや肩へ自由に下がるようにしている。もちろんこの表現スタイルは、アフロディテやアルテミスやアポロンなどをかたどったヘレニズム時代の彫像にみられるものであり、またこれらの神々の姿を刻んだギリシア・ローマ期の硬貨にも同様にみられる。そしてそれらの姿は、マルカントニオの工房で売られていた、無数の古典風版画作品に繰り返し複製されていたのだった。ただしパルンバには特徴的なくせがあって、自由に垂れた巻き毛の房の端部が、ばねのようなS字型で終わるのである。これぞいわばこの画家の、例のモレッリ法〔十九世紀の美

図 43：パルンバ「ディアナとアクタイオン」、木版画

術史家モレッリが提唱した、描き手の無意識のくせから作家の同定を行なう方法）でいうところの（もしこの手の分析手法が、美術史記述においてまだ受け入れられるのであれば）「細部的特徴」なのだ。そしてこれと同じ綺想に富んだ形状が、『著名人の肖像』に収録された帝室の女性たちの髪形にもときおり見られる。たとえば、クラウディウス帝の娘アントニア（f. XLIIII）や、妻であったメッサリナ（図44）などの肖像がそれにあたる。それからもうひとつ、画家パルンバと、マッゾッキのおかかえ絵師との関係を示唆する、髪形に関する特徴がある。「ガニュメデスの略奪」（図42）の画面右側にいて、略奪の場面をながめている男性の頭部と、『著名人の肖像』に収録された男性肖像のいくつか、とりわけクラウディウス帝の義理の息子にあたるシラヌス（図45）のもの——この肖像はまったくの空想の産物である——とを比べてみると、その特徴がはっきりする。両者とも頭髪は、均質な形状の髪の房が同心円状に重なった状態で描かれているが、これはユリウス゠クラウディウス朝のメンバーを描いた硬貨の肖像に共通してみられるマンネリ化した表現である。木版師たちにとっては、水平方向に重なる、短い並行ストロークで髪の毛を彫ってゆくのが手間いらずだったのだ[28]。

パルンバは木版画において——銅板ではそれほどでもないのだが——、地表面に小石や砂利を撒き散らす傾向があり、そのそれぞれが、陰影をともなって描かれている。これと同様のマンネリ化した表現は、バティニア・プリスキュラの祭壇を描いた木版画にも認められる。全体の光と影の均衡、そして物体の影の領域を表すために用いられる、長く、湾曲した平行線といった特徴も、バティニア・プリスキュラの祭壇の図版をパルンバの巨大な木版画と結びつける。とりわけ「ディアナとアクタイオン」や「ウェヌス、マルス、ウルカヌス」といった作品との連関が顕著だ。パルンバの版画と、マッゾッキの挿絵とのあいだに多数みつかる共通点を考慮するならば、これらの作品すべてを同一の画家の手になるものと考えるのは理にかなっている。ただそうなると、個々の版画作品のうちの何点かの制作年を、『著名人の肖像』の出版年に近い数字に想定しなおす必要がでてくるのだが。パルンバの活動が一五一〇年で終焉を迎えるとする説は、最初リプマンが提唱し、のちにハインドをはじめとする後の世代の学者たちによって、とくに異論もなく受け入れられてきたものである。だが、彼の作品のなかには、ペルッツィが一五一〇年から

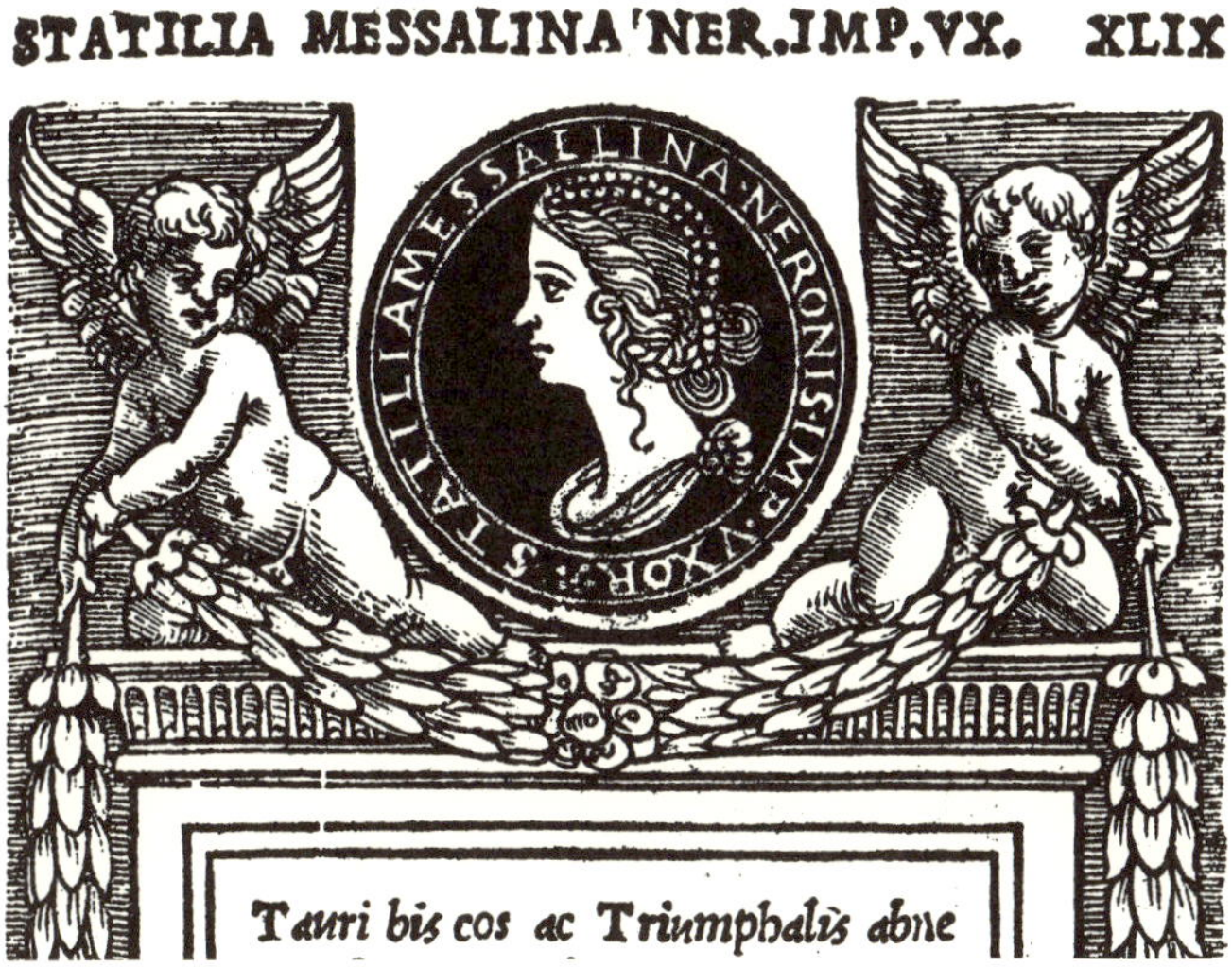

図44：フルヴィオ『著名人の肖像』（ローマ、1517年）、f. 49、メッサリナの肖像

図45：フルヴィオ『著名人の肖像』（ローマ、1517年）、f. 45、シラヌスの肖像

図46：マルカントニオ・ライモンディ「パリスの審判」、彫版画

一五一一年にかけてヴィッラ・ファルネジーナに描いたフレスコ画をベースにしているものが何点かあることを考慮するなら、この一五一〇年終焉説は少しばかり早すぎるように思われる[29]。加えて、パルンバの「ディアナとアクタイオン」に描かれた、侮辱を受けた女神の姿（図43）は、明らかにマルカントニオの著名な版画「パリスの審判」中のウェヌスの姿態からとられたものだが、この審判画は通常一五一七年かそれ以降の作品とみなされているのである[30]（図46）。明暗法を駆使した「聖セバスティアヌス」の木版画に、パルンバのモノグラムが署名されているという事実は、彼が一五一六年ごろでもいまだに現役であったことを示している。この一五一六年というのは、ウーゴ・ダ・カルピがヴェネツィア元老院への申請の中で、明暗法に関する新しい製法をめぐる著作権を請願していた年に当たるのである[31]。

第8章 「メダルについて記した者たち」
——最初期の古銭学書誌

フルヴィオの本が端緒となって花開いた古銭学文献。それがいかに豊かで多様なジャンルであったのかは、一五七九年に刷られた、当該テーマに関する最初期の書誌リストを見ればわかる。長大で複雑なその書誌は、フランス人医師でアマチュア考古学者でもあったアントワーヌ・ル・ポワの著作『メダルについての議論』の一部として出版されたものである(1)(図47)。そもそもこの『議論』という著作自体が、この古銭学文献ジャンルでは突出した記念碑的作品でもあるのだ。というのもル・ポワは古代硬貨や、模様の刻まれた宝石を論じるに、優雅に機知をちりばめ、同時に実用的な良識をも駆使して説き去るのだが、その教養ある洗練されたスタイルが、彼の同郷人にして同時代人でもあったモンテーニュの『随想録』を思い出させなくもないのだ。ユリウス・カエサルの複雑なメダル(図48)——同書に含まれる、真正の古代コインではないわずかな事例のひとつ——を論じる中で、ル・ポワは描かれている寓意像についての説明を提供するのだが、その自説に加えてウィーンの古物研究家ヴォルフガング・ラツィウスによる別様の解釈もまた繰り返している。「読者は最初の解釈と二番目の解釈のうち、どちらでも、お好みの説を選ばれるとよい」、そう著者は公平な態度で書いている。「あるいはお望みならば、読者ご自身が第三の説をたてられるのもよろしいでしょう(2)」。これまたいたって落ち着き払った学問的に公正な姿勢で、現代の図像学研究者がたとえば『アート・ブルティン』誌や『ウォーバーグ研究所紀要』の誌面に似たような言葉をいくら探しても、まずそんなありがたい文言は見つからないだろう。

モンテーニュ同様、ル・ポワもまた、プロの学者でもなければ大学人でもなく、世俗に暮らす多忙人であった——

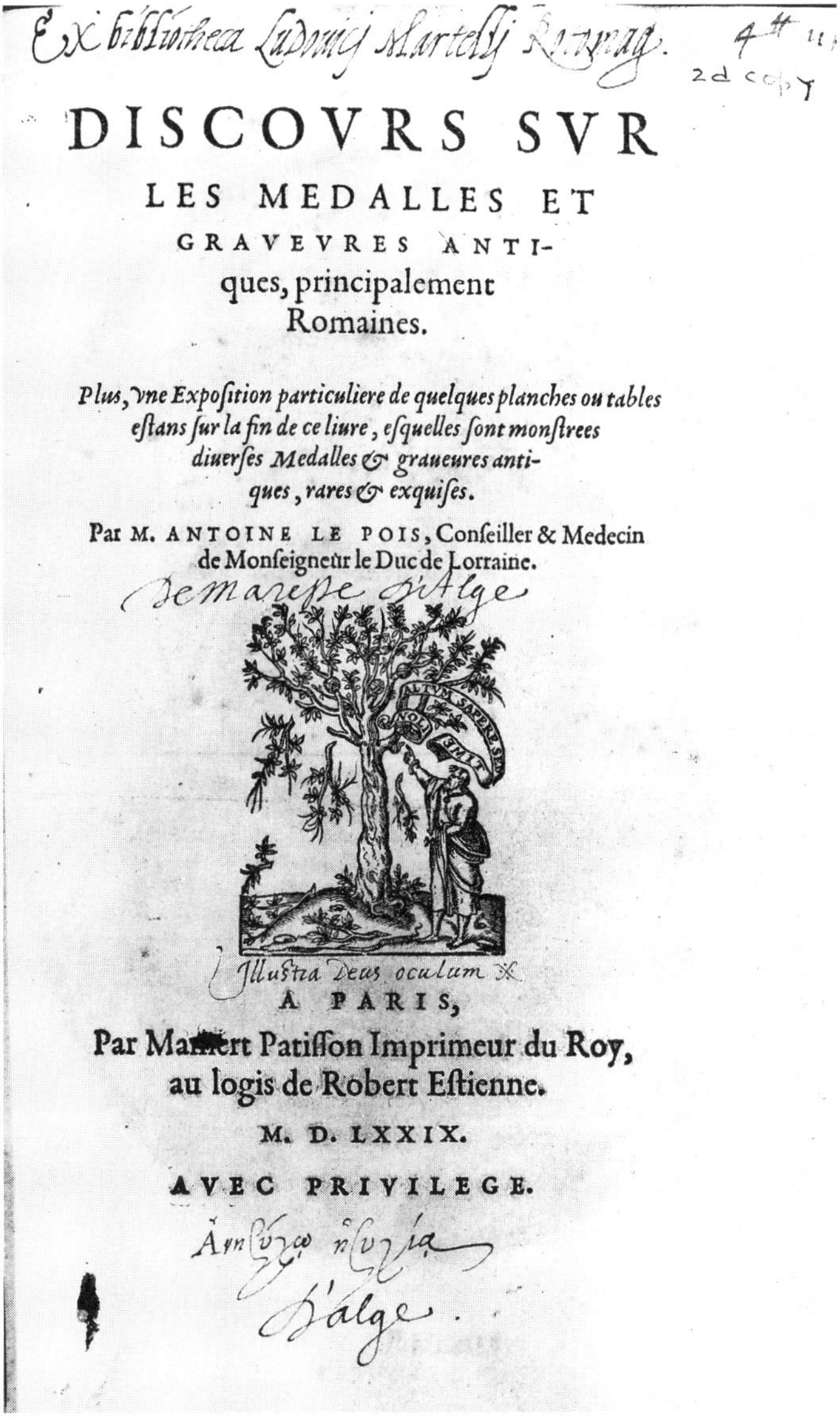

DISCOVRS SVR
LES MEDALLES ET
GRAVEVRES ANTI-
ques, principalement
Romaines.

Plus, vne Expoſition particuliere de quelques planches ou tables eſtans ſur la fin de ce liure, eſquelles ſont monſtrees diuerſes Medalles & graueures antiques, rares & exquiſes.

Par M. ANTOINE LE POIS, Conſeiller & Medecin de Monſeigneur le Duc de Lorraine.

A PARIS,
Par Mamert Patiſſon Imprimeur du Roy,
au logis de Robert Eſtienne.
M. D. LXXIX.
AVEC PRIVILEGE.

図 47：ル・ポワ『メダルについての議論』（パリ、1579 年）、タイトル・ページ

「ロレーヌ公の相談役にして医師」と、著作のタイトルには謳われている――。そんな実務家の彼らしく、ル・ポワは序文において、古代硬貨および模様が刻まれた宝石の研究から得られる「有用性と利益」を示すことから、自著を始めている。十六世紀における最初の「古銭学著作の批評家」として、ル・ポワがくだす判断やコメントは、今日のわれわれにとってははかり知れない価値があり、その全文が引用に値する。「メダルについて記した者たち」を記述するル・ポワの文献評は、『議論』の第一章に収録されている。同章では、まず"**médaille**"という語の語源考察が展開され、さらに(すでに本書でも言及した)アメリカ大陸で発見されたアウグストゥス帝の硬貨についての驚くべき脱線が繰り広げられたあとで、件の古銭文献書評が示される。(3) ル・ポワは一五七八年に没しているが、彼の著作は死後出版のかたちで、弟のニコラの監修のもとに発刊された。古銭学文献に関する評論は、おそらく一五六〇年代の後半か、一五七〇年代の初頭に書かれたものだろう。というのも、フベルトゥス・ゴルツィウスの『執政官表』(一五六六年)には言及しているものの、ゴルツィウスは現在アウグストゥスの硬貨についての本を執筆中である、となっており、当の著作は一五七三年に実際に出版されているからである。

「ここで我らの時代に、古代のメダルについて記した者たちについて述べておくこととしよう。そうすれば、読者がもし、古代メダルについての知識を増やしたいと望んだり、あるいはすでに述べたように、有益性や利益をメダルから得たいと思った折には、これらの著作を参照してさらなる教示を受け取ることができるであろうから。ご注意いただきたいのは、我らがここで提示する最初の議論はそれほど長いものではなく、当該主題についてのほんのわずかな縮約版、ないしは要約である、という点である。

イタリア人たちは、この題材についてもっとも早く書物を著わした人々であった。その最初の人物は、カルパントラの枢機卿であるサドレートとされるが、ローマの古物研究家アンドレア・フルヴィオという別の説もある。こうした混乱が見られるのは、サドレート枢機卿がこのラテン語著作、すなわち書肆ヤコポ・マッゾッキによって一五一七年に『著名人の肖像』なるタイトルで出版された本のタイトルページに、フルヴィオの名を記載しなかったからである。(4) そしてこの著作こそは、我らの時代に出版された、メダルという主題にはじめて取り組んだ書物なのである。ところが収録された図版や肖像画は、かならずしもすべてが上手に仕上がっているわけではなく、誤りも何か所か見られる。たとえば第十三代皇帝ネルウァの顔にかえて、著者はトラヤヌス帝の肖像を据えているのだが、このミスは、次のような刻銘が肖像を取り囲んでいたにもかかわらず生じたのである――IMP. CAES. CAES.NERVAE TRAIANO AVG.（「ネルウァの子、インペラトル・カエサル・トラヤヌスに」）さらには IMP. CAES. TRAIANVS HARDIANVS AVG.（「インペラトル・カエサル・トラヤヌス・ハドリアヌス・アウグストゥス」）と。一

図 48：ル・ポワ『メダルについての議論』（パリ、1579 年）、pl. A、ユリウス・カエサルの偽造メダルを含む、さまざまな硬貨

見すると、まずネルウァの名が目に入るものだから、著者はこれが同皇帝の肖像だと思い込んでしまい、刻銘を最後まで読む忍耐を持ち合わせなかったわけである。仮にもし最後まで文章を読んでいたのなら、トラヤヌスがネルウァの一族に養子入りしたために、慣習によってネルウァの名が自らのものに加わったという事実に気づかぬほど、著者が無知であったとは思われない。同様に、トラヤヌスの後を継いだハドリアヌス帝もまた、養父であるトラヤヌスの名を自らの名に加えているのであって、そのことは彼のメダルの多くが示し、またその他の刻銘からもわかることである。

『著名人の肖像』をそっくり模倣するかたちで、よく似た著作があるドイツ人の手で制作された。私も一度ストラスブールで会ったことのある、ヨハンネス・フッティヒのことである。彼は皇帝たちの肖像画や伝記の要約を差し替えもしなければ、修正を加えることもせず、お手本にした本をあたかも自分の手で書いたかのようにそっくりなぞったものだから、我々が見てきたように、お手本が間違えば同じように自分も間違うという具合でそこかしこに誤りがみられるのである。[5] ただしそれ以降、この主題は二名の勤勉な古物研究家の手で、それぞれに異なった方法で扱われた。一名はパルマの人エネア・ヴィーコ、もう一名はセバスティアーノ・エリッツォである。両名は、意見の異なる部分もあるとはいえ、それぞれが俗語のイタリア語で出版した論考群によって、メダル理解の進展に大きな貢献をなしたのである。[6] 彼らに次いで、コンピアーノ伯であるコスタンツォ・ランディがラテン語で著作をものし、どちらかといえば一般によく知られた五〇枚のメダルについて説明を加えたのだが、自身のささやかなコレクションを出版した直後に亡くなった。[7] マントヴァの人ヤコポ・ストラーダは、大変勤勉かつ研究熱心な人物で、このテーマについてもなみなみならぬ労力をつぎ込んだことは、彼の著作『古代宝物要覧』中の記述からわかる。[8] とはいえ、私がこれまで目にしたのは、著者が出版を約束している大部の著作の摘要に相当するとされる本書のみではあるのだが。そこにはローマの軍司令官たちや皇帝たちの図像や肖像が収録されていて、それらの下には彼らの生涯や主要な業績を記した文章が添えられている。私が大いに心配しているのは、これらの硬貨には想像上のものが何点か含まれているのではないかという点で、というのも裏面の図柄がいささか奇妙なものがあるうえ、刻銘に関しても、古代人の文体からはかけ離れた文章が綴られている事例が数点あるからである。フィレンツェの人ガブリエーレ・シメオーニは、彼が執筆したさまざまな短い論文の中で、ごくついでにといった感じで、かなり有名なメダルを何点かとりあげて解説している。とはいえ、この主題そのものを扱ったシメオーニの著作にはついぞお目にかかったことはないのだが[9]。

メダルについて記したイタリア人たちについては、このあたりで十分だろう。さて、ポーランド人のヨハンネス・サンブクスは、四五枚あまりの青銅貨を出版した。大変珍しいものも数点含まれているが、説明のたぐいはまったくない[10]。そのなかで第八代皇帝オトを挙げ、この皇帝の青銅硬貨を自分はもっていると主張しているのだが、これはイタリア人古物研究家たちにとっては実に奇妙な、にわかには信じがたい発言で、というのも彼らはオト帝の青銅メダルはいまだかつて一枚も見つかっていないとしているからだ。ペスケンニウス・ニゲルの硬貨については、サンブクスはヨーロッパでは見つからぬ（と彼が主張する）三枚の秘蔵コインの一枚に数え上げているのだが、私の手元にその金貨が一枚あるし、他の人々も同様に所有している。サンブクスのメダルに刻まれた刻銘は、次の二つの理由から疑わしい。第一にそれが、私の所有する硬貨に刻まれているガイウスという文字の代わりに、ティトゥスとなっていること。第二に、サンブクスが書き写しているギリシア語の刻銘は“Nigrou Ioustos”（「ニゲルの、ユストゥスが」）となっているが、これは、本来なら文法学者が勧めるように二語を同じ格にそろえるべきところを、うっかり一方は属格、他方を主格にしてしまっているのである。

さて、忘れずに言及しておきたい人物が、あと二名残っている。一人はドイツ人、もう一人はフランス人だ。ドイツ人のほうは、ビュルツブルクの人フベルトゥス・ゴルツィウス。卓越した好奇心をそなえた御仁で、多大な苦労をものともせずに諸国をひろく渡り歩いては、さまざまな硬貨を発見し、観察し、自らのコレクションに加えたのちに、それらの品々を世界中の人々と分かち合うのである。これをゴルツィウスは驚くほど器用にやってのける。というのも彼自身が優れた絵描きにして、腕のいい彫版師でもあるからで、その腕前のほどは彼が近年出版した二冊のラテン語著作が証明している。それらのうち執政官表をあつかったほうの一冊は、執政官のメダルを無数に収録した作品で、年代学に大変便利なうえ、アウグストゥス帝が死去し、後継者のティベリウスが統治を開始するに至るまでのローマ国家の年月を正確に計算するうえでも、とても役立つ。[11]もう一冊はユリウス・カエサルに捧げられた著作で、カエサルの伝記があふれる博学でもって記述されており、彼自身のメダルに加え、カエサルに続く〔第二次〕三頭政治家たちやその他の人物のメダルが、それこそ大量に収録されている。[12]本書は、神許したまわばゴルツィウスが出版しようと決意したローマ皇帝全史のうちの、ほんの最初の一巻にすぎない。そして伝え聞くところでは、彼は現在、アウグストゥスの伝記とメダル解説に鋭意取り組んでいるそうである。[13]またゴルツィウスはこれらの著作の執筆に当たっては、ワーテルフリート侯のマルクス・ラウリヌスという名の有能な士から、多くの助力をうけたことを率直に認めている。

ここで言及しておきたい――というよりむしろ賞賛に値する――もうひとりの人物は、〔ドーフィネ〕山岳地方の国王役人たるフランス人のデュ・シュール師である。彼は古代ローマ人たちの奉じた宗教についての書物の中で、大量の古代メダルを取り上げて解説を加え、この主題を研究する者にとっては非常に便利で有益な書物にしている。[14]できることなら、ローマの古代遺物についての十二巻を含む、彼の別の美麗な著作の執筆が進み、出版の運びとなってほしかったものだ。[15]その書を手に取ることができたら、きっと大いなる喜びとなったであろう。薫り高き文学を愛するすべての読者諸氏にとって、有益で恩恵に満ちた作品となるはずであったのに。しかしながら、彼の死によってこの洗練された書物の出版は中断され、さらなる労力と莫大な資金をつぎ込まねば印刷できなくなってしまったのだった。

これら二名の著述家に加えて、ドイツ人作家ヴォルフガング・ラツィウスもまた、ギリシアについての自著の中で、ギリシアのメダルを何枚か解説したものを出版しているほか、[16]ユリウス・カエサルならびにその後継者アウグストゥスのよく知られたコインについては、著作『古代貨幣に関するまぎれもなく最大規模の注釈書からのささやかな見本』において論じている。[17]これは、彼が執筆したと言い張っている『古代貨幣に関するまぎれもなく最大規模の注釈書（……）』なるタイトルの大部の著作の、奇形ないしは幻影とでもいえる作品である。その大部の著作のほうには、著者が言うには、すべて異なる七〇万点ものメダルが含まれるほか、ローマやギリシアやその他さまざまな国家のメダルを描いた七〇点の図版が収録されているという[18]。本人いわく、機会があればすぐにでもこの本を出版するであろう、とのことである。

さて以上に挙げたのが、私の知る限り、メダルについて記した主要な著述家たちである。小冊子『卓越せし人たちの図像』(*Insignium aliquot virorum icones*)、ならびに『プロンプトゥアリウム』(*Promptuaire des medalles*)、リヨンで発刊されたこれら二冊や、あるいは同類の小冊子類については、ここには含まれるべきではない[19]。これらの小著に含まれるメダルや肖像画よりも、本文の簡潔にまとまった記述のほうが優れている。というのも、収録されたメダルや肖像のほとんどが、空想上のものか、贋物か、偽造品だからである」

ル・ポワが右の文章で引いたすべての著作に共通しているのは、ギリシアおよびローマの硬貨の図像に対する一貫した興味と、それらの図像を、古代の歴史家、詩人、伝記作家の記述を解説し、あるいは補完するのに活用している点である。ル・ポワは、これより少し後に出版されたアントニオ・アグスティンによる文献批評(一五八七年)と同様に[20]、古代の貨幣鋳造における重量や価値の問題をもっぱら扱っている文献群は、いっさい顧みていない。ここで無視されている、今日でいうところの硬貨の度量衡学的な側面というのは、実はルネサンス期の文献学者にとってはきわめて重要な情報であったわけで、というのも彼らは古代文献に出てくる貨幣がらみの用語だとか数量価値だとかが、いったいどのような意味をもち、また現代の単位に換算するとどのぐらいになるのかを、必死に知ろうとしていたからである。まさにその古銭の度量衡学的側面にささげられた最重要の研究書が、ギョーム・ビュデによる『アス銅貨およびその部単位について』(パリ、一五一四年)で、大変な賞賛を浴び、何度も再版されたり、縮約版が作られたりした。大変浩瀚な書物で、ワイスは同書を指して十六世紀初頭の文献学上の傑作であると定義している[21]。ビュデは、「アス(as)」という言葉の意味を定め、その重量および価値を確定し、さらにはギリシアのタラントやドラクマ貨幣単位との関係を推し量るべく、もっぱら文献学上のソース――リウィウス、プリニウス、ウァッロ、セビーリャのイシドルス――の分析および比較に、自らの作業を限定している。三五〇ページにおよぶその紙面の多くは、古代人たちの歴史や慣習についての学術的な余談にみちみちている。なかなか教訓的ともいえるのは、このビュデの本を縮約した後世のとある版においては、その核心となる度量衡学的な情報がたったの八ページに圧縮されてしまっている事実である[22]。興味深いことにビュデは、アス銅貨、ないしはその分割単位にあたる小硬貨やドラクマ硬貨について、その実物のサンプルを描写したり図解したりしようとはせず、またそれらのコインに刻まれていたであろう肖像画や情景や刻銘に対しても、なんらの関心を見せるでもない。文献から得られるデータの確証をとるべく、ギリシアやローマの硬貨の目方を計測したと本人が述べていることから、そういった図像や文字情報をビュデが入手できたことはまず間違いないにもかかわらずである[23]。またビュデは、キケロのファミリーネームが入ったデナリウス硬貨について言及しているものの、明らかに彼自身もっと興味があったのは、キケロの首級に対してマルクス・アントニウスが――コルネリウス・ネポスによるなら――喜んで払ったという金額のほうであった。そして実際、その額を現代の貨幣価値に換算して二万五〇〇〇ドゥカートとはじき出している[24]。実物の硬貨それ自体よりも文献上の権威のほうを好むという、これと似たような傾向は、同時代の他の度量衡学論考の著者たち――アルチャート、メランヒトン、アグリコラ、オトマン――にも共通して見られる。とはいえ、彼らのうちの何人かは、ちょうどビュデがしたように、手ずから古銭を蒐集して計量するという苦労を買って出たのであるが[25]。他方で、ル・ポワやアグスティン、あるいはル・ポワの論評中に著作が引かれていたさまざまな古銭学者たちは、硬貨の重量や貨幣価値にはほとんど興味らしい興味を示さず、むしろ硬貨を、芸術品ないしは小さな聖遺物とみなし、あるいは歴史上の人物や過去の出来事を伝える記録史料として扱っているのである。このようにルネサンス期の古銭研究に見られる、度量衡学派と図像学派との際立った対比――こういった対比は現代の古銭ハンドブック、たとえばセルトマンの『ギリシア貨幣』やマッティンリー『ローマ貨幣』などには見られない――は、フィリップ・ラベの『古銭学図書館』(*Bibliotheca nummaria* パリ、一六六四年)で採用された分類方式によっても強調されている。これははじめて丸ごと一冊を古銭学文献の書誌にあてた著作なのだが、その中では古銭学の書物が、考古学的文献と度量衡学的文献という二つのカテゴリーに分類されているのである[26]。

第9章 「心を映す澄んだ鏡のごとく」
――ルイユ、観相学、ルネサンス期の「肖像画付き著名人伝」

古銭学文献のなかでも、図像学および考古学的なアプローチをとる作品群に限定されてはいるものの、ル・ポワが書誌リストに含めている著作は、おのおのが体現する文献ジャンルないしは文学タイプが極めて多岐にわたっている点で、注目に値する。まず、硬貨の図柄を典拠とした肖像画のコレクションがある（フルヴィオ、ルイユ）。あるいはスエトニウスの『皇帝伝』に書かれた十二名のローマ皇帝すべてのコインか、あるいは個々の皇帝のコインを解説する集成もある（ヴィーコ、ゴルツィウス）。かと思えば、たとえばG・B・ヒル『歴史的ローマ貨幣』を彷彿とさせるような現代的な古銭学文献の手法で、選びぬいた何点かの硬貨サンプルに、注釈や「解説」を加えるタイプのものもある（ランディ、エリッツォ）。さらには、古代の歴史や文化を論じる際に、硬貨が重要な役割を果たしているような著作もある（デュ・シュール、シメオーニ）。一五一七年に上梓された『著名人の肖像』、およびその模倣作品といえるヨハンネス・フッティヒやギョーム・ルイユらの作品は、いわゆる肖像画付き著名人伝《ビルトウニスヴィーテンビユッヒャー》、すなわち短い伝記が付された著名人男女の肖像画コレクションという大きな文芸カテゴリーに含まれるものである。ポール・オートウィン・レイヴは、十六世紀に爆発的な人気を博した、これら肖像画本の起源とその発展過程を追ってみせた[1]。このカテゴリーの書物には、さまざまな国家や王朝、職業の偉人達にささげられた作品が含まれる。たとえばハインリヒ・パンタレオンの『ドイツ名士録』（一五六二年）や、あるいはアルヌーイエがリヨンで出版した『フランス国王要覧』（一五四六年）、マルコ・マントヴァ・ベナヴィデスによる著名な法学者の肖像コレクション（ローマ、一五六六年）、アブラハム・オルテリウスによる著名な医師の肖像コレクション（アントウェルペン、一五七五年）、などが挙げられよう。なかには『トルコのスルタンの伝記と肖像』なるタイトルまであって、これはニコラウス・ロイスナーの作品である（フランクフルト、一五九六年）。ジョルジョ・ヴァザーリによる『芸術家列伝』の第二版（一五六八年）では、個々の芸術家の伝記に、入念な装飾を施した枠組みに囲われた木版肖像画が添えられているのだが、これなども明らかにこの種のジャンルの書物からの影響を受けている。ルネサンス期に、英雄だとか美徳だとか名声といったものへの崇拝が熱狂的に高まった事実が、この種の書物に対する要求が広まった理由を説明してくれる。人文主義者たちはその中で、レイヴが指摘するように、古代から継承した二つの装置、すなわち「伝記」と「肖像」とを組み合わせ、偉人達の記憶を不滅のものにしようと試みたのである。[2] この時代に国家アイデンティティに対する意識が高まったという事情もまた、フランスやドイツの国王や伝説上の英雄、文学上の巨星らにささげられた著作の生産に、与って力があった。まさにこうした動機こそ、ヨハンネス・フッティヒやギョーム・ルイユらの古銭学著作の内容の多くを説明してくれるものである。[3] この十六世紀という時代はまた、著名人――生者であれ故人であれ――の肖像画を、人々の瞑想や着想源とすべく展覧に供したギャラリーの誕生をも見た。もっとも有名な例が、パオロ・ジョーヴィオがコモ湖畔に営んだムーサエオンで、そこには三百を超す肖像画が収蔵されていた。[4] ルネサンス期の「肖像画付き著名人伝」ジャンルでは、その最初期の事例たるトマス・オクゼンブルナー（一四九四年）やヤコポ・フォレスティ（一四九七年）のものも含め、その大部分の作品は、同時代の肖像画の手法にならってイラストが制作されている。つまり、四角い枠組みの中に、人物が四分の三面観のポーズで描かれているのだ。[5] 一五一七年の『著名人の肖像』ならびにそれに続く諸作品は、古銭学文献という大枠のなかに、さらにひとつの独立したサブ・カテゴリーを形成している。これらの著作では、肖像画が横顔でメダル風に描かれ、それを取り囲んで銘が添えられており、そのフォーマットはどちらかというと、図像というよりもむしろ硬貨のコレクションを示唆するものとなっているのである。

これらのメダル風「肖像画付き著名人伝」は、十六世紀前半の古銭学文献をいっとき席捲した。このジャンルの成長過程を、収録された伝記の数や、扱われる人物の時代的な広がりという観点などから見てみると興味深い。『著名人の肖像』は、すでに見たように、ヤヌス神（イタリアの初期の王のひとりとされる）ならびにアレクサンドロス大王の事績から説き起こし、中世初期のギリシア世界およびドイツの皇帝にいたって終わる。描かれた人物は総計二〇四名。その大半が、古典期ローマの皇帝およびその家族にあてられている。フッティヒの『ローマ皇帝の書』（一五二五年）は、このレパートリーをほぼそのまま踏襲したうえで、さらにホーエンシュタウフェン家やハプスブルク家に連なる後代の皇帝たちを付け加え、カール五世およびその弟のフェルディナントまで続けて現代に到達している。フッティヒの同書はその後版を重ね、またその収録図版は、ストラスブールの印刷業者クラフト・ミラー（あるいはクラート・ミュリウス）によって複製されて、同社が一五三〇年代から一五四〇年代にかけて出版した、ラテン語とドイツ語による大部の年代記の挿絵として再利用された。[6] 同ジャンルは、ギヨーム・ルイユによる二巻本の『プロンプトゥアリウム』（図49）によって、生産ならびにデザイン上の野心の面で頂点に達した。一五五三年にラテン語、フランス語、イタリア語の各版が同時出版され、スペイン語版は一五六一年に出ている。

ギヨーム・ルイユ――彼の姓をロヴィルと発音するかルイユと発音するかという点については、専門家のあいだでも意見が分かれている――は、トゥーレーヌのロシュ近郊に一五一八年ごろ生まれ、青年期をイタリアで過ごした。同地ではおそらく、ガブリエーレ・ジョリート・デ・フェッラーリのもとで働いたものと思われる。ヴェネツィアの出版業者で、アリオストや他のイタリア文学の古典の出版でよく知られている人物である。[7] 一五四〇年代にはルイユの姿をリヨンに認めることができる。雇い主の書籍商ドメニコ・ポルティナーリは、北方での商業・企業活動に長い伝統をもつフィレンツェ出身の一族であった。ルイユはそのポルティナーリの娘と結婚し、店を引き継いだ。外国に居住する一族とのコネクション――サラマンカに暮らす義兄もその中に含まれる――や、ヴェネツィアの書肆ジョリートとの以前のよしみなどのおかげで、ルイユは書物をヨーロッパ中の小売業者に卸すことができる立場にあった。そのため彼はしばしば人気作品――まさに『プロンプトゥアリウム』のような――を、複数の言語で出版した。ルイユ本人は印刷者ではなく、むしろ「大編集者」とでもいうべき立場にあって、作家、挿絵画家、印刷者、小売業者らと契約をかわし、国際的な顧客に広くうったえるようなタイトルを見定めて、大ヒット作をプロデュースするのが仕事であった。とりわけ成功したのが、ボッカッチョ『デカメロン』、カスティリオーネ『宮廷人』、アリオスト『狂乱のオルランド』といったイタリア文学の古典と、ピエール・ヴァーズの美しい挿絵入りで一五四八年に出版された『処女マリアの時禱書』のような、人気の高い宗教著作だった。ボードリエは、ルイユが支払っていた高額の所得税――一五四五年には一〇〇リーヴル――を、キャリア初期における彼の成功の証拠として引用している。「その有能な経営、あふれる博識、出版者や挿絵画家を選定するさいの慧眼ぶりなどのおかげで、ルイユはリヨンにおける自らの立場を、ジャン・ド・トゥルヌに次ぐ市内で二番目の地位にまで押し上げることに成功したのだった[8]」。

世紀中葉の他の出版者たちと同じく、ルイユもまた挿絵に対する広範な需要を察知し、それに応えていった。ギョーム・デュ・シュールの『古代ローマ人たちの宗教に関する議論』（一五五六年）は、実質上、古典古代文化のイラスト本と言ってもいい作品で、これなどもルイユが手がけた本のひとつである。彼の手持ちの図版ストックが一貫して高品質を保っていたのは、雇っていた挿絵画家たちの高い技能と洗練された趣向のおかげだった。たとえばピエール・ヴァーズ、ジョルジュ・ルヴェルディ、コルネイユ・ド・ラ・エ、ピエール・ウェイリオ、メートル・ア・ラ・カペリーヌといった面々だ。ただし、リヨンで最高の図版画家であるベルナール・サロモンは、ライヴァル出版者のジャン・ド・トゥルヌのもとで働いていたのだが。ルイユが手がけたもっとも野心的な図画本といえば、一五八六年に出た『植物概誌』で、実に二六八六点の木版画で図解されていた。だからこれは別段驚くことではないのだが、このイメージ鍾愛の企業家はまた、エンブレムやシンボルの類いの出版も大いに手がけていたのだった。そのなかには、パオロ・ジョーヴィオの『戦いと愛のインプレーザについての対話』や、ガブリエーレ・シメオーニの『格言的インプレーザ集』などのタイトルも含まれている。そんな彼の最大の「ドル箱」商品といえば、彼の経営する出版社から実に三十五版の増刷を数えたアンドレア・アルチャート『エンブレム集』であった。ルイユが一五八九年に亡くなった際には、莫大な遺産があとに残されたが、その一部は、困窮家族やその子孫たちを支援する基金の設立のために活用された。『イタリアに帰化した十六世紀のフランス人』を著したエミール・ピコの記述によれば、こ

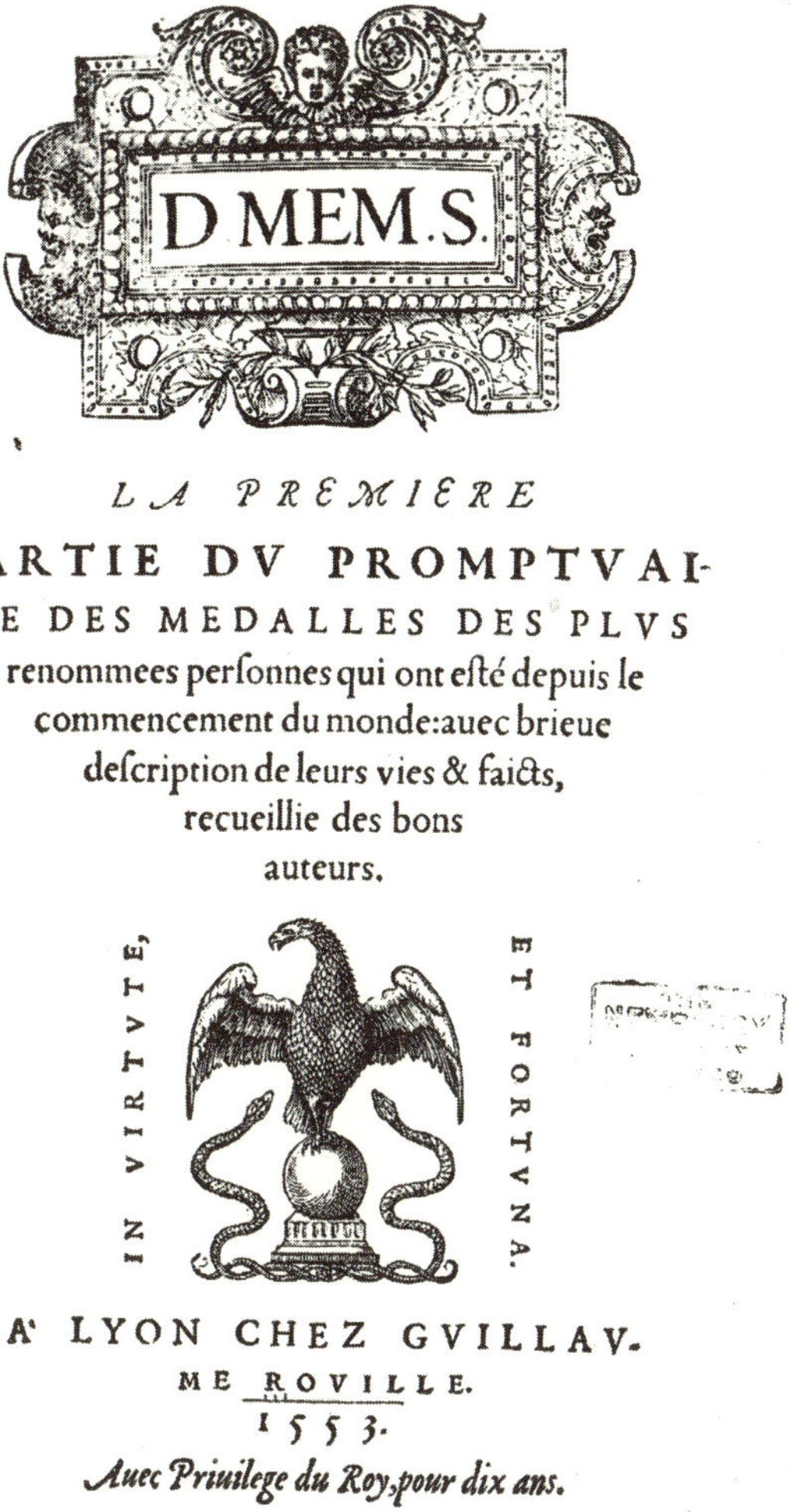
D M EM. S.

LA PREMIERE
PARTIE DV PROMPTVAI-
RE DES MEDALLES DES PLVS
renommees perſonnes qui ont eſté depuis le
commencement du monde: auec brieue
deſcription de leurs vies & faicts,
recueillie des bons
auteurs.

IN VIRTVTE, ET FORTVNA.

A' LYON CHEZ GVILLAV-
ME ROVILLE.
1553.
Auec Priuilege du Roy, pour dix ans.

図 49:ルイユ『プロンプトゥアリウム』(リヨン、1553 年)、タイトル。
ページ

のルイユ財団はピコ自身の生きた時代（一九〇六年）にも、なお存在していたという[9]。

一五五三年に上梓したメダル肖像画本のタイトルのために、ルイユは何かぴったりのラテン語句を発案する必要があったに違いない。なぜなら、テサウルス、すなわち宝物（庫）という語はすでに、ライヴァル書肆ジャン・ド・トゥルネから新たに出版された、ヤコポ・ストラーダの古銭肖像画著作に、すでに使われてしまっていたからである。そこで選んだのが、どちらかというと語義が不明瞭な、プロンプトゥアリウムなる言葉であった。「貯蔵所、ないしは倉庫」という意味の語で、一般的な形容詞プロンプトゥス **promptus**（＝即座に手に入る、手元にある）に基づいた言葉である。デュ・カンジュの『中世・近代ラテン語彙集』には実際、古典期以降の語法として、“**prompta pecunia**”（即金）なる言い回しが紹介されている。ルイユの書物に収録されたメダル風の挿絵が、いかにも古銭を彷彿とさせる特徴をもっていたことを考えるなら、こうした用法なども、タイトル語句の単語選択に何かしらの影響を与えた可能性もありそうだ。著作『プロンプトゥアリウム』イタリア語版の巻頭に収められたカトリーヌ・ド・メディシス宛ての書簡の中で、ルイユは、他にも検討を加えたタイトルの代替案を紹介している。「トスカーナ語においては、『プロントゥアーリオ』、ないしは『トリオンフォ・ディ・メダーリア（メダルの勝利）』というものです[10]」。

『プロンプトゥアリウム』は、八二八点のメダル風肖像画を収録しており、これはほとんど、一ページにつき二枚の割合である。そして図版には、短い伝記解説の文章が添えられている。肖像画の大部分は想像上のものだが、古代硬貨を真似た構成になっていて、横向きの頭部像の周囲を、刻銘風の文字が取り囲んでいる。第一部はアダムとエヴァから始まり、教父や預言者、旧約聖書に登場する王や預言者たち（ノア、ニムロド、エレミヤ、ダニエルなど）、異教の神々や英雄（ヤヌス、ウェスタ、オシリス、ヘラクレス、ペルセウス、ロムルス）、さらにはキリスト誕生以前のおもだった歴史上の人物（ゾロアスター、ソロン、ペリクレス、ユリウス・カエサル、マルクス・アントニウス、アウグストゥス）に至るまでを収録している。第二部（各部にはそれぞれ独立したページ番号が振られているが、通常は一冊に製本されている）は、楕円形の画面に描かれたキリスト生誕の情景から始まって、ローマ帝国、中世、ルネサンスの人物を扱っている。肖像画が収録されたのは、イエス、ピラト、ティベリウス、カリグラ、クラウディウス、その他の大半のローマ皇帝、アッティラ、ムハンマド、シャルルマーニュ、さらには中世からカール五世に至るまでのドイツの君主たちである。また文豪――ダンテ、ペトラルカ、ボッカッチョ（偶然にもこの三名の作品はルイユの手で出版されている！）など――の姿も含まれている。そして同肖像シリーズは、同時代の著名人たちを扱った驚くべき著名人ギャラリーで幕を閉じる。彼らの大半が正面向きか四分の三面観のポーズをとっており、明らかに実物から起こした肖像となっている。たとえば教皇ユリウス三世、イングランド王エドワード六世、フィレンツェ公コジモ、フランス王アンリ二世、カトリーヌ・ド・メディシスらである。

この膨大な肖像画集の生産に携わった人々のうち、何人かはその正体がつきとめられている。たとえばジョルジュ・ルヴェルディが、フッティヒの『軍司令官《インペラトル》と皇帝《カエサル》の伝記』や、アルヌーイエがリヨンで一五四六年に出版した『歴代五十八仏王の業績集』など、すでに出回っている書籍の図を複写しながら版木をカットしたことが知られている。また同時代人を描いた肖像画のなかでもとりわけ秀逸な、たとえば仏王アンリ二世の妹であるマルグリット・ド・フランスのもの（ラテン語版・第二部、二四六ページ）などは、もとはリヨンの芸術家コルネイユ・ド・ラ・エの手になる作品で、当時の細密画特有の魅力と臨場感にあふれている。審美的な観点から見るなら、この本の出来栄えは素晴らしい。紙面の上三分の一のところに、メダル風の肖像画がペアで並べられ、その下に文章が優雅に配列されて、上下左右の余白はたっぷりととられている。よく見かけるのが、ルネサンス期の二枚折り肖像画の形式のように、夫婦ないしは親子や恋人同士の二人を同一ページに対面で並べるレイアウトである（図50）。アブラハムとサラ、マケドニアのフィリッポス二世とオリュンピアス、ペリクレスとアスパシア、ソクラテスとクサンティッペ、コンスタンティウスとヘレナなどがその例だ。アレクサンドロス大王の伴侶は、アマゾネスの女王タレストリスである（図10）。彼女が「アレクサンドロスに、私のところに来て一夜を共にしなさいな、との要求を出すと、大王は唯々諾々としてその命に服した」という。硬貨コレクションから得られる麗しきモラルのレッスンは、まだまだこんなものではないのだが、今はこのあたりにしておこう！　本書に掲載されている伝記記述は、フルヴィオやフッティヒに見られたような難解でしばしば歪曲されたものとは異なり、優雅な文章で綴られている。これなら、乱読の書物マニアでなくとも、そこそこの学識を備えていれば明瞭に理解ができるレベルである。大半の伝記では、最後の部分で、さらなる情報を得たい向きのために、プルタルコスやベロソスやスエトニウスだとかいった権威の名が二、三引かれている。

十六世紀の硬貨論で扱われる十二名の皇帝について、その図像表現の比較研究を行なったクリスチャン・ディケセルによれば、ルイユによる初期の皇帝たちの肖像画は、そのほぼすべてが、フッティヒの『軍司令官と皇帝たちの伝記』(一五三四年)から複写したものであったという。私はさらに、後期の皇帝とその配偶者たちの肖像画も、やはり同じ出所に由来するのではないかと疑っている。(11) ただしそれ以外の肖像画に関しては、本物の古銭をもとに描き起こしたようで、モデルとして使用されたギリシア硬貨の数の多さなど、とりわけ目を見張るものがある。とはいえ、人物同定の面では間違いが多かったのであるが。たとえば、ロドス島やカタナやゲラの硬貨がモデルに使われた肖像画の人物としては、マケドニアのフィリッポス、アレクサンドロス大王、リュシマコス、デメトリオス・ポリオルケテス、プトレマイオス五世、アルシノエ、ミトリダテス、ビテュニアのプルシアスなどがいるが、それらのなかには、著者による人名同定がいい加減であったり、あるいはまったくの勘違いを受けていたりする者も数名いる。例を挙げるならば、中世期に広く拡散した誤謬にならうかたちで、ルイユもまたロドス島のディドラクマ銀貨を、ユダが裏切りの代償として受け取った「ローマのデナリウス銀貨」であると言い放っている(第二部、一〇ページ)。また別の箇所では、これらギリシア出土の硬貨の一枚に由来するヘリオス神の正面像を、オシリス神の肖像として複製してもいる(第一部、一七ページ)。さらにはルイユがディオニュソスだとして提示する図像は、実のところ、カタナ出土のシレノスの頭部を描いた硬貨から描き起こしたものであるし(三〇ページ)、ゲラのディドラクマ銀貨には人頭の雄牛の姿が描いてあり、これはその地方の河神を表象していたのだが、その図像がミノタウロスのものだと解釈されている(四〇ページ)。さらにはフルヴィオが犯した過ちを繰り返すかたちで、エジプトのプトレマイオス王朝に由来するアルシノエ女王の硬貨を、クレオパトラのものだとしてしまっている(一七〇ページ)。それから、イタリア人メダル・コレクターたちが犯したのと同じミス、すなわち、マケドニア出土の金貨に描かれていた兜をかぶったア

ASPASIE, fille d'Axiochus Mileſien, fut fort ſauante en l'art oratoire : & Pericles s'enamoura tellement d'elle, qu'il en delaiſſa ſa femme (auſsi luy & ſa femme ne s'accordoyẽt pas fort bien) & print ceſte-cy en mariage: elle fut cauſe de grãdes guerres: Pericles l'ayma tãt que toutes les fois qu'il entroit en ſa maiſon, ou qu'il en ſortoit, il la baiſoit. Voyez Plu. en la vie de Peri.

PERICLES, Capitaine des Atheniens fort preux & ſage, fut enuoyé auec le Poete Sophocles, en guerre contre les Lacedemoniens, qui faiſoyent grand degaſt au païs des Atheniẽs: mais ce Pericles les repoulſa ſi bien, & tant gaſta leur païs auſsi, qu'il les contraignit faire tréues de 30. ans. toutesfois ſe rebellerent 15. ans apres, & vindrent courir derechef ſus les terres des Atheniens, y faiſans grans dõmages, fors qu'aux terres de Pericles: qui laiſſa paſſer ceſte fureur pour ceſte fois: puis y retourna, & pilla tout leur païs, ſi qu'ils renouuellerẽt tréues, & les feirẽt pour 40. ou 50. ans, qui n'en durerẽt toutesfois que ſix. Ce fut en l'an du monde 3536. auant la natiuité de Ieſus Chriſt 426. ans. & lors recommẽça la guerre mortelle entre les Grecs, appelee Peloponneſiaque, qui dura 27. ans, laquelle eſt deſcrite par Thucydides & Xenophon. Si mourut Pericles apres qu'il eut gouuerné les Atheniens par 40. ans. Anaxagoras fut ſon precepteur, qui le rendit ſi eloquent que les Poetes Comiques l'appeloyent Olympius, à raiſon qu'il eſtoit ſi ardent & vehemẽt en ſes harangues, qu'il ſembloit foudroyer ou tonner. Thucydides luy fut cõtraire en l'adminiſtration de la choſe-publique, & le reprenoit de ce qu'il faiſoit pluſieurs baſtimẽs des deniers communs: mais le peuple fut pour luy, reſpondant qu'il pouoit bien baſtir des deniers publics. Voyez Iuſtin li. 3. & Plutar. en la vie de Pericles, & les apophth. d'Eraſ. li. 5. & 8.

図 50：ルイユ『プロンプトゥアリウム』（リヨン、1553 年）、第 1 部、119 頁、アスパシアとペリクレスの肖像

テナ像を、アレクサンドロスだと見なす間違いをしでかしてもいる(一三二ページ)。一方で、本物のアレクサンドロス大王の頭部像は、その配下武将であるリュシマコスのテトラドラクマ銀貨に描かれていたのだが、銀貨には武将のほうの名が刻まれていたものだから、ルイユはこれをリュシマコス(のちのトラキア王)のものだとやってしまっている。一方で、アレクサンドロスの父親であるフィリッポスの肖像に使われているのは、実際には、そのフィリッポスが鋳造したテトラドラクマ硬貨のひとつに刻まれていた、月桂冠をいただいたゼウスの姿であった(一二七ページ)。ただしルイユの名誉のために言っておくなら、ヘレニズム期の王たち、すなわちデメトリオス・ポリオルケテス、ビテュニアのプルシアス、ミトリダテス大王の肖像については、それぞれ当該人物を描いた古銭から正確にとられている(一三五、一四〇、一四八ページ)。あと、プトレマイオス二世フィラデルフォスのものとして提示される肖像画が、実はそのひ孫にあたるプトレマイオス五世エピファネスの硬貨からとられたものであるのだが(一三九ページ)、まあこの程度のミスならば許容範囲といえるのではないだろうか。

一五七七年、ルイユは『プロンプトゥアリウム』の第二版を世に送る。およそ一〇〇名分の新たな肖像画が第二部に加えられ、その大半が同時代の君侯、法学者、文人たちであった。この増補は、著者が読者とかわした約束を果たしている。というのも彼は初版の序文において、『プロンプトゥアリウム』はこの世に人並みすぐれ、天賦の才を持つ人士がいる限り、今後も増補・増刷され続けるであろう、と書いていたからだ。第二版に投入された新カットは二一〇ページ目から姿を現す。まず最初に十五世紀フィレンツェの人文主義者マルシリオ・フィチーノとポリツィアーノがお目見えし、それに続いてミケランジェロとラファエッロが来る。この偉人の殿堂にこのたび新たに加えられた文豪や芸術家は、ざっと以下のような人々である——エラスムス、ビュデ、ピエトロ・ベンボ、アルブレヒト・デューラー、パオロ・ジョーヴィオ、アルチャート、コンラート・ゲスナー、ピエール・ロンサール、アリオスト、アレティーノ、リヨンの詩人モーリス・シェーヴ。また近代科学はパラケルススならびにヴェサリウスによって代表され、一方政治の世界はフランス国王フランソワ二世、シャルル九世、アンリ三世らの時代まで達し、他にも皇帝マクシミリアン二世、スルタンのセリム、教皇グレゴリウス十三世らが顔をそろえている。これら新しい肖像画を手掛けたのはコルネイユ・ド・ラ・エで、なかには一度見たら忘れない珠玉の作品も含まれている。たとえば、利発そうな若き日のナバラ王エンリケ――後のアンリ四世――や、その妻で、口をつんとすぼめたマルグリット・ド・ヴァロワなどの肖像が光っている（二九四ページ）。

『プロンプトゥアリウム』の肖像画は年代順に並べられてはいるが、アルファベット順の索引が用意されているため、事実上この本は伝記辞典としても読めるようになっている。これは、折にふれて本書を取り出しては、あれこれと調べ物をする中流階級の読者にとっては、このうえなく便利なことだったに違いない。たとえば、ピッタコスだの、ゼルバベルだの、キュリスケレベスだのといった耳慣れぬ名を引くのに、ずいぶん助かったはずだ。それから、女性著名人の割合が多いという点――およそ全体の四分の一程度――は、どこかしら女性の嗜好に応じる傾向があったこの著名人伝という文芸ジャンルに、うまく合致した特徴といえる。そもそもこの種の著作は、増加しつつある、読み書きのできる上流階級やブルジョワ階級の女性にうったえ、彼らの子女の教育のよすがとなるべく想定されていた面があったのである。歴史上の著名人を集めた現代の要覧のなかで、これほどまでに女性の比率が高いものを見つけるのは、難しいだろう。そして一五五三年に三か国語で出版されたルイユの著作のうち、二つ――フランス語版とイタリア語版――までが、高い教養を誇る貴婦人として名高いカトリーヌ・ド・メディシスならびにマルグリット・ド・フランスに捧げられているのは、決して偶然ではなかったのである。

『著名人の肖像』や『プロンプトゥアリウム』などといった肖像画本は、民衆の人気が高く、それこそ印刷業者にとってはもうかる製品であったように思われるのだが、ではこれらを古銭学や関連学問の真摯な学術著作と言えるかというと、それはちょっと難しい。この手の本に掲載された伝記記述の部分は、それ以前に出版された古代史の入門テキストのたぐいから、時として無批判に引き写したりパラフレーズしただけだったりする。種本となったお手軽な古代史便覧としては、アウソニウスのエピグラム集や、ヨハンネス・バプティスタ・エグナティウスの『皇帝について』などがあった。この種の本のなかには、あまりに陳腐でぞんざいな仕方で編まれたもの――たとえばリヨンのアルヌーイエによって一五五〇年に印刷された『皇帝伝』などがその典型で、おそろしく粗雑な肖像画を収録した小型本であった――なども あって、そういった作品を見るにつけ、もともとはグラマー・スクールの学童たちに向けた古典古代史入門用に意図されたものか、あるいは図版がたっぷりと盛られたお手軽な要約版の古代史を好む一般読者向けに作られたのではないか、と結論せざるを得ない。

十六世紀も半ばごろになると、こういったお手軽著作は、たとえばヤコポ・ストラーダのようなレベルの高い通人やコレクターにとっては、戸惑いを隠せない存在となった。そのストラーダは一五五三年に、こういった本の出版者や挿絵画家たちを指して、「傲岸にして無知」な連中だと非難を浴びせている。[12] またル・ポワは、これらの書物に収録されている肖像画を「見せかけだけの偽物にして、ねつ造された代物だ」と難詰しているが、これはまったく正しい発言だ。一五一七年出版の『著名人の肖像』では、収録図版二〇四枚のうち、真正の古銭に基づいた肖像画はわずか八〇枚にすぎなかった。ねつ造画に対する真正の肖像画の割合は、ルイユの『プロンプトゥアリウム』になると、さらにぐっと下がる。そのルイユ自身、この手の非難に無自覚であったわけではない。というのも序文で彼は、収録図版の多くに信頼できる出典が存在しないことを、とくに言い訳もせずに率直に認めているからで、そんな自分の先例として、オリュンピアのゼウス像を引いている。なぜならこの像だって、彫刻家フェイディアスが得た天来の感興に基づき、ホメロスの記述から得た多少の手掛かりも交えつつ、想像で彫りあげたものだからというのだ。[13] 十六世紀も末葉となると、純粋主義者たちからの批判も徐々に功を奏してきたようで、古銭学文献のなかでも最も一般大衆向けであったこのジャンルにおいても、もはや芸術家の想像力の自由な飛翔は許されなくなっていった。一五九九年にライデンのクリストファー・ラフェレンギウスによって出版された『ローマ皇帝の肖像と伝記』には、出版者が付した序文が収録されていて、こんな説明を加えている――古銭に彫られた顔が見つからない皇帝たちについては、メダル風装飾の部分を空白のまま残すことといたしました、「他の多くの者どもがやっているように」でっちあげの肖像を収録するよりはよいと判断したからです。[14]

古銭学的「肖像画付き著名人伝」が誕生し、人気を獲得したことと、観相学なる学問が当時広く受け入れられていたこととは、無関係ではなさそうだ。この観相学は十六世紀初頭に、ポンポニウス・ガウリクスにこう定義されている。「身体に現れた徴候から、魂の質を推察するための一種の観察学のこと」[15]。ボローニャのバルトロンメオ・デッラ・ロッカは自らをコクレス〔片目〕と称していたのだが、自著『手相術と観相学の蘇生』(一五〇三年)の中で、自分は、この長きにわたって忘却の淵に沈んでいた古代科学の「アナスタシス」、すなわち「蘇生」に着手したのだ、と言っている[16]。当代のカリオストロ伯爵とでもいえそうなこのコクレス殿は、観相術のことを、占星術や夢解釈や手相学と密接に関連した、秘密の聖なる術であると見なしていた。そんな彼の著作は国際的な流行を閲《けみ》し、多数の版を重ね、縮約版や模倣作を生み出すにいたった。そして十六世紀の中葉までには、コンラート・ゲスナーをして、その著作『万有文庫』の数ページを、観相学文献に割かざるを得なくしたのである[17]。

観相学は、十六世紀の魔女狩り指南書のいくつかにおいて、他のさまざまなオカルト学と同列に置かれて非難されている。そしてコクレスならびに他の観相学者たちの著作は、『禁書目録』に登録されるに至っている[18]。とはいうものの、教会の著作家のなかには、もし人の性格の特徴を明らかにするにとどまり、ゆめ未来の予言などをしないのであれば、という条件付きでこの学知の有効性を認める者もいたし、医師たちはこの術を、体質を判断し、病気の原因を知るための手段と位置付けていた[19]。観相学に関する古代ギリシアの権威たちへの関心が十六世紀に復活したが、すでにヘレニズム時代にも、類似の流行は起こっていた[20]。アリストテレスに帰される『観相学』のラテン語版の初版が出たのが、一五一七年のこと。これは、『著名人の肖像』が出版された年にあたる[21]。タムシン・バートンが指摘しているように、古代世界における観相学の実践は、修辞学および政治学と密接な関連があった。目に見える特徴をもとに、個人なり集団なりをカテゴリー分けすることを、弁論家たちに可能にする術であったからだ。また表情の分析に訴えることにより、選挙演説の場面で科学的根拠に基づいて、ある立候補者が本性的にそなえるリーダーシップを証明することもできたし、逆に対立候補の本性を科学的にこきおろすことも可能であったのだ[22]。視と知と権力の混合(ヴォワル(*voir*)、サヴォワル(*savoir*)、プゥヴォワル(*pouvoir*)は、バートンの著作が提示した公式であった)こそは、フルヴィオおよびその追随者たちによる印刷された肖像画コレクションの人気を支え、権威を付与することに、確実に貢献したのである。

ローン・キャンベルの考えでは、ルネサンス時代には「観相学の定めるあれこれの原理はごく限定的なかたちでしか、肖像画研究に関連しなかったようだ」。たしかに、レオナルド・ダ・ヴィンチのような懐疑主義者も、当時は数多くいたわけである。レオナルドは弟子たちに「偽りの観相学や手相術なんぞ捨ててしまえ」とけしかけている。「なぜなら、そのような空想の産物は、なんらの科学的根拠をもたないからだ[23]」。レオナルドに言わせれば、顔の線や手のひらの皺に何の共通点もない多くの人々が、まったく同じ時に、同じ場所で、戦闘や船の難破で命を落としてきたのである。とはいえ、この画家の懐疑主義的な態度は、もっぱら予言――とりわけ、ある人物がどこで、どのような仕方で死ぬのかを言い当てる予言――のために観相学を用いることに対してであったことは、明らかである（この種の商売こそは、コクレスが秀でていたであろうと予想される生業であった）。というのも、一方でレオナルドは次の点を認めているからである。「顔の特徴は、人間の特性の何がしかを表し、その悪徳やら、個性やらを示しているのである[24]」。そのうえ、もしパオロ・ジョーヴィオやその他の熱心な人々が、人の特徴はなんらかの仕方で容貌のうえに表われるものだという確信を抱いていなかったのだとしたら、なぜあれほどの苦労を買ってまで、著名な偉人達の肖像画の蒐集と出版などという事業を行なったのか、およそ理解に苦しむことになるだろう。一五五三年版の『プロンプトゥアリウム』の序文において、ルイユはこう主張している。古代人たちのメダルは、学者たちによって熱心にコレクションされているが、その理由は次のような具合である。「観相学の方法論を用いれば人の顔の上に、あたかも心を映す澄んだ鏡のごとく、その人物がいったいどんな人格であるのかを推察することができるのだ。なぜならば、賢人たちも述べているように、精神は容貌によって明らかにされるのであるから[25]」。

第10章 「書物が語らぬ多くのことを教えてくれる」——十六世紀の硬貨本とエンブレム本

エネア・ヴィーコによる一五四八年出版の『裏面もすべて含めた皇帝の図像』の登場とともに、それまでの肖像画コレクションに、新しいタイプの古銭学書が加わった。すなわち、ローマ硬貨の裏面の図像ならびに刻銘も図示・記述され、解説が加えられるようになったのだ。まだヴィーコの本では、硬貨裏面が何の解説も付されずに転写されていただけであったが、それがエリッツォ（一五五九年）ならびにランディ（一五六〇年）の著作になると、裏面についても長尺の説明がなされ、それらが意味する寓意・神話・歴史上の意味をあれこれと考察するようになる。硬貨の裏面は、ギヨーム・デュ・シュールの人気作『古代ローマ人たちの宗教に関する議論』（一五五六年）でも、やはり広範に図解されている。裏面はそれ以前にも、決して無視されてきたわけではない。ルネサンス期の芸術家たちはしばしば硬貨の裏を模写したり、その図柄を転用したりしていたし、人文主義者たちも著作でときおり引用することがあった。たとえばフラヴィオ・ビオンドは間違って、サンタ・マリーア・イン・コスメディン教会そばの円形神殿をウェスタの神殿だと同定しているが、これは同女神の神殿を描いたローマ硬貨に基づく推測であった(1)。しかしながら、初期の古銭学書の著者たちは、ペトラルカ以降の古銭コレクター同様、主として表面の肖像画のゆえにこれらの硬貨を賞翫していたのである。裏面への明らかな興味は、むしろ唐突ともいえるかたちで十六世紀の中葉に出現するのだが、それは、エンブレムならびにマニエリスム時代特有の複雑な象徴学《シンボロジー》に対する、時代の新たな嗜好によって刺激された結果のように思われるのだ。アンドレア・アルチャート『エンブレム集』（一五三一年）を嚆矢とする、寓意的な図案で飾られた書物は、その収録イメージの多くが複雑かつ偏倚であり、絵にこめられた倫理的および哲学的な教訓を解き明かす、エピグラムなり注釈なりが添えられていた。この種の本が、徐々に人気を博すようになったのである。[2]

十六世紀の硬貨本とエンブレム本との関係は大変密接なもので、両者が重なり合う瞬間も幾度となくあった。アルチャート自身にしてからが、古銭を蒐集し、二編の度量衡学系の古銭著作を残している。ひとつは『目方と尺度の書』といい、ギリシアとローマの硬貨のさまざまな単位を論じたもの。もうひとつは、『現代に換算された古代の硬貨について』で、古代と当時の貨幣価値を比較したものであった。[3] アルチャートならびに他の十六世紀のエンブレム作家たちのおかげで、ローマ硬貨の図柄のいくつかが、そのままの形でエンブレムの標準的なレパートリーの中に取り込まれてもいる。たとえば以前にも触れた、錨に巻きつくイルカだとか、あるいは「三月十五日」（という銘を持つ）ブルートゥスのデナリウス貨から取った自由帽と短剣〔扉参照〕だとか、アス銅貨から取った双頭のヤヌス神などである。[4]

ヨハンネス・サンブクスの『エンブレム集』は、初版がアントウェルペンで一五六四年に出版された（図51）著作であるが、中心となる寓意・教訓的なエンブレム群に、一連のローマ硬貨の木版画がいっさいの注釈なしに加えられている。[5] 詩人にして歴史家、そして医師でもあったハンガリー人サンブクスは、ヨーロッパを広く旅して学問の研鑽につとめたのち、ウィーンに落ち着いて皇帝マクシミリアンの宮廷歴史家兼司書の職についた。[6] その地で古代遺物や貴重な手稿の膨大なコレクションを築き、また西ヨーロッパの多くの古物研究家たちと書簡で交流があった。『エンブレム集』に収録された古銭図版集にも実際、著名な愛書家でフランス王の宝物管理人であったジャン・グロリエ宛ての献辞がその冒頭に付されている。[7] それを読むと、二年前にサンブクスがパリに滞在した折、グロリエとほぼ「毎日のように」時を過ごしたこと、そして今、その折の恩義に報いるべく、これらの硬貨を彼に捧げるのだというサンブクスの意図を知ることができる。この一節が示唆しているのは、掲載された硬貨はサンブクス自身のコレクションを描いたものではなく――そのような仮定をたてた研究者もいたが――、むしろサンブクスがグロリエに、オリジナ

EMBLEMATA,
CVM ALIQVOT
NVMMIS ANTIQVI
OPERIS, IOANNIS
SAMBVCI TIRNAVI-
ENSIS PANNONII.

ANTVERPIAE,
EX OFFICINA CHRI-
STOPHORI PLANTINI.

M. D. LXIV.

CVM PRIVILEGIO.

図51：サンブクス『エンブレム集』（アントウェルペン、1564年）、タイトル・ページ

ルの書簡に添えて贈った硬貨セット一式を記録したものだということである。サンブクスの伝記を書いたルノルダンは、人文主義者たるものがこのようなかたちで、エンブレム本の付録として硬貨を出版した点に失望し、困惑を隠せないでいる。硬貨には注釈もなければ、順番に秩序らしきものも見られないものだから、「かかる出版は、古銭学にとってなんの重要性も持ち合わせない代物だ(8)」というのである。だが我々はすでに、サンブクスによる「古代研究」と題したエンブレムにお目にかかっている。そこでは、古代世界の遺物から得られる「良き果実」のなかに、古銭も数え上げられていたのだった(9)。古銭とは、現在エンブレムとして成立した文学形式の古代におけるひな形であり、古《いにしえ》の美徳と知識を我々に教示し、「書物が語らぬ多くのことを教えてくれるのである」。

サンブクスの『エンブレム集』初版に収録された二三枚の硬貨（のちの版ではその数が四四枚にまで増えている）は、ルノルダンが不平をこぼしたように、一見でたらめに並んでいるようにみえる。大半は一世紀から二世紀にかけてのセステルティウス硬貨で、けっこう有名なものばかりである。たとえば、彫刻が林立するコンコルディア神殿のファサードを描いたティベリウス帝の硬貨だとか、あるいはハドリアヌス帝の「軍隊《エクセルキトウス》」（の銘を持つ）銅貨などだ。後者は、帝国各地の軍団の名誉のために鋳造された硬貨で、軍隊に赴くかあるいは挨拶を送っている馬上の皇帝の姿が描かれていた。ほかにも、凱旋用の四頭立ての馬車や三段櫂船、あるいは演説《アドロクティオ》や施し《コンギアリウム》の情景を描いたものをはじめ、よく知られたタイプの硬貨が収録されていた。そのうちの一枚、“TRIVMFATOR GENT. BARB.”（「蛮族に対する凱旋将軍」）なる刻銘が刻まれたホノリウス帝の硬貨は、帝国後期に典型的に見られる、プロポーションのゆがみや巨大な目の表現などを示している（図52）。プランタン出版のお抱え絵師はそのゆがみを忠実に写し取ったため、古典風の端麗な頭部像が居並ぶなかで、一枚だけピカソ風のシュールな肖像になってしまっている。また、“DIVO TRAIANO AVGVSTO”（「神君トラヤヌス・アウグストゥスに」）と刻まれ、トラヤヌス帝の胸像が描かれた有名なコントルニアート貨も一枚あり、その裏面にはひとりの男――おそらく占星術師か哲学者――が椅子に座り、その手前には黄道十二宮《ゾディアック》の記号を刻んだ盾ないし円盤が、後ろにはミネルヴァ女神の立像が描かれている。サンブクスの硬貨図版集には、ギリシア語の皇帝硬貨も三枚含まれており、ルネサンス期のコレクターの蒐集棚には、この種のサ

図52：サンブクス『エンブレム集』（アントウェルペン、1564年）、234ページ、さまざまなメダル

ンプルがけっこうな比率で含まれていたことを思い出させてくれる。一枚は、イリオンで作られたコンモドゥス帝の硬貨で、ヘクトルを載せた戦車を描いている。別の一枚はペスケンニウス・ニゲル帝の硬貨で、アスクレピオス神と蛇が巻きついた杖を描いている、そして三つめが、マルクス・アウレリウスを描いたアレクサンドリア産の見栄えのする一枚で、オルフェウスが竪琴を奏でて（図52）、サルやライオンやさまざまな鳥を含む動物の群れを馴致している情景が描かれている[10]。

サンブクスがエンブレムのレパートリーを広げるために、なぜこれらの硬貨セットをわざわざ選んだのかという点については、推測してみるよりほかない。彼が所有していたコレクションには、これよりも多くの銅貨が含まれていたことは確かである。しかしながら、ここに選別された二三枚の硬貨は、裏面のデザインが可能な限り多彩になるように選ばれたように見える。いわば、ローマ帝国の一種のミクロコスモスである――それはテーブルの上に並べることができる、古代社会版レヴィ＝ストロース的思考の相同物とでもいおうか。兵団や船隊の遠征あり、凱旋あり、公共政治あり、はたまた神話や儀式、寓意的な図像に大建造物までありの世界であった。古典世界における音楽や医学でさえも、ギリシア語（の銘を持つ）硬貨の内に表象されているし、学術研究はトラヤヌス帝のコントルニアート貨に表されているのである。

サンブクスによって収録された硬貨図版は、五つの首が描かれた最後の一枚（図53）をのぞけば、いずれもみな真正の古代品だったようである。最後のものは、中央の髭頭のみ正面向きで、それを四つの首が取り巻いている。この奇妙な図版の上に、短くこんな文章が――「一年の四季、フォンテーヌブローの大変価値ある王の硬貨の上に」。ここでいう「王の硬貨」とは、フォンテーヌブロー宮城にある王のコレクション中の一品、という意味と解釈できる。もちろんこれとは違って、サンブクスはここで、ローマの初期の王たちによって鋳造された硬貨のことを意図していると もとれよう。この場合、のちの時代の「共和政期の硬貨」や「帝政期の硬貨」と対比している、と解するわけである。だがサンブクスの博識をもってしても、この硬貨を正しく解釈することはできなかったようだ。というのもこの最後の一枚は、実際には近代に鋳造された聖なる主題の硬貨と見えるからである。すなわち、キリストの頭部を

240 I. SAMB. NVMMI VET.

QVATVOR ANNI TEMPORA, IN NVMMO REGIO MAXIMI PRECII IN FONTENOBILI.

EXCVDEBAT CHRISTOPHORVS PLANTINVS ANTVERPIAE, VIII. CAL. SEPT. ANNO M. D. LXIV.

図53：サンブクス『エンブレム集』（アントウェルペン、1564年）、240ページ、「四季」のメダル

悲嘆の人として表し、それを取り巻く四人から、あざけりや殴打の責め苦を受けている場面なのだ。これは、北方のルネサンス絵画においてはよく見られた、受難の図像のひとつである。[11] これを古代硬貨と信じたサンブクスの純真さには驚きを禁じえないが、なおのこと驚くべきは、これをフランス国王に法外な値段を吹っかけて買わせた詐欺師ども――ガブリエーレ・シメオーニのようにイタリア人であったことは間違いあるまい――のつらの皮の厚さである。

フィレンツェ人シメオーニは、詩人、宮廷人、戦士、占星術師として放浪したのち、一五五〇年代にリヨンに定住、古代硬貨に関する書を出版した。他にもインプレーザ集も出しているが、このインプレーザというのは、エンブレムと関連した象徴的な個人の紋章で、時として混同されることもあった。[12] 古銭とインプレーザの関連について、シメオーニは一五六〇年の著作『敬虔なる議論』の中で、明らかにこの二つを結びつけている。彼が言うには、ローマ時代の硬貨の裏面とは「インプレーザ」であり、その最もよく知られた例といえば、ティトゥス帝の金・銀貨に彫られた、錨に巻きつくイルカの標章である、と。[13] 興味深いのは、この同じ著者が、予言や占星術や予兆、驚異譚に関する著作も執筆している点で、たとえば『ガリア人の勝利の予言』（一五五五年）などといったタイトルがある。この小冊子は、リヨンの某墓場で発見された古代の指輪の分析を試みた著作で、そこには、二頭のライオンが引く戦車に乗った一羽の雄鶏の姿が刻まれていた。これは、国王アンリ二世が敵に勝利することを予言したものに違いないのだ[14]という。この手の読み捨てタイプのパンフレットが、十六世紀中葉のフランスの人々が広く抱いていた、深遠な謎だとか秘教だとかいったものへの嗜好を満たしていたのである――シメオーニが、著名な予言者ノストラダムスと書簡のやり取りをしていたのは、偶然ではない――。そしてその同じ嗜好が、古銭に刻まれた図柄や古代に由来するあれこれの図像などを、深遠な謎がいっぱいつまったエンブレムの一種として解釈する傾向を、後押ししていたのであろう。

シメオーニが執筆した二冊の古代学関連の著作――『古代の図解』（一五五八年）および『敬虔なる議論』（一五六〇年）――には、アカデミックな素養を積んだ彼の同僚たち、たとえばラツィウスやエリッツォなどの著作にみられるような博学な議論は、何ひとつ含まれていない。しかし、シメオーニがここに詰めこんだアイデアや思弁は、当時にわかに広がりを見せていた、いわゆる「中級の知的レベル」の人々の教養や嗜好が、いったいどのようなものであったのかを明らかにしてくれるという点で、有益である。そのような読者こそは、リヨンの多産な出版業者ギョーム・ルイユやジャン・ド・トゥルヌの本を手に取る人々を代表しているのである。

『古代の図解』は一種の旅行記で、シメオーニがアントワーヌ・デュプラ三世につき従って、リヨンからイタリアまで旅した際の記録という体裁になっている。デュプラはパリ奉行、すなわちパリにおける王の行政官の身分にある人物であった（図54）。旅の途次で都市に立ち寄るたびに著者は、その地で自分の興味を引いた碑文やら古代遺物やらを説明し、注釈を加えてゆく。テクストのそこここに挟まれた、彫像、浮き彫り、風景、二〇枚ほどの硬貨を描いた一〇〇点あまりの図版は、ジャン・ド・トゥルヌの最高のお抱え絵師であるベルナール・サロモンの手によるものだった。[15] 文体は軽やかで、いたって親しみやすい。シメオーニは、古代の記念建造物の解説の合間に、自分でつくった詩句や創作文章を差しはさむことに、なんら躊躇《ちゅうちょ》も見せない。たとえば、ペトラルカの愛人ラウラを讃える自作ソネットと墓碑銘を挿入したりしているが（一五ページ）、シメオーニはかつて彼女の墓をアヴィニョンに訪ねたことがあった。自然現象や古代世界のさまざまな驚異についての記述も、本書には見られる。たとえばヴァランスで展示されていた、「十五キュービットの背丈」がある巨人の骨格について述べているが、これはある修道士が祈禱書を読みふけりながら、ローヌ河のほとりを散策していた折に発見したものだという（一三ページ）。また、ヴォークリューズのペトラルカの庵跡にシメオーニ一行が立ち寄った際には、その情景の美しさに心打たれ、廃墟と化した詩人の家の壁に、ナイフで自分の名前をごりごりと刻んできたのだという（二九―三〇ページ）。ローマに立ち寄った際には、マルス神の鎧が添えられたウェヌスとクピードーの彫像について記述しており、著者はこれをギリシアのものだと同定している。ギリシアの彫刻というのはたいていヌードであり、逆にローマのものは着衣だからというのだ（五六ページ）。また、ギリシアの作品には「何がしかの秘密や、寓意的な意味」が込められている場合がしばしばで、たとえばこの彫刻なども、色欲の誘惑に盲従してはならないという兵士へのいましめであろう、と講釈をたれたりもしている。ヴェネツィアに着くと、サン・マルコ大聖堂の青銅の馬の像を褒め、これはもともとネロ帝の黄金宮の門を

LES ILLVSTRES
OBSERVATIONS
ANTIQVES
*
DV SEIGNEVR GABRIEL SYMEON
FLORENTIN.
En son dernier voyage d'Italie l'an 1557.

SIC NATI VIDEMVR
VT CONTEMPLEMVR.

A LYON
PAR IAN DE TOVRNES.
M. D. LVIII.

図 54：シメオーニ『古代の図解』（リヨン、1558 年）、タイトル・ページ

飾っていたのではないだろうか、と想像を膨らませている（八〇ページ）。この一節には、凱旋門のてっぺんに乗った四頭立て二輪馬車を描いた、ネロ帝とアウグストゥス帝のメダルの図版が添えられている。シメオーニが描かせたメダルのすべてが、本物の古銭だったわけではない。彼のコレクション中のお気に入りの一品といえば、ソーヌ川の下流の砂地で見つかったシケル銀貨で、一面にはソロモン王の頭部像が、もう一面には王の神殿のファサードが描かれており、"Hamelech Selomoh"すなわち「ソロモン王」という刻銘がはっきりと、近代ヘブライ語で綴られているのである（図55）。

レヌッチから、「宗教、道徳、政治、歴史、天文学、古銭学、考古学に関する知識がごった煮になった、珍妙な著作」と評されたシメオーニの著作『敬虔なる議論』は、やはりシメオーニが手がけた『格言的インプレーザ集』と同じ一五六〇年に出版されている。インプレーザ論のほうは、著名人の個人的なエンブレム（すなわちインプレーザ）を集めたアンソロジーで、『敬虔なる議論』の第二部として読まれるべく想定された作品であった[16]。その『敬虔なる議論』は、何でも知っているウラニオなる人物――明らかにシメオーニ自身の分身――と、知識欲旺盛な弟子のディピストとの対話で構成される。こちらのモデルはアントワーヌ・デュプラ三世のように思われる。例の、若きパリ奉行で、シメオーニが付き添ってイタリアおよび南仏の古代遺跡をいっしょに周遊した人物である。テクストは、エンブレムの本質とは何かをめぐる議論で幕を開けるのだが、これは続く第二部の『格言的インプレーザ集』への伏線として絶妙な出だしだ。ウラニオはそこで、古代ローマの硬貨の裏面はエンブレム的であるという主張を繰り出す。すなわち、その図柄には道徳的ないしは哲学的な真実が込められている、というのだ。すでに見たように、シメオーニはここで、イルカと錨ないしは蝶と蟹の図像をあしらったアウグストゥス帝とティトゥス帝の「急がば回れ」硬貨を例として引く。これらの両イメージは実際、『格言的インプレーザ集』の中で図説される図案に含まれている。登場人物たちの会話はその後、道徳的な問題へと向かってゆく。ウラニオは主張する。貴人たる者、自らより劣ったものに挑発されて闘いに巻き込まれるようなことなど、ゆめゆめあってはならぬ、と。それにかこつけて、彼はかつてフィレンツェのサンタ・クローチェ広場で目撃した、動物の格闘見世物の逸話を語り始める。ライオンはしつこく

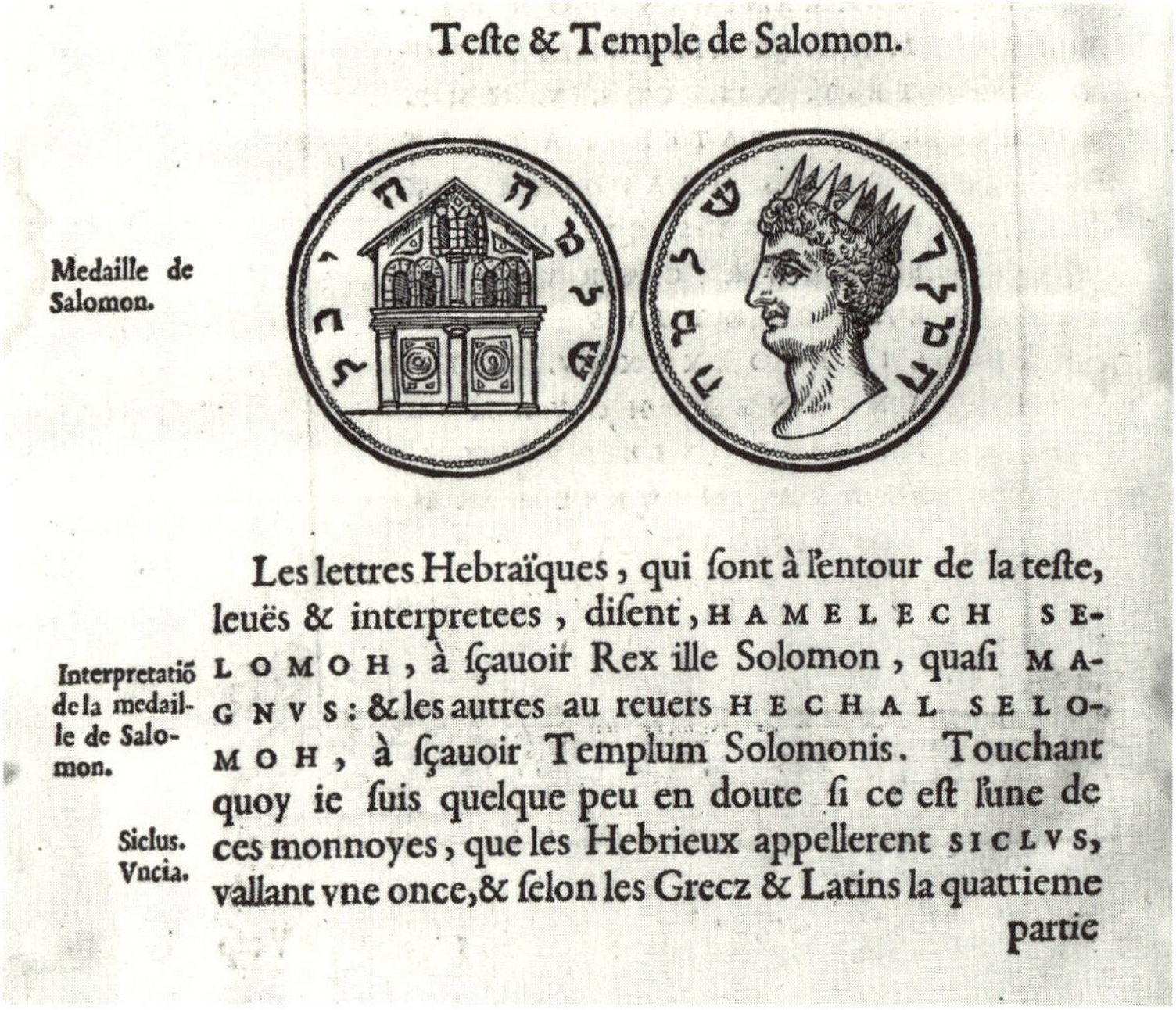
Teste & Temple de Salomon.

Medaille de Salomon.

Interpretatiõ de la medaille de Salomon.

Siclus. Vncia.

Les lettres Hebraïques, qui ſont à l'entour de la teſte, leuës & interpretees, diſent, HAMELECH SELOMOH, à ſçauoir Rex ille Solomon, quaſi MAGNVS: & les autres au reuers HECHAL SELOMOH, à ſçauoir Templum Solomonis. Touchant quoy ie ſuis quelque peu en doute ſi ce eſt l'une de ces monnoyes, que les Hebrieux appellerent SICLVS, vallant vne once, & ſelon les Grecz & Latins la quattrieme partie

図55：シメオーニ『古代の図解』(リヨン、1558年)、130頁、ソロモンのメダル

ちょっかいを出してくるヤギには目もくれなかったが、闘技場に猛り狂った牛が入ってくるやいなや、これに猛然と襲いかかったという。

と、『敬虔なる議論』はこんな具合にすすんでゆく。あるひとつの逸話なり事例なりが、まったく新しいトピックへとつながり、一種の学術的な自由連想が展開されてゆく。議論には木版の図版が添えられているのだが、そのうち二八枚は硬貨を描いたものである。たとえば、アポロンに関する議論がいつしか、この神の崇拝がとりわけ強い地方の列挙になり、なかでもロドスが一番ということで、この島に由来する硬貨の絵が掲げられる、といった具合に。ウラニオはその硬貨に描かれている薔薇とヘリオス神の頭部像の図像に注釈を加え、一体なんでこの硬貨がユダがキリストを裏切って受け取った三〇枚の銀貨と信じられてきたのか、古代ユダヤ人は自分たち独自のシケル銀貨を持っていたというのに、理解に苦しむという。議論はさらに続

いて、今度はフェニキア人たちによる太陽崇拝の話になり、さっそくエラガバルス帝が持ち出され、同帝が鋳造した硬貨のイラストが添えられる、とこんな調子でトピックの連鎖は続いてゆく。

『敬虔なる議論』で展開される、肩の凝らない会話調のスタイルは、実はリヨン在住のイタリア人とフランス人の郷紳たちが、テーブルを囲んで毎日のように、古銭だの古代遺物だのを手に手に、実際に交わした打ち解けた会話を再現したものではあるまいか。たやすくそんな想像がふくらんでくる。しかし時として、著者のシメオーニは奇怪に入り組んだノンセンスの披露に没入してしまうこともある。繰り出されるロジックは、まるで中世のスコラ学者の難解な注釈もかくやだ。たとえば、彼が"aborigine"なる言葉の語源を説明するくだり（七九ページ）など、その典型である。「古代エトルリア人およびアルメニア人たちの言語では、タルムード学者や聖ヒエロニムスによるなら、"ab"は父親を意味し、"ori"は洞窟ないしは洞穴を、そして"genos"は子孫とか後世の人々を表す。すなわち、洞穴もしくは木のうろの子孫たる人々、たとえば世界のはじまりのころに、そのような場所に暮らしていた者どものごとく、その者たちは法も持たねば家もなかった。ちょうどオウィディウスが『変身物語』の第一巻にて、証言しているように。

人が家に住むようになったのも、この時がはじめてだった。とはいえ彼らの家というのは、洞穴であり、密生した茂みであり、樹皮でつなぎ合わせた小枝であった。

これを聞いて若きディピストは、ウラニオの聡明さにすっかり感銘をうけ、ある場面でこんなことを言い放つ。「この世に、あなたほど洗練された観察者が他にいるとは、とうてい思われません」（一九五ページ）。これまでに、そのたぐい稀な博学を後代に伝える記念碑によって、あなたに栄誉が授けられてこなかったことを、遺憾に思います、と若者が嘆くと、賢者は答える。実はまさしく君が言うようなモニュメントを自分で構想してみたのだが、どれ、これからそいつをじっくりと説明してあげようか（二〇二─二二九ページ）、と。ここで語られるのは大変精巧に作られた墓の構想で、それを飾るのは、当人の肖像画、生誕時のホロスコープ、彼の美徳や生涯に成した偉業を要約して述べる長大なラテン語の碑銘（「ソノ思弁ハ明晰デ、判断ハ鋭利……」）、さらには膨大な注釈が必要なエンブレムないしは「ヒエログリフ風」の図像や浮き彫り、などだという。この壮大な構築物を綴るシメオーニの構想は、もし版元のルイユがわざわざそれをメートル・ア・ラ・カペリーヌに依頼して優雅な木版画に起こしていなかったら、狂人の空想ともみなされかねない――実際にティラボスキはそう決めつけている――代物ではあった[17]（図56）。

　サンブクスとシメオーニの著作は、ルネサンス期のエンブレム文献と古銭学文献とが共有していたモチーフやイメージが、どのようなものであったのかを明らかにしてくれる。これら両ジャンルの書物は、その形式や方法論の面で、互いに影響を与えあっていたのである。『ギリシア詞華集』、ホラポッロの『エジプト神聖文字論《ヒエログリフィカ》』、エラスムスの『格言集』、中世時代の『フュシオログス』といった文献が、アルチャート『エンブレム集』およびそれ以降のエンブレム文献の形式、ないしは図式の重要な源泉として、これまで必ずといっていいほど引用されてきた[18]。だが、エンブレムの原型とされるこれらのリストには、アルチャートの本よりも十四年も前にローマで出版された、フルヴィオの『著名人の肖像』を加えるべきなのである。実際この本は開巻劈頭、双面のヤヌス神（図19）をめぐるエンブレム風の解釈談義で幕をあける。それは、のちのエンブレム文献においては、賢慮の寓意像として取り上げられることになるおなじみのイメージだ。フルヴィオの説明によれば、その頭は、「過去を知り、未来を予知した」賢き王の姿を表しているのである[19]。アルチャートのエンブレム書の先駆として見た場合、とりわけ重要なのは、フルヴィオの著作の形式である。すなわち、ほとんどがローマ帝国時代の人物である著名な男女の、硬貨からとった肖像画と短い伝記からなるその構成だ。各ページとも、人物を特定できる銘をともなった肖像画がトップに置かれ、その下のスペースには碑文を彷彿とさせる、その人物の生涯を要約したテクストが置かれる（図57）。この形式は、ルネサンス初期の年代記や「肖像画付き著名人伝」とは異なり、大胆なまでに革新的といえる。たとえば古い形式の典型であるトーマス・オクゼンブルナーの『古代の英雄の系譜集』（一四九四年）などでは、肖像画は本の余白に追いやられるか、あるいは装飾文字のイニシャルの中に組み込まれてしまっているのだ[20]（図58）。アルチャートおよび彼に続く作家たちは、フルヴィオの本と似た構成図式を採用している。すなわち図像とその寸題を、紙面の上半分を占めるかたちで配置し、その下に解説のエピグラムを置いている（図59）。そのうえ、『著名人の肖像』に見られる刻銘、肖像、伝記という三つ組の構成は、エンブレムの三つ組要素たる寸鉄詩、図像、碑銘（あるいは、モットー、イコン、エピグラムの三つ）を思い起こさせる。十六世紀の文学理論家たちの定めるところによれば、この三つ組こそは、正しき

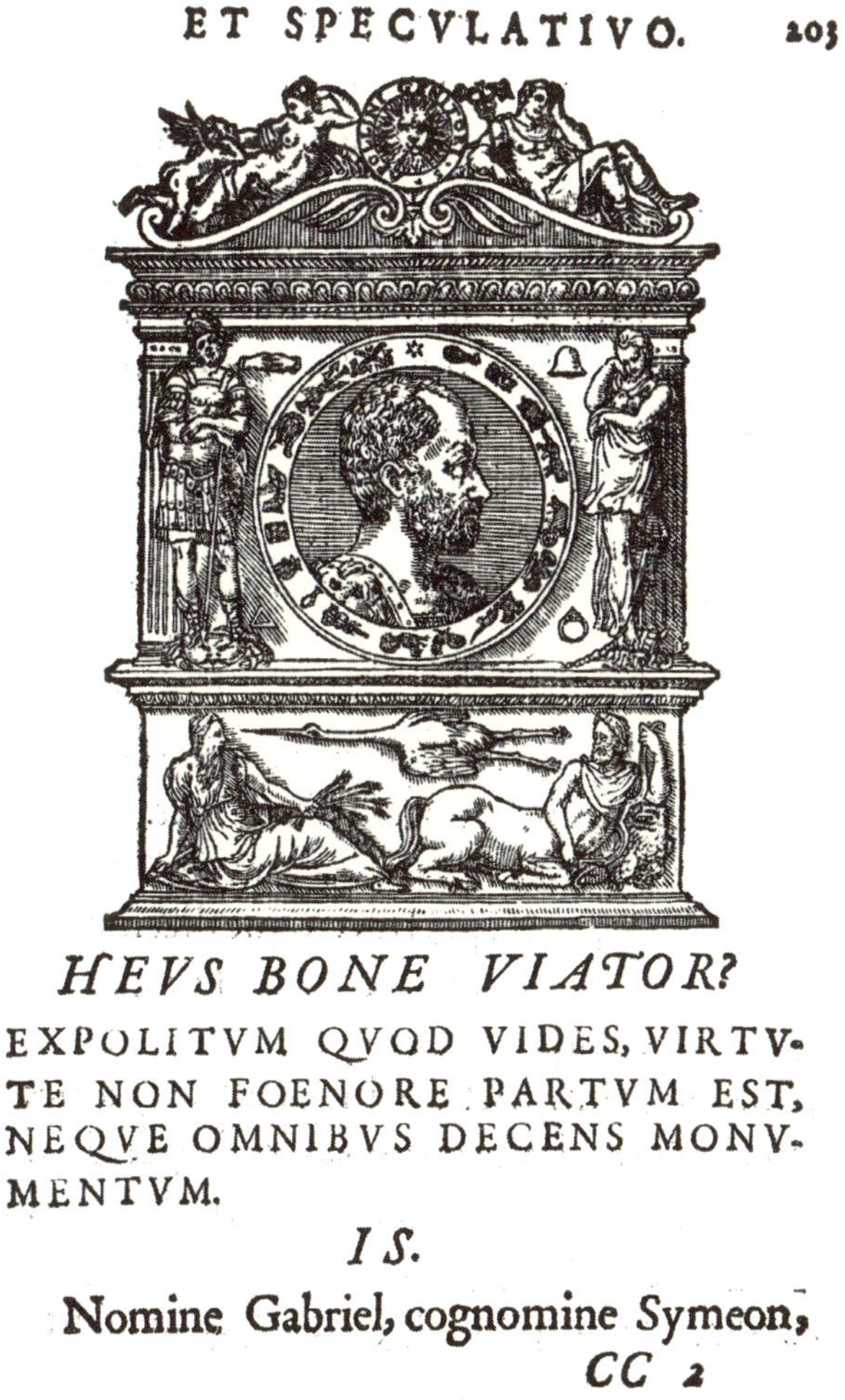

図 56：シメオーニ『敬虔なる議論』（リヨン、1560 年）、203 頁、シメオーニの記念墓碑

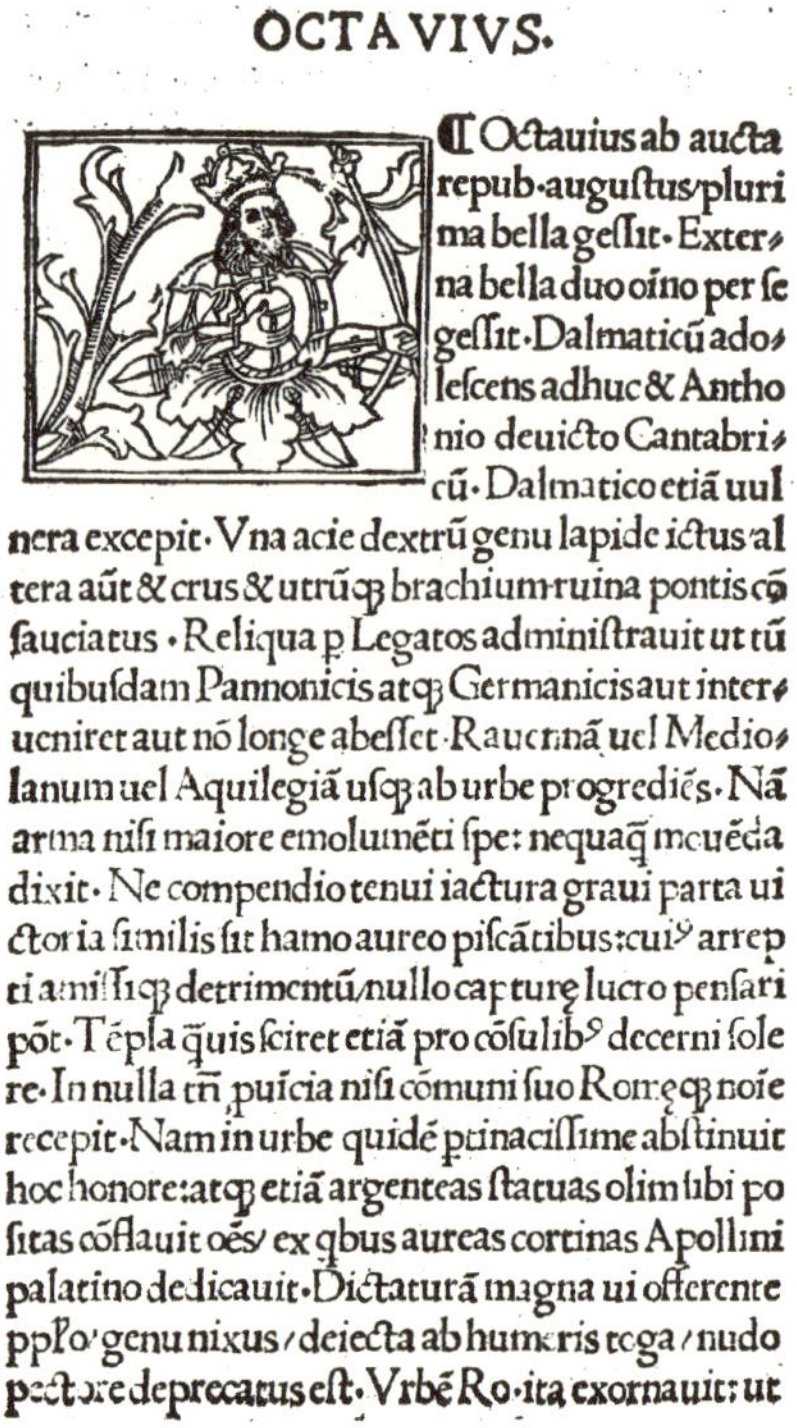
OCTAVIVS.

C Octauius ab aucta repub. augustus/ plurima bella gessit. Externa bella duo oĩno per se gessit. Dalmaticũ adolescens adhuc & Anthonio deuicto Cantabricũ. Dalmatico etiã uulnera excepit. Vna acie dextrũ genu lapide ictus altera aũt & crus & utrũq brachium ruina pontis cõsauciatus. Reliqua p Legatos administrauit ut tũ quibusdam Pannonicis atq Germanicis aut interueniret aut nõ longe abesset. Rauennã uel Mediolanum uel Aquilegiã usq ab urbe progrediẽs. Nã arma nisi maiore emolumẽti spe: nequaq̃ mouẽda dixit. Ne compendio tenui iactura graui parta uictoria similis sit hamo aureo piscãtibus: cuius arrepti amissiq detrimentũ nullo capture lucro pensari põt. Tẽpla q̃uis sciret etiã pro cõsulibus decerni solere. In nulla tñ puicia nisi cõmuni suo Romeq noie recepit. Nam in urbe quidẽ ptinacissime abstinuit hoc honore: atq etiã argenteas statuas olim sibi positas cõflauit oẽs/ ex qbus aureas cortinas Apollini palatino dedicauit. Dictaturã magna ui offerente ppl'o genu nixus/ deiecta ab humeris toga/ nudo pectore deprecatus est. Vrbẽ Ro. ita exornauit: ut

（左）図 57：フルヴィオ『著名人の肖像』（ローマ、1517 年）、f. 26v、M・アグリッパの肖像
（右）図 58：オクゼンブルナー『ローマ著名人史』（ローマ、1510 年）、オクタウィウスの木版画

EMBLEMATVM LIBELLVS. 42

Ars naturam adiuuans.

Vt Fortuna pilæ, cubo ſic inſidet Hermes:
Artibus hic, uarijs caſibus illa præeſt.
Aduerſus uim Fortunæ eſt ars facta: ſed artis
Cum Fortuna mala eſt, ſæpe requirit opem.
Diſce bonas artes igitur ſtudioſa iuuentus,
Quæ certæ ſecum commoda ſortis habent.

F ij

図 59:アルチャート『エンブレム集』(ヴェネツィア、1546 年)、f. 42、「芸術ハ自然ヲ助ケル」

エンブレムに不可欠の要素であった。[21]

『著名人の肖像』が最初期のエンブレム本の形成に影響を与えたとするならば、そうやってできあがったエンブレム本が今度は、ヴィーコ、エリッツォ、ランディをはじめとする十六世紀後半の古銭学者たちの著作に影響を与えていったのである。エンブレム文献は、彼らのために読者層をつくり出したのだ。硬貨裏面の複雑なイメージを見て楽しみ、その価値を正しく認め、付随する手の込んだ解題文を味読する、そんなことができる読者がエンブレム文学のおかげで生まれたのである。セバスティアーノ・エリッツォが一五五九年に上梓した著作『古代メダル論』は、アルチャート風のエンブレム本の構成図式に従って四五〇枚のローマ硬貨の裏面図像を収録し、各図版ごとに、その刻銘と図柄を解説する一〜二パラグラフ程度の解説文を付した（図5）。エリッツォの本は偶然というべきか、ジローラモ・ルシェッリによる序文を掲載している。ルシェッリといえば、インプレーザの重要な蒐集・出版家であった人物である。[22]同様の形式は、コスタンツォ・ランディの著作『古代ローマ硬貨解題集』（リヨン、一五六〇年）にも見られる。ここでは、古代文学、法、宗教、歴史に関するあきれるほどの博学が、古銭図像学の「解題」に注ぎ込まれている。ランディはボローニャで、アルチャートのもとに学んでいるが、同じ学歴はスペイン人司教アントニオ・アグスティンにもあてはまる。彼こそは、おそらく十六世紀でもっとも学識豊かな古銭学文献の著者といえる人物である。[23]アグスティンの著作『メダル対話』（一五八七年）は、ラテン語版とイタリア語版で増刷を繰り返し、十八世紀にいたるまで斯界の権威でありつづけた。[24]同書の中でアグスティンは、硬貨の裏面を、ジョーヴィオやルシェッリらが論じたインプレーザと比較し、硬貨に描かれたさまざまな寓意図像やその意味を、体系的にカタログ化してゆく。[25]要するに、同じ著者、編者、出版者が、十六世紀のエンブレム本と同時代の古銭学文献の両方を手掛けることが多かったのである（たとえばリヨンのルイユや、アントウェルペンのプランタンなど）。そして初期のエンブレム本が、最初の古銭学著作〔フルヴィオ『著名人の肖像』〕に影響を受けたということは、ありそうなことである。エンブレム文献が人気を獲得してゆくにつれて、十六世紀後半の古銭学研究者たちに、コイン研究のための方法論の原型を供給してゆくこととなった。デュ・シュール、エリッツォ、ランディ、アグスティンといった面々は、硬貨表面上の「所与の」

186 *Orphei Musica.*

Ad eundem.

LO, ORPHEVS with his harpe, that ſauage kinde did tame:
The Lions fierce, and Leopardes wilde, and birdes about him came.
For, with his muſicke ſweete, their natures hee ſubdu'de:
But if wee thinke his playe ſo wroughte, our ſelues wee doe delude.
For why? beſides his ſkill, hee learned was, and wiſe:
And coulde with ſweetenes of his tonge, all ſortes of men ſuffice.
And thoſe that weare moſt rude, and knewe no good at all:
And weare of fierce, and cruell mindes, the worlde did brutiſhe call.
Yet with perſuaſions ſounde, hee made their hartes relente,
That meeke, and milde they did become, and followed where he wente.
Lo theſe, the Lions fierce, theſe, Beares, and Tigers weare:
The trees, and rockes, that lefte their roomes, his muſicke for to heare.
But, you are happie moſt, who in ſuche place doe ſtaye: [playe.
You neede not THRACIA ſeeke, to heare ſome impe of ORPHEVS
Since, that ſo neare your home, Apollos darlinge dwelles;
Who LINVS, & AMPHION ſtaynes, and ORPHEVS farre excelles.
For, hartes like marble harde, his harmonie dothe pierce:
And makes them yeelding paſſions feele, that are by nature fierce.
But, if his muſicke faile: his curteſie is ſuche,
That none ſo rude, and baſe of minde, but hee reclaimes them muche.
Nowe ſince you, by deſerte, for both, commended are:
I chooſe you, for a Iudge herein, if truthe I doe declare.
And if you finde I doe, then ofte therefore reioyce:
And thinke, I woulde ſuche neighbour haue, if I might make my choice.

Horat. Art. poët. *Syluestres homines ſacer interpreſq. deorum, Cædibus & fœdo victu deterruit Orpheus; Dictus ob hoc lenire tigres, rapidóſq. leones.*

E. P. Eſquier.

Propert. lib. 2. de Lino. *Tunc ego ſim Inachio notior arte Lino.*

De Amphione Horat. in Art. poët. *Dictus & Amphion Thebanæ conditor vrbis Saxa mouere ſono teſtudinis, & prece blãda Ducere quò vellet, &c.*

In ſta-

図60：ホイットニー『エンブレム選集』（ライデン、1586年）、186頁、「オルフェウスの音楽」のエンブレム

情報――刻銘と図柄――を、モットーとイコンの組み合わせからなるエンブレムないしはインプレーザとみなす。そして硬貨に秘められた道徳・哲学・歴史的な意味を明らかにすべく、図柄や刻銘を詳細に調べ上げ、博学な説明を付すことで、古銭学という学問領野を前進させていったのだ。

十六世紀において古銭学とエンブレムがいったいどれほど密接に重なりあっていたのかは、サンブクスが『エンブレム集』の付録に選んだギリシア＝ローマ期の青銅貨がたどった数奇な運命を追いかけることで、おそらくうまく要約できるのではないだろうか。一五八六年、ライデンの書肆プランタンはサンブクスの本から五〇点あまりのエンブレムを選び、それをユニウス、アルチャート、ベザ、ボッキウスらの本から選別したものと組み合わせて、英語で初のエンブレム本となるジェフリー・ホイットニーの『エンブレム選集』を編んだ[26]。もちろんのこと、サンブクス『エンブレム集』に付録として収録された古銭図像リストは、この選集のためにドーヴァー海峡を渡ることはなかった。その付録中の一点、アレクサンドリア産のマルクス・アウレリウス帝の銅貨の裏面図像で、動物を馴致するオルフェウスの姿が描かれた一枚をのぞいては（図52）。もともとは古銭の図柄であったこのイメージが、エンブレムの形をまとってホイットニーの英語の本に紛れ込んでいるのである――「見よ、オルフェウスがその竪琴をもって、野生のものどもを飼い馴らす」（図60）。詩人はこの神話を解釈して、粗忽で残忍な性格の人間をなだめるには、穏やかで心地よい弁論を用いるのだという教訓として受け取っている。こんな具合に、サンブクスが古銭学の分野で行なった活動のささやかな一部が、エリザベス朝人士たちの道徳教育に貢献をしたわけである。

第11章 「多大な労苦なくしては」——十六世紀後半の壮大な硬貨集成プロジェクト

硬貨裏面への新たな興味と結び付いた、ある瞠目すべき現象といえば、十六世紀の第三四半世紀に出来した、ローマ帝政期の全硬貨をあますことなく網羅し尽くそうとする数々の気宇壮大なプロジェクトである。この時期、ストラーダ、ラツィウス、ヴィーコ、ゴルツィウスといった面々が、次から次へとその種の壮大な企図を宣言し、着手していったのだった。ヤコポ・ストラーダの『古代宝物要覧』（一五五三年）は、著者自身が序文で述べているように、四巻本で構想された全皇帝の伝記を収録した著作のほんの要約版にすぎず、完全版のほうでは各皇帝の全メダルに、なにがしかの記述が割かれる予定であったという。[1] またヴォルフガング・ラツィウスは、著作『古代貨幣に関するまぎれもなく最大規模の注釈書からのささやかな見本』（一五五八年）（図61）に収録された、皇帝顧問官にして将軍職にあるマルティン・グスマンに宛てた献辞の中で、読者にこう請け合っている——お手元の本は、やがて出版されるであろう大部の著作のほんの「序曲」にすぎませぬ。本編のほうでは、古代世界の歴史を包括し、七〇万枚（*DCC millia nummorum*）の硬貨を収録予定で、その一枚一枚について、刻銘と図柄の詳細な解説が付されるでしょう。

ラツィウスはウィーン生まれの医師で、西ヨーロッパ諸国を広く旅しては、古い手稿や年代記、硬貨、印章、古代の甲冑をはじめとする歴史上の珍貨奇宝を集めてまわった。愛国心が強く、熱心なハプスブルク党であった彼は、オーストリアの長大な歴史を執筆した。現在もその原稿がウィーンの国立図書館に所蔵されているが、印刷されたのはそのごく一部で、一五四六年上梓の『オーストリアのウィーン』がそれにあたる。[2] また地図作製法の研究も行な

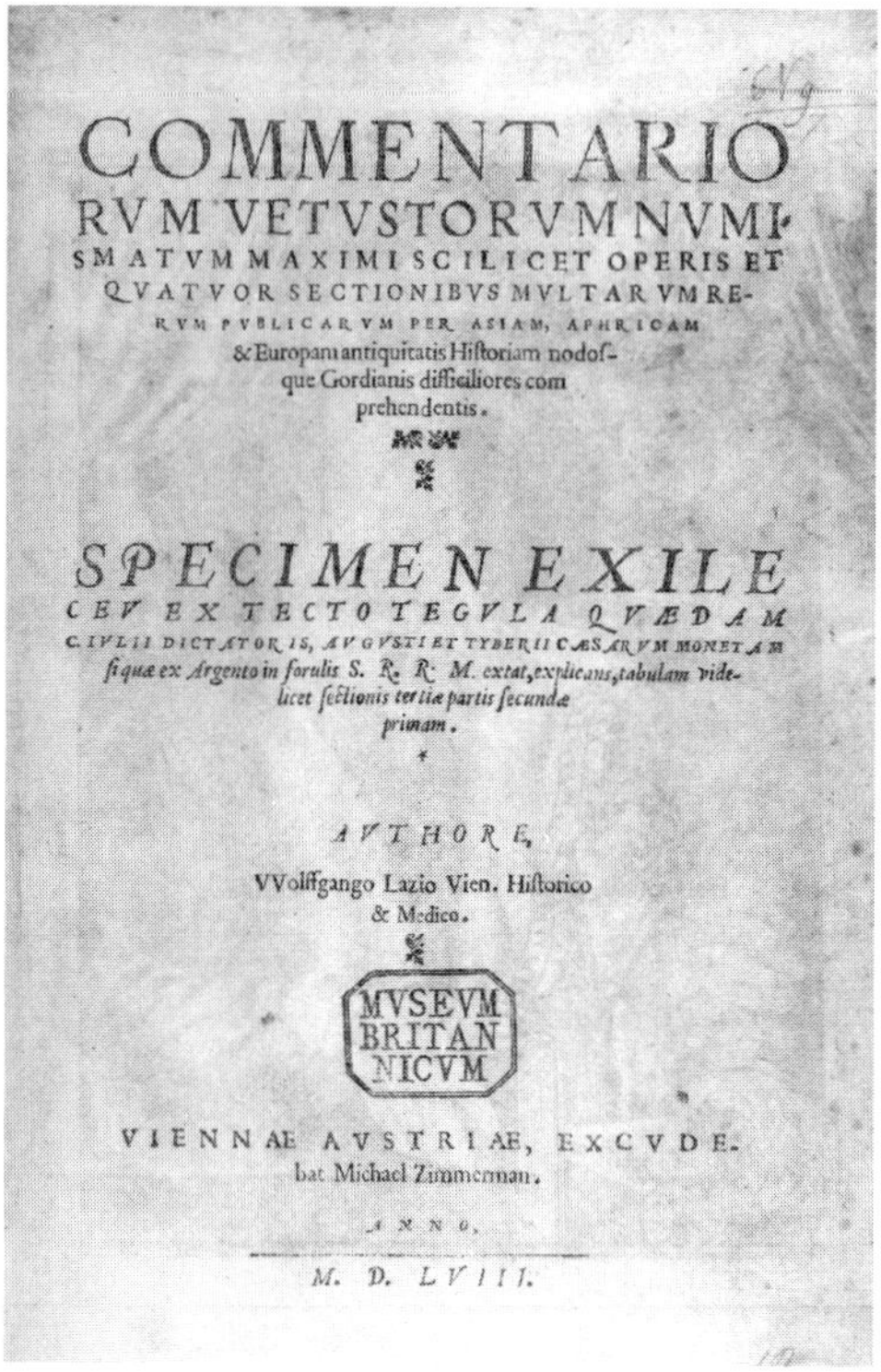
COMMENTARIO
RVM VETVSTORVM NVMI-
SMATVM MAXIMI SCILICET OPERIS ET
QVATVOR SECTIONIBVS MVLTARVM RE-
RVM PVBLICARVM PER ASIAM, APHRICAM
& Europam antiquitatis Historiam nodosque Gordianis difficiliores comprehendentis.

SPECIMEN EXILE
CEV EX TECTO TEGVLA QVÆDAM
C. IVLII DICTATORIS, AVGVSTI ET TYBERII CÆSARVM MONETAM
siquæ ex Argento in forulis S. R. R. M. extat, explicans, tabulam videlicet sectionis tertiæ partis secundæ primam.

AVTHORE,
VVolffgango Lazio Vien. Historico
& Medico.

MVSEVM
BRITAN
NICVM

VIENNAE AVSTRIAE, EXCVDEbat Michael Zimmerman.

ANNO,
M. D. LVIII.

図61：ラツィウス『古代貨幣に関するまぎれもなく最大規模の注釈書からのささやかな見本』(ウィーン、1558年)、タイトル・ページ

い、オーストリアの広範にわたる領土の地図を一五六一年に印刷している。(3) ラツィウスは自著の品質の高さばかりでなく、とりわけその浩瀚《こうかん》さについても自慢に思っていたようである。たとえば、彼の『ローマ国家についての注釈十二巻』（一五五一年）はローマ帝国の行政を論じた著作であるが、実にフォリオ版で一三〇〇葉に達する大作であった。おそらく彼のもっとも重要な歴史学の作品は、初期中世の時代を語った『多くの民族の移住についての書十二巻』（一五五七年）である。ラツィウスは本書の中で、近代ヨーロッパ人の祖先にあたる当時の異邦の民族たちに関連する歴史、年代記、公文書、碑文などを分析し、比較を行なっている。ヨセフ・スカリゲルはそんな彼を指して、あいつは偉大な「ゴミ拾い屋」だと喝破し、ルノーダンは、その引用に次ぐ引用が生み出す効果を「目も眩まんばか

りだ」と記述している。[4] ジュゼッペ・アルチンボルドによる、本の山でできた、まことに偏倚な一幅の肖像画があるのだが、髭をたくわえ眼鏡までかけたこの合成人面画は、我らがラツィウス先生であると信じられている。この人物の驚くべき博学を賞賛すべく、多少の茶化しも織り交ぜて描いた一枚であることは疑いない。[5]

ラツィウスの冗長ぶりと大言壮語癖は、著作『古代貨幣に関するまぎれもなく最大規模の注釈書からのささやかな見本』の正式タイトルに一目瞭然である。全訳するなら、さしずめこんなところか――『古代貨幣に関するまぎれもなく最大規模の注釈書からのささやかな見本、言わば壁からひきはがされた煉瓦片。その注釈書は、アジア、アフリカ、ヨーロッパ中の多くの古代政体についての四部にわたる歴史および「ゴルディオスの結び目」よりも難解な題材まで含む。この見本はローマの国王陛下の収蔵庫に蔵されている、独裁官ガイウス・ユリウス、皇帝アウグストゥス、皇帝ティベリウスの貨幣すなわち第三セクションの第二部の第一板を解説する』。現在我々が手にする「見本」、すなわちこのモニュメンタルな企図のサンプルは、タイトルが語るように、最初の三人の皇帝の銀貨にのみ限定されていて、その数も総計六〇枚ほどである。それらはまとめて、グスマンへの献辞に引き続き、一ページの画面全体をつかって版画に彫られている――あるいは図版の流麗な仕上がり線から判断するならむしろエッチングだろう（図62）。献辞の中で著者は、完成版のほうには、これと似たような「板」が七〇枚収録されるであろう、と請け負っている。エッチングを用いたこの図版の驚くべき特徴は、それぞれの硬貨の実際の大きさや形、コンディションなどを忠実に再現している点で、判読のつかない刻銘や、途中で欠けた文字、いびつなプロポーションの人物像、あるいは刻み目が入ったものや、不規則なラインを描く輪郭までも、しっかりと写し取っている。これとは対照的に、ヴィーコやゴルツィウスらの著作に収録された銅板画では、硬貨は均質で、完全な円形の姿で表されており、いずれも優雅な十六世紀のスタイルで描かれている。ここはラツィウスが自分で硬貨の図版を作成したと考えるほうが、理にかなっているだろう。なぜなら、自身の地図作品を印刷するために、彼がエッチングの技法を習得したことがわかっているからだ。[6]

ラツィウスは、フォリオ番号A４のページから始まるテクスト部において、各硬貨の刻銘および図柄についての

「解説」を加えるのだが、注目すべきはその記述方法で、ほぼ同時期に出版されたエリッツォとランディの著作のものと極度に似ているのである。まず硬貨の短い描写があって、次にその歴史的な意味の解説がなされ、古典古代の著作家からの夥しい引用やおびただしい引用によって裏付けがされる。アウグストゥス帝のあるデナリウス硬貨には、海の戦勝記念碑《トローフィー》が描かれており（ラツィウスの硬貨一覧図＝「板」では13番に対応）、アクティウムの海戦における勝利と結び付けられている。ラツィウスはその確証として、スエトニウス、ディオ、タキトゥス、ゾナラス、プルタルコス、フロルス、エウトロピウス、ウェルギリウス、オウィディウス、ルカーヌスらを引き、この戦勝記念碑が、アウグストゥスが戦闘中に入手した戦利品であり、のちに盛大な儀式でアポロン神に捧げられたものであることを証明している。本書には脱線が頻繁で、いったん話がそれると硬貨などはそっちのけになってしまう。たとえば、"IMP. X"（「軍司令官《インペラトル》歓呼十回」）なる文字が刻まれたアウグストゥス帝のデナリウス硬貨は、延々数ページにもわたって脱線し、皇帝たちの記念祭や、そうした機会に祝福されるさまざまな形態の鳥卜占儀礼の話になる（ff. F1-F4v）。またアウグストゥスによるアレクサンドリア市の攻略は、クロコダイルの姿と"AEGYPTO CAPTA"（「征服されたエジプト」）の文字が刻まれたデナリウス硬貨によって記念されているのだが、著者はその硬貨を説明したのちに、この爬虫類の博物誌へと話をふくらませ、プリニウスとストラボンを引用している（f. D3）。

ラツィウスは時として、ある硬貨を十分に解釈するのに必要な情報が不足していることを、素直に認めているのだが、この種の謙虚さは、同時代の著述家たちには往々にして欠けていたものだ。一例を引くなら、貨幣鋳造者リウィニウス・レグルスによって生産された、摩耗の激しいユリウス・カエサルのデナリウス硬貨には、なにやら判別のつかぬ動物——実際には雄牛——が描かれており、ラツィウスはこのサンプルについてこんなことを書いている。「第十番の硬貨には、犬か、はたまた馬か、あるいは別の疾駆する動物の図柄が見える……ここに刻まれている動物の図像に関しては、歴史を繙《ひもと》いてもなんら確かな手掛かりを得られなかった。唯一わかったのはこれが、（古代人たちが）守護者と呼びならわしたラレス神のシンボルとして解釈されることを意図したものである点である」。そしてオウィディウス『祭暦』から、飼い犬とラレス神とが関連付けられている箇所を引用している。「犬がよろこぶ

図 62：ラツィウス『古銭に関するまぎれもなく最大規模の注釈書からのささやかな見本』（ウィーン、1558 年）、最初の 3 人の皇帝の銀貨を示した図版（「板」）

ものは、ラレス神もよろこぶ」（f. C3）。ラツィウスの推論は理にかなったもののように思われるし、彼の博学によく裏打ちされてもいる。例外的なのが、ユリウスの硬貨のうちの奇想に富んだ一枚をめぐる考察だ。図柄に描かれているのは、河のかたわらに横たわる裸体の男のもとへ花輪をくわえた鷲が飛んでくる場面である〔図48参照〕。背景には、神殿風の柱廊の姿が認められる。[7] 並はずれて大きいそのサイズ、さらには突飛な図像テーマということもあって、ラツィウスもひょっとするとルネサンス期の偽造硬貨ではないかとの疑いをいだいたようで、「これは相当にやっかいな図柄だ」とその難しさを認めている。ともあれ彼はこの硬貨を受け入れ、これをカエサルの「熟慮《メディタータエ》」の内容を反映したものと解釈、すなわち、クラッススの敗北の復讐戦としてのパルティア遠征について、彼の考えをまとめたものであるとした。描かれている河はユーフラテス、すなわちローマの最も辺境の国境地帯であり、ローマ帝国のほうは男性の姿で表象されている。鷲はパルティアに対する勝利を告げるゼウスの予言、そして背景の建物は、カエサルが渡河のために構築した橋梁を表すという（ff. B2-B2v）。自説を援護する文献上の証拠には決してこと欠かないラツィウスは、さっそくプルタルコスから、カエサルのパルティア攻撃計画に関する箇所を引用する。攻撃はしかしながらカエサルの死によって順延となり、数年後にアウグストゥスによって実現したことは、同帝の**SIGNIS RECEPTIS**（「取り戻された軍旗」）（という銘）の硬貨にみられるとおりである。[8] 同書のテクストは、一覧図（「板」）の三十八番に対応するアウグストゥスの硬貨を説明したあと、フォリオH2で「了《フィニス》」の文字とともに、唐突に終わる。同帝の残り二枚の硬貨についても、ティベリウス帝のものに関しても記述がない。この本は字義通り、「壁から引きはがされた一片の煉瓦《テーグラ・エクス・テクトー》」ではあったのだ。

　この調子の冗長な記述と脱線のてんこ盛りで、ラツィウスが本当に七〇万枚分の硬貨を記述することが可能であったとはとうてい信じられない。ところが彼は、グスマンに宛てた書簡（ff. A2-A3）の中で、すでにその浩瀚な著作を書き終えたと主張し、それも「多大な労苦なくしては、擱筆《かくひつ》するに至らなかった」のだという。数年後にル・ポワが（古銭学文献の書誌の中で）このプロジェクトに疑念を差し挟んでいるのを見ても、別段驚くには値しない。[9] 実際、もし完成作に七〇万枚の硬貨を描いた七〇枚の「板」が収録されたとすると、板一枚あたりの収録硬貨は平均一万枚にもなる。その一方で、印刷された「サンプル」版著作には、やっと六〇枚の硬貨を描いた銅版画が一枚のみで、五七ページの注釈テクストがそれに続く。もしこれが平均的なサンプルだとするなら、完成版には、七〇枚どころか一万四〇〇〇枚もの同種の版画と、およそ八〇万ページちかくのテクストが必要となる計算だ。これを「多大な労苦」といわずしてなんといおうか。とりわけラツィウスが、自分はこの作品を三年で仕上げたとうそぶいていることを鑑みるなら、なおさらだ。常識的に考えて、硬貨の数が大幅に水増しされているか、あるいは印刷ミスかのどちらかだろう。もし印刷されていたとすれば、三五〇〇枚あまりの硬貨を描いた七〇枚の図版を収録し、四〇〇〇ページほどの注釈テクストからなる本だったとするのが妥当であろうか。これならば、ラツィウスほどの売文業者であれば、不可能な量ではないだろう。その三年間は、ほとんどほかに何もしなければ。

エネア・ヴィーコが一五四八年に出版した『裏面もすべて含めた皇帝の図像』は、ローマ帝政期最初の十二名の皇帝が鋳造した硬貨の裏面図柄のみを、注釈なしで収録した著作だった。しかし彼はのちに、すべての皇帝の硬貨について表と裏の両面の図柄を描き、その刻銘と図像を解説した注釈を付した、全二十三巻の大著を構想する。そのうち完成したのは、ユリウス・カエサルに捧げられた最初の一巻のみであったが、そのタイトルにはいたって楽観的な文言がならんでいる。『ローマ皇帝の古銭の注釈書全二十三巻中の第一巻』[10]。図版と注釈付きのローマ皇帝硬貨集成という見果てぬ夢は、やがてフベルトゥス・ゴルツィウスによって継承される。彼は他の誰よりも、その実現に近づき、ユリウス・カエサル、アウグストゥス、ティベリウスの各帝の硬貨を扱った、二巻本を出版するところにまでこぎつけた[11]（図63）。ゴルツィウスはまた、ギリシア硬貨集成をも構想している。おそらくこれは、ラツィウスによるギリシア史注解（一五五八年）で図説されていたギリシア古銭から、刺激を受けたものだろう[12]。計画された巻のうち、ゴルツィウスの生前に出版されたのは第一巻の『シチリアおよびマグナ・グラエキア』のみであった。しかしながら、彼がここで採用したギリシア硬貨分類の方法論、すなわちまず地域を分け、ついで都市ごとに分類してゆく手法は、これ以降カタログの分類標準となり、現在にいたっている。また、カタログ記述をシチリアと南イタリアの硬貨からはじめる慣習も、我々はゴルツィウスに負っている。これは、ルネサンス期のコレクターたちの好みが西側偏重で

図 63：ゴルツィウス『ガイウス・ユリウス・カエサル』（ブルージュ、1563 年）、タイトル・ページ

あった事情を反映したものだろう。[13]ゴルツィウスが一五六六年に出版した『執政官表』は、共和制ローマ期の硬貨ないしは「執政官」の硬貨の集成を編もうとする、最初の試みであった。ここでは、硬貨は伝統的な「執政官表」に従って、年代順、すなわち執政官や戦争や凱旋式の順に整理されている。[14]それから五年後に、今度はフルヴィオ・オルシーニが、自身による共和制ローマ期の硬貨の研究成果を編集しようと思い立つのだが、その際には貨幣鋳造者の氏族名ないしはファミリー・ネームのアルファベット順が採用された。この形式は、その後三百年以上にわたって、斯界の基準となった[15](図64)。

十六世紀中葉にさまざまに打ち上げられた野心的な企図は、最初から失敗を運命づけられていた。その理由はもちろん、これまでに見たこともない刻銘や図柄を刻まれた硬貨が次から次へと発見されるため、決定版カタログを作ろうといういかなる試みも、とん挫せざるを得なかったからだ。ヴィーコの『裏面もすべて含めた皇帝の図像』の第二版では、新たに四十五枚の、十二名の皇帝にまつわる硬貨の裏面図像が収録された。いずれも、初版が出版されてから五年のあいだに、著者自らが発見したサンプルであった。この事実は、全二十三巻構成の大集成を編もうという彼の気力を削いでしまったにちがいない。[16]手の込んだ大集成を編もうというこの時代の熱狂に終止符を打ったのが、一五七九年のアドルフ・オッコによる著作『ローマ皇帝の古銭』の出版であった。ずいぶんと控え目な著作で、知られているすべてのローマ皇帝の硬貨を、図版や解説のたぐいは一切なしに、ただ銘と簡潔な記述のみで列記した作品だった[17](図65)。各皇帝の項目では、硬貨が表面の刻銘の文言に応じて並べられ、個々の銘の下に対応する裏側の図柄のリストが来る、という構成である。たとえば、"IMP. CAES. DOMITIAN. AVG. GERM. P.P."(「インペラトル・カエサル・ドミティアヌス・アウグストゥス・ゲルマニクス、国父」)の銘に続いて、"COR. GERM. IMP."(「正規コンスル、ゲルマニア征服者、軍司令官」)、「凱旋用の四頭立て二輪馬車(quadriga triumphalis)」と記載されている(一一三ページ)。もっと贅語を尽くして記述されているサンプルも、いくつかある。「トーガをまとった人物、おそらく皇帝であろうか、祭壇ごしに右手を、武装したひとりの戦士に向かって差しだしている。そしてその他の戦士たちは、軍団旗を掲げている」(八九ページ)。ぐっと抑制のきいた表記法を採用したおかげでオッコは、手のかかる図版を使って

rorem quoque Silani Torquatam priſcae ſanctimoniae uirginem expetere. Sa- „ lutis imago in ſexto denario expreſſa, ad C. IVNIVM BVBVLCVM BRVTVM pertinet, qui eius Deae aedem quam Conſul uouerat, Cenſor locauerat, Dictator dedicauit. Liuius lib. IX, & X.

PRIMI duo huius tabellae denarii ad eundem, ut opinor, D. SILANVM: terrius uerò ad huius fratrem M. SILANVM L.F. ſpectat, quem ſuprà diximus Conſulē fuiſſe anno DCXLIIII cum Q. Caecilio Metello, qui Numidicus appellatus eſt. In nummo etiam aereo CN. Domitii, M. hic SILANVS notatus eſt in ea tabella, in qua gentis Domitiae denarii inciſi ſunt. Quartus denarius pertinet ad M. BRVTVM Caeſaris interfectorem, qui fuit filius M. Bruti eius, qui (ut ſcribit Plutarchus) Mutinae à Pompeio Magno occiſus eſt. In huius autem denarii una parte effigies ipſius Bruti expreſſa eſt, in altera pileus & pugiones: Bruti quidem effigiem his uerbis deſcripſit Cicero ad Att. lib. XIIII. Non te „ Bruti uulticulus ab iſta oratione deterret &c. pugiones uerò cū titulo EID. MAR. „ adiecti in ea ſunt, quòd eo teli genere Caeſar à Bruto & aliis coniuratis interfectus Idibus Martiis fuit. Suetonius & alii. inde etiam Cicero Philip. lib. II. dixit, Caeſare ſtatim interfecto cruentum altè extollens M. Brutus pugionem, „ Ciceronem nominatim exclamauit &c. Pileum autem libertatis ſymbolū fuiſ- „ ſe, omnibus notum eſſe opinor. Appianus lib. II. de hac Caeſaris nece, καὶ πῖλον „ (inquit) τις ἐπὶ δόρατος ἔφερεν, σύμβολον ἐλευθερώσεως. hoc eſt, pileum alius haſtae fixum fere- „ bat ſymbolum libertatis. Denarius autem à L. PLAETORIO CESTIA- „ NO cuſus, ut uidetur, fuit, cum Brutus deuictis Beſſis Imperator appellatus, reuerſus in Aſiam eſſet. de qua quidem Imp. appellatione, Plutarchus quoque in Bruto mentionem fecit. Huius uerò numiſmatis uel huic ſimilis alicuius meminiſſe uidetur Dio, cum inquit lib. XLVII, Βροῦτος μὲν ταῦτά τε ἔπρασσεν, καὶ ἐς τὰ νομίσ- „ ματα

図 64：オルシーニ『ローマの家族』（ローマ、1557 年）、ユニウス氏族の硬貨

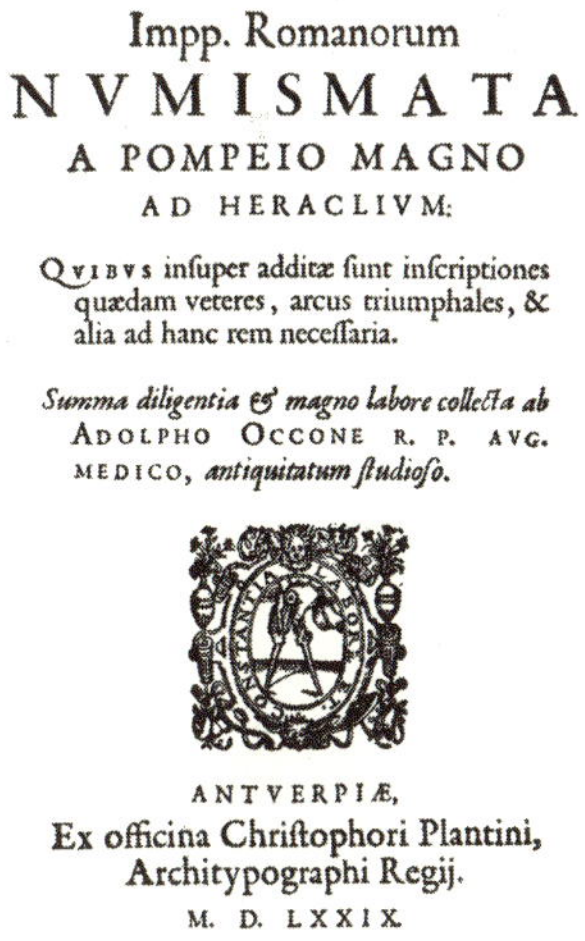

図65：オッコ『ローマ皇帝の古銭』（アントウェルペン、1579年）、タイトル・ページ

ヴィーコやゴルツィウスがカタログ化できた硬貨よりも、はるかに多くの枚数を収録することができた。例を挙げるなら、ネルウァ帝の項目には七〇点のサンプルが掲載されており、またポストゥムス帝には三六点、アンティノウスには十三点があがっている[18]。ヒエラルキー的に構成されたこの種のチェック・リストというものは、比較的増補や改訂が容易にでき、実際、オッコの著作の増補改訂版が一六〇一年、一六八三年、一七三〇年に出されている。そしてこれをモデルとして、十九世紀の偉大なカタログ、すなわちミオネ（一八〇六年）やコーエン（一八五九年）らの巨大なローマ皇帝硬貨のカタログが編まれることになる。この発展のラインはさらに続いて、やがてマッティンリーとスィデナムが一九二三年に編んだ『ローマ皇帝の貨幣』でその頂点を迎えるのである。

　最終的には失敗に終わったとはいえ、ストラーダやラツィウスやヴィーコやゴルツィウスらの企図は、古銭に対する、新たな科学的ないしは経験的な態度の醸成を示すものといえる。初期の文献においては、硬貨は、芸術品や小さな聖遺物、ないしは祖先の「美徳」を記録したものとして扱われていた。エリッツォやランディが編んだ学術的な注釈書においてさえ、その興味は個々の硬貨に向けられており、各サンプルが伝える歴史的あるいは哲学的な意味を、著者がエンブレム風の「開陳」だとか「解説」によって明らかにする、というかたちをとっていた。それが、大集成を編集しようという衝動とともに、硬貨とは情報単位であり、個別に研究されるよりもむしろ、系列に並べられ、カテゴリー別にまとめられ、相互に比較することで有益なものとなるのだ、という考え方が暗示されるようになる。このアプローチは、通常我々がやや後の時代のベーコンと結び付けて考える、経験的・帰納的な科学探究の方法と、驚くほど似通っている。その方法によれば、結論とは、あらかじめ辛抱強く集め、体系的にアレンジした観察可能なデータから、導き出されるものということになる。ベーコンはこう助言する。我々は、「自らの内側から糸を紡ぎ出すクモのようであってはならないし、単に集めるだけで終わってしまうアリのようであってもならない。むしろ集め、整頓までするミツバチのようであるべきなのだ[19]」。この見解を、偉大な研究者ベーコンは一六〇七年のエッセイ『自然の解釈についての思索と所見』の中で表明しているが、その「ミツバチの方法論」はすでに古銭学研究の分野では、何年も前からとっくに標準となっていたのである。

十六世紀の大集成プロジェクトは、他の分野にも影響を与えた当時のより広い知的傾向のもとで考察する必要がある。すなわち、あらゆる言語の著作の完璧な書誌を作成しようとしたコンラート・ゲスナーの『万有文庫』（一五四五－一五四九年）だとか、あるいはフランドルの地理学者アブラハム・オルテリウスが編んだ大世界地図『地球の劇場』（一五七〇年）といった雄篇を生み出した、そんな知的傾向である。ちなみにそのオルテリウス自身もまた、熱心な古銭学徒であった[20]。アウクスブルクの医師アドルフ・オッコは、先ほど見たように皇帝硬貨のチェックリストを出版した人物であるが、以上のコンテクストをふまえるなら、その彼が、知られうるあらゆる薬と療法に関する初期の要覧たる『アウクスブルク薬局方』の編者であっても、さして驚くことはあるまい[21]。また、ローマ硬貨の大集成を予告した最初の人物たるヤコポ・ストラーダが、長年にわたって、十一か国語の普遍辞書の編集（ただし出版されることはなかったが）に没頭していた事実も、驚くには値しないのである[22]。

第12章　「事物そのものの図像、物言わぬ歴史」
――ルネサンス古銭学における経験主義と合理主義

もしオッコの著作『ローマ皇帝の古銭』が、コーエンの古銭カタログや『ローマ皇帝の貨幣』に似ているという理由でモダンな著作と映るのならば、エネア・ヴィーコが一五五五年の自著『古代メダル論』で古銭学の価値や有用性を語る言葉もまた、どこか我々現代人の耳になじみ深い響きを持つといえる[1]（図66）。古銭学に関する最初の入門的ハンドブック《プロレゴメノン》たるヴィーコの『古代メダル論』は、二部に分けられ、それぞれ古代メダルの「高貴さ」と「有用さ」に充てられている。第一部では、読者は古代硬貨に用いられる金属の種類、額面単位、刻銘、図柄などについて、詳細な知識を得る。章立てのなかには、偽造硬貨論もあれば、コレクターが払った代価のトピック、あるいは硬貨と古代の宝石や沈み彫りの装飾品との比較などもある。第二部では、硬貨の刻銘が学者たちによってどのようにして歴史的事実、たとえば皇帝たちの本名や称号などの確証として用いることが可能なのかが解説される。ここでは古代や現代の歴史家たちが犯した著しい過ちが例として引かれ、それをヴィーコが古銭学の証拠を用いて鮮やかに訂正して見せる。彼は、歴史家たちの言葉よりも硬貨から得られる証拠のほうが優位である、という主張をするのだが、それは単に、硬貨が同時代の証言たる一次資料であって、後世の書写生や編集者の気まぐれに左右されない存在だという理由ばかりではない。くわえて、硬貨とは公的で公式な性格をそなえているからだという。古銭に見られるさまざまな種類の事物、図像、情景などを数えあげたうえで、ヴィーコは注目すべき主張をする。歴史的真実を確定するうえでは、文献上の証拠よりも硬貨のほうが勝っているというのである。

これらが古代人たちによって、公的な記録のごとく、青銅、銀、金を用いて鋳造されたことは、最良の判断ではあった。とりわけ青銅が用いられたのだが、それはこの材料がより安全で忠実であり、ペンの記録などよりはるかに永久に、過去の事柄の名称や記憶を維持するからである。なぜなら、メダルというのは事物そのものの図像であり、物言わぬ、真実を示す歴史であるのにたいし、言葉というのはその言葉を発する者のイメージや映像であり、しゃべりたいことを何でもしゃべる。それゆえにメダルは当時、元首の名誉と栄光のために、公的な布告を通じ、元老院の意思によって鋳造された。一方で言葉のほうは、私的な目的のために発話され、書かれたのだ。メダルは、これまで正しく語り継がれてきたことを証明し、また誤って記述されたことを訂正・修正するのである。[2]

ヴィーコは説明する。硬貨の図柄は、文章記録が残っていない凱旋式や祝典やその他の出来事の様子を明らかにしてくれる。またその図は、皇帝や貴紳たちの真の肖像を伝え残しているばかりでなく（ここでヴィーコは、フルヴィオ、フッティヒ、ルイユらに見られる行き過ぎた芸術表現上の自由について、手厳しい評価を下している）、文献から得られる情報を補完し、明らかにしてくれるのである。たとえばエラガバルス帝の母親であるユリアに関して、古今のさまざまな歴史家たちが彼女の姓をめぐって、セメアだ、いやシミアシラだ、セミアミラだ、スケニデだ、と意見を戦わせてきたが、彼女の硬貨に“IVLIA SOEMIA AVGVSTA”（「ユリア・ソエミア・アウグスタ」）と刻まれているのを一瞥すれば、たちどころに問題が解決するのだ。[3] ここでヴィーコが示しているのは、かのモミリアーノが言うところの「オリジナルと派生的な権威との区分」である。モミリアーノはこれを、歴史学研究の近代的な方法の基礎とみなしたのだが、この考えが一般に受け入れられるようになるのは十八世紀になってからであった。[4] ヴィーコが見せる合理主義的なアプローチは、第4章で我々が見た、ほとんど神秘主義じみた図像崇拝からはかけ離れている。つまり、一五一七年の『著名人の肖像』に収録されたヤコポ・マッゾッキの序文だとか、『プロンプトゥアリウム』にお

DISCORSI DI M. ENEA
VICO PARMIGIANO,
SOPRA LE MEDAGLIE DE GLI ANTICHI
DIVISI IN DVE LIBRI.
OVE SI DIMOSTRANO NOTABILI ERRORI DI
Scrittori antichi, e moderni, intorno alle historie Romane.
CON DVE TAVOLE, L'VNA DE' CAPITOLI;
L'ALTRA DELLE COSE PIV NOTABILI.
AL MAGNANIMO ET INVITTISS. SIGNORE,
IL S. COSIMO DE' MEDICI, DVCA II.
DI FIORENZA. O. P. D. P.
CON PRIVILEGIO.

IN VINEGIA APPRESSO GABRIEL
GIOLITO DE FERRARI, ET
FRATELLI. M D LV.

図 66：ヴィーコ『古代メダル論』（ヴェネツィア、1555 年）、タイトル・ページ

けるルイユの序文の言葉だとかに見られる傾向とは、まるで異なるのである。ヴィーコは硬貨の有益性を主張するなかで、古銭から得られる証拠が原典であり、同時代性をもち、公式で公的な性格を有する資料である点を強調するのだが、これらの点は、のちのジョベール、エックヘル、エルネスト・バブロンらの古銭入門マニュアルや概説においても繰り返されることになる。そして最後にはグリエルソン『古銭学』（一九七五年）にまで行き着くわけで、この本を私は、大学院生を対象としたアメリカ古銭学会のサマー・セミナーで教科書として使用したのを覚えている。[5]

この態度の変化、すなわち古銭を芸術作品よりもまず情報源としてみなす動きを象徴する出来事が、十六世紀中葉に巻き起こった論争、つまり古銭がもともとは出来事を記念するメダルとして作られたものなのか、それとも通貨として鋳造されたのかをめぐる議論であった。要するに、メダル対貨幣の戦いである。[6] 十六世紀の前半には、コレクターたちの多くが、自分たちが所有している古代の硬貨、なかでもローマ時代の巨大な青銅貨は、ちょうど現代のメダルのように重要な出来事や祝典を記念する目的で鋳造されたのであって、通常の貨幣のような流通や消費を意図したものではなかった、と考えるようになった。ヴィーコは一五五五年に、次のような報告をしている。「これらの古銭は、元首から軍の隊長や友人、兵士たちに贈られた贈答品であったと考える現代人もいる。巨大なサイズのものは将校や貴族に、中ぐらいのものは兵士に、小さいものは平民たちに。受けとった人々はそれらを用いて、祝祭の式典装置を飾り立てた。したがって、消費のために鋳造されたというのは正しくなく、むしろ君主を記念し、彼の名を不滅のものとするために作られたというのである」。[7]

ローマ帝国期の最初の二世紀に鋳造されたセステルティウス銅貨は、厚みがあって、高浮彫りが施してあり、図柄も豊富なうえに、高い職人の技が込められた作品で、表面はビロードのようにつやがある。ルネサンス期の古代研究家たちが、まさにそれらの古銭を購入すべく支払っていた当時の通貨――フロリン金貨、グロート銀貨、ペニー銅貨などで、厚さも薄く、中世風のお決まりの紋章が刻まれていた――とは、確かに似ても似つかない。[8] アグスティンは一五八七年に、これらの美しい古代遺物が通貨として使用されたことを否定する専門家たちがいることを認めている。彼らは「これほど精妙に作られたメダルが、庶民の手に渡らなくてはならなかったなど、おかしいに決まっていると考えた。とりわけ、イタリアで高く評価されているメダルならば、なおさらのことである――巨大なサイズの青銅製で、裏面にはさまざまな図柄が彫りこまれ、緑と黒の古つやを帯びている。卓越した匠の手になる、ネロ帝やハドリアヌス帝のメダル類などいい例だ」[9]。このような「メダル主義」的な立場をとった学者の筆頭といえば、ヴェネツィア人セバスティアーノ・エリッツォである。彼の一五五九年の著作『古代メダル論』はたいそう評判がよく、のちに三度も増刷されている。エリッツォにとってローマ人たちの通貨ないしは一般の流通硬貨というのは、大プリニウスが『博物誌』の中でローマ硬貨について述べた章で言及されているものを指した。すなわち裏面にヤヌス神の頭部と船首が描かれたアス銅貨と、その分割単位硬貨、およびビーガートゥス(二頭立て二輪馬車の図像)、クアドリーガートゥス(四頭立て二輪馬車の図像)、ウィクトーリアートゥス(勝利の女神の図像)の各銀貨である[10]。実のところこれらの硬貨は、共和政崩壊以降は鋳造されなかったのだが、エリッツォは帝国時代にも鋳造され続けたはずだとの確信を抱き、その証拠として大量のサンプルが現存することをあげている。彼はまた、ローマおよび他の神々の姿を描いた、執政官たちの鋳造になるデナリウス銀貨についても、一般流通用の通貨であったはずだと判断している[11]。一方で「メダル」という言葉は、皇帝や著名なローマ市民の頭部を描いた金、銀、銅製のコインに適用されている。これらが記念メダル的な性格を持ち、芸術作品として取り扱われたことは確かである。ちょうど、ピサネッロやその後継者たちがルネサンス期に流行らせた記念肖像画メダルや、あるいは古代人たちが、自分たちの指導者や英雄を記念するために生み出したその他の図像と似たような存在であった[12]。一方ヴィーコは反対の意見で、これらのコインがみな均質な重量を持っていることは、通貨としての機能を示すものだと主張している[13]。

アントニオ・アグスティンは著書『メダル対話』の第一対話において、ヴィーコの意見に与する形でその博識を披露し、エリッツォの見解には異を唱えている。アグスティンが例として引くのは、ローマの造幣局の守護神であるユーノー・モネータの図像をあしらった帝政期のコインで、刻銘に“III VIR”(「三人委員」)とあるのは貨幣鋳造の監督をまかされた三人委員会を示している。またアグスティンは、皇帝の頭部像を描いたコインが古代には通貨として使用されていたことを証明すべく、ローマの詩人、歴史家、法学者の言葉を引用する[14]。エリッツォの記念メダル説の立場をアグスティンが粉砕したことは、経験に基づく近代的な古銭学の勝利を意味していたが、それはすでに十六世紀中葉の大硬貨集成プロジェクトによって、先鞭がつけられていた流れでもあった。というのも、もし古代のコインが通貨ではなく、現代的な意味での芸術メダルと見なされていたのだとしたら、歴史家にとっての史料価値は著しく制限されることになっただろうからである。何事かを記念したり特別な目的で作られるメダルは、ひとつの芸術作品であり、その図像も公的で公式なものというよりは、恣意的でごく少数に向けられた難解なものとなるだろう。そして個々のメダルは、一品生産の芸術作品として、それ自身のための手の込んだ解釈を要求することになるだろう。それこそ、まさに一五五〇年代にエリッツォやラツィウスやランディといった作家たちが採用した方法論ではあったのだ。

十一篇の対話からなるアグスティンの著作――正式タイトルは『メダル、碑文、その他の古代遺物についての対話』――は、十六世紀も最後の四半世紀にいたって人文主義者たちが採用した、経験主義的で合理的な新たな探究傾向を、もっともよく体現する作品となっている（図67）。エックヘルは一七九〇年にこのアグスティンの著作を、オルシーニが一五七七年に上梓した共和政硬貨の研究書『ローマの家族《ファミリア》』とあわせて、今なお読む価値のある数少ない黎明期の古銭学文献とみなしている[15]。アグスティンもまた、かつてのヴィーコと同じように、まず古代の貨幣鋳造において使用されるさまざまな金属や額面単位についての議論から筆を起こし、それらの研究が学者にとって有益である点についても指摘を行なう。ついで裏面の図像の検証へと移り、神々や擬人化像、建築、動物などを論じた章ないしは「対話」がくる。その次には、ローマ帝国のさまざまな属州や植民地における硬貨鋳造を探り――歴史家にとっては大変価値のあるテーマであるが、芸術的観点からは利点が少ない――、二つの「対話」をアグスティンの祖国スペインの硬貨にささげている。第九対話および第十対話は碑文研究――碑文の考古学ならびに解釈――にささげられ、そして最終対話は、硬貨ならびに墓碑文の偽造をテーマとして扱い、またその見分け方も論じている。

意義深いのは、アグスティンが古銭学研究と碑文研究とを、同じ本のなかで結びつけている点だ。彼が硬貨を、碑文と同様の公式かつ公的な情報を伝える一次資料とみなしていたことが、ここからわかる。このアグスティンの著作を、ル・ポワの『メダルについての議論』（一五七九年）と比較してみるとよい。後者では硬貨は、陰刻が施された古代の宝石やカメオなどとともに分析されており、これは旧套《きゅうとう》の美学的なアプローチに基づいた形式といえる。一五八七年出版のアグスティンの『メダル対話』には、四五葉の彫版画が収録されているが、それらを一瞥しただけでも、三十年前のヴィーコやエリッツォなどよりもはるかに広範で複雑な古銭学の専門知識が展開されているのがわかる。描かれているのは、共和政ローマ期、帝政ローマ期のすべての時代、ビザンツ帝国、古典ギリシア期、ヘレニズム時代などの硬貨で、さらにはギリシア語の皇帝硬貨や、ユダヤ人のシケル銀貨まで含まれている。そしてこれらの図版は、最初の二つの対話のためだけに用意されたものなのだ（図68）。アグスティンの著作が、同時代の古代研究における観念や方法論を正確に反映したものであったことは、この『メダル対話』がほどなくしてイタリア語に翻訳されたことから証明される――それも二つの異なる翻訳がローマで一五九二年に出ており、二つの出版業者が先を争って印刷をいそいだことが想像される。(16) 同書はその後もスペイン語、イタリア語、ラテン語で版を重ね、最後の版

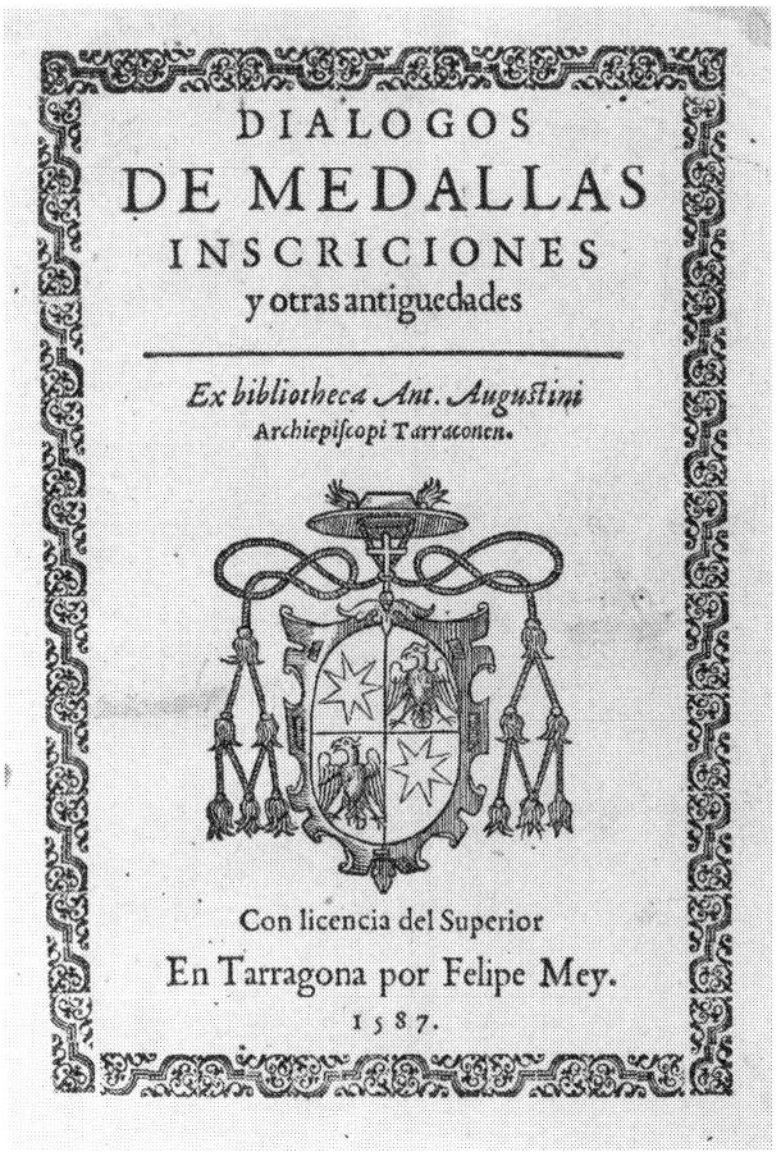

図67：アグスティン『メダル、碑文、その他の古代遺物についての対話』（タラゴナ、1587年）、タイトル・ページ

は一七四四年であった。アグスティンの名声と権威は相当なもので、彼による市民法と教会法の注解は、法学者たちの必須の参照本であった。また、ルネサンス期のノンフィクション文献でよく用いられた読みやすい対話形式であったことなども、『メダル対話』が末永く人気を博す原因となったことは間違いない。[17]

十六世紀の後半に古銭学がひとつの確立された学問として成熟をとげたことを示す、別の指標となるのが、古銭学以外の文献や一般向けの書籍のなかで、歴史的な証拠史料のなかに古銭が含まれるようになる頻度の増加である。ギョーム・デュ・シュールの著作『古代ローマ人たちの宗教に関する議論』は、初期の古銭学文献を概観する際にはきまって挙げられる一冊であるが、実際にはローマの宗教について、さまざまな神格や儀式を、彫刻や浮彫りや神殿建築などの図と並んで、古代硬貨を描いた数百点の木版画によって図解したハンドブックだった。この本が出版されたのは、ちょうどヴィーコが『古代メダル論』で古銭が古代の宗教や祝典を解明してくれることを示してから一年後というタイミングであったが、そもそもこのデュ・シュールの著作は数十年にわたる作業の成果であり、また古代ローマの公私の世界を論じるはずだった、未刊の大著のごく一部を形成するにすぎなかった。そして完成版においては、硬貨が重要な役割を果たすことになっていたのである。[18]

デュ・シュールの『古代ローマ人たちの宗教に関する議論』に沿うかたちで、トマッソ・ファゼッリのシチリア史――『シチリアについて　二十巻』――もまた、歴史家にとって硬貨がどれほど有用な史料となりつつあるのかを明らかにしている。硬貨を通じて、過去の人々の慣習や信条に光を当てることができるし、甲論乙駁でもめている問題を解決することもできるのだ、と。パレルモのドミニコ会の修道院長であるファゼッリはイタリア中を旅してまわったほか、他の都市に在住する人文主義者たちとも書簡の交信があった。知己のなかにはコモ市のパオロ・ジョーヴィオもおり、彼からファゼッリは、生まれ故郷の歴史を執筆するようにすすめられたのだった。[19]『シチリアについて』のラテン語初版はパレルモで一五五八年に出版された。相応の人気を博した著作であったことは、その後に何度か版を重ねていることや、イタリア語訳が一五七三年に出ていることなどからうかがえる。[20] 古代シチリアのギリシア諸都市を記述するに際して、ファゼッリはおもに過去の歴史家や地理学者たちの著作に依拠しているのだが、ときおり、

図68:アグスティン『メダル、碑文、その他の古代遺物についての対話』(タラゴナ、1587年)、plate D、さまざまな硬貨

各都市にまつわる硬貨や彫刻、碑銘、その他の古代遺物にも触れている。[21] たとえば、穀物の花綱を戴冠したケレス女神の硬貨を読者に見せ、シチリア島全域でまんべんなく見つかるこの硬貨こそは、同地に暮らしていた古代人たちにとって、どれほどこの農業神、そして農業全般が重要な存在であったのかを示しているのだ、と説く。[22] また、シラクーザの廃墟と化した古代要塞の、崩れ落ちた壁のところから発見された硬貨には、僭主ヒエロニュモスの姿が刻まれていたが、ファゼッリはこれをもとに、この僭主が要塞を建設したか、少なくとも修復したのだろう、と結論付けている。[23] さらには、パレルモ市の擬人像としてはよく髭をはやした男性の姿が用いられるのはおそらく、似たような人物像が彫られた古代パノルモスの硬貨からとったものであろうと推測している。[24] そして"SELINONTION"（「セリヌス人の」）なる刻銘が刻まれた硬貨が発見されたことを引き合いに出し、セリヌスの都市は、従来推測されていたようにマザーラに位置していたのではなく、テッラ・ディ・リプルチの地にあったのだと主張している。[25] そして付け加えていうには、「これこそは、懸案の事項の真実を確定するのに、もっとも有効な議論であろう」。またファゼッリは、これら小さな古代遺物のもつ審美的な魅力にも無感覚ではなく、「美しく作られている」という言葉を、硬貨の描写にときおり加えている。あるいは、セゲスタの硬貨に描かれていた雄鶏を指しては、「これまで目にしたもののどれよりも美しく刻まれている」と感嘆してもいる。[26]

　リヨンで一五八一年に出版されたクロード・ギシャールの『ローマ、ギリシア、その他の国々における葬儀およびさまざまな埋葬方法』では、ローマ皇帝の葬儀で使用された薪の山《ログス》を論じるなかで、神格化《コンセクラティオ》タイプと呼ばれるローマ硬貨を図解している。[27] これとの比較対象として、一世紀前のフラヴィオ・ビオンド『凱旋するローマ』が、同じテーマをどのように扱っているかを見てみるとよい。ビオンドはただ、ヘロディアノスが語るある皇帝の葬儀の記述を繰り返すだけで満足し、なんの古銭史料にうったえるわけでもない。[28] 重要なのは、ギシャールが自分で目にした硬貨を活用するだけでなく、最近出版された古銭学文献も同様に利用している点で、たとえばゴルツィウスが図解したアウグストゥス帝のある一枚の硬貨を、正当な証拠として認めている。[29] それから数年後には、軍隊と軍艦の姿を刻んだローマ硬貨の木版画が、ウェゲティウスによる『軍事論』の一五八五年の版に収録されているのを確認できる。これは一五八五年にライデンのプランタン出版から上梓された刊本で、ゴデスカルクス・ステヴェキウスによる注釈が施されていた。収録された硬貨のなかには、ステヴェキウス自身のコレクションから選ばれたものも数点あったが、それ以外のものについては彼自身が認めているように、ゴルツィウスとサンブクスの古銭学著作から写したものであった[30]。さらには、ヨハンネス・ロシヌスによる古代ローマ要覧たる著作『ローマの古代 十巻』(バーゼル、一五八三年)などを見ても、デュ・シュールのローマ宗教マニュアルから複製された硬貨の図版が多数掲載されており、ロシヌスもまた本文でゴルツィウスの著作のうちの何点かを、権威として引用している[31]。

十六世紀の古銭学文献が歴史学の分野に及ぼした影響のほどは、当時のもっとも重要な歴史学の記念碑的著作であるチェーザレ・バロニウス枢機卿の『教会年代記』にも、やはり同様に見てとれる。カトリック教会の公式な歴史書を編むように、との教皇シクストゥス六世の勅命で作成された本書は、ルター派の歴史家たちが独自の反教皇的なキリスト教古代史を出版していたのを、しりぞける意図があった。全十二巻本で、ローマで一五八八年から出版が始まっている[32]。著者のバロニウスは、たいへん多岐にわたる文献ならびに考古学史料に依拠しているのだが——彼は、当時新たに発見されたローマのカタコンベを詳しく調査した最初の学者のひとりであった——、それに加えて古代の硬貨も幅広く記述に活用している[33]。古銭を描いた木版画が多数本文中に挿入されていて、第一巻ではまず、ウェスパシアヌス帝とティトゥス帝の「征服されたユダエア」(という銘の)硬貨が、紀元七〇年のユダヤ人の反乱を説明するイラストとして用いられている[34]。初期の年代記のなかにも、ローマ硬貨の肖像画でページが飾られているものは時々見られた。たとえば、一五三九年にミュリウスによって出版された『ウルスベルク修道院年代記』や、一五四三年に初版が出版されたセバスティアン・ミュンスターの大世界史本たる『コスモグラフィア』などがその例だ[35]。とはいえこれらの図版は原著者ではなく、出版者や編集者が選んだものであり、本文中で言及されたり記述に活用されたりしているわけではない。これに対しバロニウスは、議論を進めるうえで有益と判断した硬貨を、自分で選択しているのである。彼はそれらの硬貨を、すでに文献史料から知られている古代の出来事や慣習の説明のために用いる(これはデュ・シュールが一五五六年の『古代ローマ人たちの宗教に関する議論』で採用したアプローチと大筋で一致する）だけではなく、他からは得ることのできない新知見を提供するためにも活用している。たとえば第一巻でネルウァ帝の硬貨が引用されるのだが、これは同帝がユダヤ税という、かつてウェスパシアヌス帝が帝国内のユダヤ人に課した特別税を、なおも継続していたことを示す証拠として持ち出されている。[36] また別の箇所ではハドリアヌス帝の硬貨が引用されているが、これは、彼がトラヤヌス帝の死亡時にはシリアにいて、そこからローマに取って返してアウグストゥスの称号を獲得したことを示す史料として使われている。この帰還行は、古代のどの伝記文献にも記載がない。[37] バロニウスはさらにガッリエヌスの硬貨を一枚取り上げているのだが、これは歴史家カッシオドルスが同帝の執政官職就任回数を間違えているのを、訂正するためであった。[38]

バロニウスは慎重な人物で、欄外部分に、本文で引いた古銭資料の出自に関する情報を書きとめている。それを読むと、次のようなことがわかる。これらの硬貨のうちの何点かは、ローマに住む友人たちのキャビネット、とりわけサンタ・マリーア・マッジョーレ教会の司教座聖堂参事会員レリオ・パスクイリーノのコレクションから拝借したものだが、それ以外の多くは、同時代の古銭学書籍からコピーないしは引用したものだった。参照元としては、サンブクスの『エンブレム集』だとか、ゴルツィウスの『古代遺物の宝庫』、さらにはエリッツォの『古代メダル論』やオッコの『ローマ皇帝の古銭』などがあげられている。[39] 興味深いのは、アドルフ・オッコが『ローマ皇帝の古銭』の第二版（アウクスブルク、一六〇一年）の中で、バロニウスが図解ないしは記述した硬貨を引用している点である。[40] これなど、当時の研究者たちの間で行なわれていた迅速な情報のフィードバックや相互援助を示す良い事例といえよう。エリザベス・エイゼンステインが指摘したように、この種の互助的な活動様態こそは、印刷術の発明がもたらしたもっとも重要な帰結だったのだ。[41] バロニウス枢機卿は、おそらく、硬貨の実物の代用となる信頼のおける情報源とみなしたうえで、これらの書物を活用した。この事実が示しているのは、十六世紀の終わりにはすでに、ルネサンス期の古銭学著作が当時のもっとも高尚な学術サークルにおいて、価値ある権威的な文献として受け入れられ、正典扱いを受けていたことである。

教会と硬貨の関係という点からみて興味深く思われてくるのが、バロニウスとアグスティン（そしてファゼッリも）が、対抗宗教改革期の教会人であったという事実である。マーク・シェルが近年の研究で明らかにしたように、教会は伝統的に、貨幣や硬貨に対しては矛盾した態度をとってきた[42]。シェルが注意を喚起するのは、キリスト教図像学において、聖人の頭を囲む後光や光輪が、硬貨もどきの形態をしている点である。彼はこのほかにも、硬貨と宗教的シンボリズムとを結びつけるさまざまな要素、たとえば聖餐式で用いられる聖餅がまるで硬貨のような形をしている点を指摘している。その一方で、硬貨が思慮深いキリスト教徒たちのあいだに大変な不快感を与えてきたこともまた事実である。というのも、いつでもどこでも通用する等価価値を有する点で、貨幣はあたかも神の役割、すなわち遍在する価値判断者という役割を擬態しているように思われるからだ。さらに輪をかけて信者たちを悩ましたのは、他に類を見ない、硬貨のもつ二重性であった。すなわち硬貨の特質とは、精神的な存在と物質的な存在からなる――つまり抽象的な価値と、金属という物質的側面――ものであるが、これは、受肉した言葉としてのイエスの本質と似ていなくもないというわけだ[43]。このようなやっかいな品をバロニウスや彼の同僚の教会人たちが使用しているのを見ると、もはや対抗宗教改革期の教会においては、硬貨のはらむ二重性が喚起する神学的な問題などには、まるでわずらわされていなかったことがわかる。それどころか、硬貨を（他のあらゆる形態の芸術と同様に）自分たちの道具として取り込んで、正統派教義を推進したり、道徳心を向上させたり、あるいは教会史におけるカトリックの立場を補強するために活用する用意さえあったのである。

コインに描かれた肖像画を美徳のイコンと見なすか、はたまた裏面に刻まれた図柄を倫理や哲学上の指針を提供するエンブレムと見るか。その立場に違いはあるにせよ、ルネサンス期の古代研究者にとって古代のドラクマやデナリウス硬貨は、精神的なものを内に秘めてはいるが、あくまでも「物質」として存在する財貨を意味した。ところが十六世紀のある時点で古代学者たちは、硬貨に充填された精神的な内容を、金属という物質的な媒体から引きはがすことができると考えるようになった。こうして出現したのが、図版付きの古銭学文献というわけである。『著名人の肖像』およびそれに続くあまたの著作が果たした役割とは、物《レース》から知性《インテレクトゥス》を抽出すること、すなわち物質から精神を取り出すことであったのだ。硬貨の表面に刻まれた図柄や刻銘は、出版の過程でぼってりとした金属塊から引き剝がされ、複製によって広く分配されることで、だれもが享受できるものとなるのだ。

　本書の第4章で述べたように、十五世紀イタリアの芸術家たちはすでに、古代の硬貨から図柄や刻銘を「ひっぺがす」ことを慣習として実践していた。あたかも分離可能な「写し絵」でも扱うように、図や文字を取り出して、別の媒体や異なるスケールに移し替えていたのである。そんな具合にして、たとえば画家ヤコポ・ベッリーニは、アレクサンドロス大王のテトラドラクマ銀貨の裏面図像（刻銘はもとより、ご丁寧に造幣所の刻印まで描いたもの）を、ピラト総督邸のファサードに移し替えて、モニュメンタルな浮彫彫刻として活用している。[44] また「ロンバルディア人」ジョヴァンニ・アントニオ・アマデオは、パヴィアの修道院を、帝政ローマ期の硬貨を複製した大理石の大メダルで飾り立ててもいる。[45] このような芸術界の慣習は、ディゼーニョ（素描）をめぐる当時の新たなコンセプトと関連しているように思われる。ディゼーニョとはある芸術作品の形相・構図であり、物質的な媒体に先行して存在し、切り離して考えることができるものとされた。こうした考え方は、当時芸術家個人の発想《インヴェンツィオーネ》がますます評価されるようになり、芸術が数学や観念的原理に基づく領野《ディシプリン》として確立してゆくプロセスと関連するものである。このような思弁はルネサンス期の芸術理論家の著作に見られるもので、アルベルティからはじまって、やがては十六世紀後半にいたってマニエリスム期の批評家ロマッツォやツッカロによって頂点を迎えることになる。[46] そういった事情を考えるなら、本書で取り上げたルネサンス期の古銭学の専門家たち、たとえばヴィーコやストラーダやピッロ・リゴーリオやゴルツィウスといった面々が、そのキャリアをマニエリスムの芸術家として開始していたという事実も、驚くには値しないだろう。またそのヴィーコが、エリッツォによるローマ硬貨の解釈を退け、硬貨について良識ある判断をくだすにはディゼーニョに通暁することが不可欠だと主張したのも、うなずけるというものだ。[47]

　ルネサンス期の古銭学をめぐる活動は、バロック時代における同ジャンルの輝かしい業績の布石となった。バロックのころになると、古銭学もきっちりと体系化され、厳格さが追求されるようになってゆく。フランス、イングランド、プロイセンなどでは国営の古銭キャビネットが造営され、またそれらのコレクションに基づいて編まれたヴァイアン、パタン、シュパンハイム、ジョベールらの重要な研究が続々と出版された。[48] 十七世紀の古銭学研究者たちは、もはや十六世紀の情熱的なアマチュア愛好家などよりも、現代の真摯な学者や美術館の学芸員のほうにずっと近い存在になっている。かつてのアマチュア古銭学者たちは、硬貨《ヌンムス》の中に神聖な力《ヌーメン》を求め、金貨《アウルム》の中に霊気の息吹《アウラ》を探し、このちっぽけな金属片の中に古代人の精神が何らかの形で保存され、現代にまで伝わっているにちがいないという確信を、抱いてやまぬ人々だったのである。

ルネサンス時代の古銭学者伝

アグスティン、アントニオ　Antonio Agustín（一五一七―一五八六年）

サラゴサの貴族の家系に生まれる。法学をサラマンカで修め、ボローニャでもアンドレア・アルチャートの門下に学ぶ。フィレンツェにあるユスティニアヌス帝『学説彙纂《がくせついさん》』の著名な手稿に注釈を施し、一五四三年に出版したが、この著作によって法学者、文献学者、人文主義者としての比類なき名声を獲得した。ローマ教皇庁控訴院の任命裁判官の座につくと、ローマで活動していたある私設アカデミーの中心人物となり、フルヴィオ・オルシーニやピッロ・リゴーリオらとともに、古代遺跡の蒐集や研究に邁進した。一五六四年にタラゴナ大司教としてスペインに帰国し、『メダル対話』を完成させたのち、ほどなくして同地で没した。

ヴィーコ、エネア　Enea Vico（一五二三―一五六七年）

パルマで生まれ、同市で教育を受ける。ヴィーコの初期の経歴には不明な部分が多いのだが、一五四〇年代には、ローマでさまざまな出版者のもとで働いていたことがわかっている。当時のローマの出版者は、印刷版画コレクターを相手にした成長市場を見込んで、古典や現代の作品の版画複製品を供給していたのだった。さてヴィーコはその後フィレンツェに短期間滞在したのち、一五四六年にヴェネツィア政庁に対して居住許可の申請を行なっている。政府に対しては、「かつて目にしたことも印刷されたこともなかった、大変美麗で稀少な図案をいくつか」出版して御覧に入れましょう、と請け負っていた。ヴィーコはヴェネツィアに滞在した十六年間に、政府との約束を履行すべく、一連の優雅な古銭学著作を出版していった。晩年はフェッラーラに移って、アルフォンソ公に仕えた。

エリッツォ、セバスティアーノ　Sebastiano Erizzo（一五二五―一五八五年）

ヴェネツィアの古い貴族の家系に生まれたエリッツォは、パドヴァ大学で、著名な教師ベルナルド・フェリチャーノについてラテン語とギリシア語を勉強した。ヴェネツィアにもどると、数々の公職――元老院議員、監察官、十人委員会委員――を歴任。そのかたわらで文学や哲学に没頭し、古物研究にも打ち込んだ。彼はさまざまな著作を残しているが、そのなかにはプラトンの諸対話編の翻訳や、ペトラルカのカンツォーネに対する注釈などがある。エリッツォのもっともよく知られた著作は、三六編の小説集『六日物語』で、ボッカッチョの伝統にのっとっているものの対抗宗教改革期のモラリズムにたっぷり浸った作品となっている。

オッコ、アドルフ　Adolf Occo（一五二四―一六〇六年）

人文主義者や医師を輩出したアウクスブルク市の名門一族の出身。医学を学ぶべく、家族からイタリアに送り込まれたが、アドルフ本人は歴史学と哲学にも惹かれていた。アウクスブルクに帰郷すると、同市の専属医師に任命されたほか、新設された医学カレッジの学部長にも選出され、一五七三年には皇帝マクシミリアン二世によって騎士に叙任された。アウクスブルク市の薬局監査官として、オッコは彼の名をもっとも知らしめることになる著作『アウクスブルク薬局方』を一五六四年に出版している。これは当時の正式認可された薬の調合法をまとめたもので、錠剤、粉末剤、シロップ、油薬、軟膏などの製法が満載された魅惑的な書物となっている。

オルシーニ、フルヴィオ　Fulvio Orsini（一五二九―一六〇一年）

ルネサンス期の古物研究家たちのなかでも、生粋のローマっ子であった数少ない人物のひとりで、かつては栄えた貴族家系の没落した傍系家族に生まれた。教皇パウルス三世の甥にあたるアレッサンドロ・ファルネーゼ枢機卿の被保護者となり、巨大なファルネーゼ宮殿に住み込んで、枢機卿の膨大な蔵書を管理するかたわら、古代遺物コレクションの拡充も行なった。ヨーロッパ中の古物研究家たちとの書簡交信網を築き上げたが、そのなかにはオッコやサンブクスやアグスティンといった名前も含まれていた。訪問者たちからしつこくローマの名所案内を頼まれることもしばしばであったようで、本人は「まるで私が世界で一番暇な男でもあるかのように呼びつける」と、不平を漏らしている。

オルテリウス、アブラハム　Abraham Ortelius（一五二七—一五九八年）

オルテリウスは地理学者としてもっとも名が通っており、最初の近代的な世界地図である『地球の劇場』を一五七〇年に出版した人物として知られる。さらに古代史や考古学にも、地理学に負けないほどの興味を抱いていた。『地球の劇場』の大ヒット（彼の生前にさまざまな言語で二五もの版が出ている）のおかげで、オルテリウスは豊富な資金と余暇を手に入れることができた。各地を旅してまわり、歴史の研究に打ち込み、あるいは古代遺物や珍貨奇宝のコレクションに没頭した。アントウェルペンにあった彼の邸宅は、その蒐集品で広く知られ、一種の公共ミュージアムとしても機能した。稀覯本、硬貨、彫像などに加え、世界中から貝殻を取り寄せてコレクションした。

ゴルツィウス、フベルトゥス　Hubertus Goltzius（一五二六—一五八三年）

フェンロ生まれ。ヴュルツブルク出身のドイツ人芸術家の息子。長じてアントウェルペンに移住すると、同地で画家ならびに彫版師として成功し、同時に古代史や考古学への興味を涵養していった。教養豊かな貴族マルクス・ラウリヌスにブルージュへ招かれ、また有名なヨーロッパ横断旅行の資金まで出してもらっている。この旅の中でゴルツィウスは各地の学者や蒐集家たちを訪ね、自著の硬貨本のために資料を集めてまわった。オランダのヴァザーリともいうべきカレル・ファン・マンデルによれば、ゴルツィウスの晩年は決して安穏とはゆかず、不幸なものであったらしい。というのも二番目の妻が、モラルのうえでずいぶんとルーズな性格の女人であったようで、ゴルツィウスのほうではそんな妻を教育し、理をもって諭すことでその性情を矯めることができるものと甘い期待を抱いていたのが不幸の元であったという。

サンブクス、ヨハンネス　Johannes Sambucus（一五三一―一五八三年）

詩人、文献学者、歴史家、医師。本名の Janos Szamboki をラテン語化したヨハンネス・サンブクスの名で、およそ五〇冊の著作を出版した。それらのタイトルには、ギリシアやローマの古典作品、ハンガリーの歴史、書簡の書き方指南などが含まれる。しかし彼の名を不朽のものとした活動はエンブレムの蒐集であり、その成果をまとめた『エンブレム集、および古代のいくつかの硬貨』であった。サンブクスは、ハンガリーのさる裕福な町長の息子として生まれ、西ヨーロッパの複数の大学で勉学にいそしんだのち、ウィーンに戻った。その類まれな博識と熱烈な愛国心とで、宮廷の寵児となり、一五六五年にラツィウスが没したのちは、皇帝付き司書ならびに歴史家に任命された。

シメオーニ、ガブリエーレ　Gabriele Symeoni（一五〇九―一五六一年以降）

精力的な詩人、人文主義者、傭兵、宮廷人などの顔を持つシメオーニは、祖国フィレンツェの共和政が一五三〇年に崩壊したのち街を追われ、ローマ、ヴェネツィア、イングランド、フランスを転々として波乱万丈な生活を送ったのち、リヨンに落ち着いた。リヨンでは、あらゆる種類の詩を書きまくり、あるいは科学や歴史や倫理に関する多彩な主題のエッセイを執筆した。占星術や錬金術などの怪しげで難解な学問にも手を染めたらしい。ある時シメオーニは、トロワ市のあるゴシック教会の聖人像に向かって発砲し、像を損傷したかどで告訴され、異端の罪で牢獄にぶちこまれてしまった。ただし本人はあくまで、俺はただ雀を狙っていただけだ、と言い張っていたのだが。

シュール、ギヨーム・デュ　Guillaume Du Choul（一五五五年頃活動）
リヨンの考古学者にして人文主義者であるデュ・シュールは、その生没年は不詳であるが、国王顧問や「ドーフィネ山岳地方の国王役人《バイイ》」（**bailli des montagnes du Dauphiné**）という、重要な役職に就いた人物であった。ともあれ、十六世紀の初頭に生まれたことは間違いないと思われる。なぜなら、彼の息子のジャンが、博物学に関する著作を一五五〇年代および一五六〇年代に出版している事実があるからである。そして没年は、一五五六年以降間もなくのことと思われる。彼は未刊の手稿作品を数多く残しているが、そのなかには古代ローマ遺跡に関する膨大な百科全書や、『猛獣・異国獣誌』（*Traite des animaux feroces et etrangers*）などが含まれている。

ストラーダ、ヤコポ　Jacopo Strada（一五一五頃―一五八八年）
学者、編集者、宮廷人、建築家、金細工師、画家、不撓不屈の蒐集家、古代遺物のディーラーという多彩な顔を持つヤコポ・ストラーダは、マントヴァの貴族の家系に生まれた。ゴンザーガ宮廷の典雅で教養の高い雰囲気に浸りながら、人文学的教育ばかりでなく、芸術家としての訓練も受けた。一五四六年以降、彼の名はドイツにあらわれる。代理人、芸術顧問、「古物研究家」などの肩書で、アウクスブルクのフッガー家や、皇帝フェルディナント一世やマクシミリアン二世、バイエルン公国のアルブレヒト五世などに仕えた。ストラーダは、アルブレヒト五世がミュンヘンの公邸に造営した、アンティクアリウムと呼ばれる古代彫刻ミュージアム用にあれこれと宝物を獲得する手助けをし、その組織化に貢献した。

フッティヒ、ヨハンネス　Johannes Huttich（一四八八頃―一五四四年）
エラスムスおよびウルリヒ・フォン・フッテンの友人。マインツ大学で学ぶ。当時のマインツの街は、古物研究の前衛基地でもあった。スペインを訪問する外交使節に随行中、スペインやポルトガルによるアメリカ探査を綴ったパンフレットの蒐集を行なったが、それらはのちに、バーゼルのシモン・グリュナエウスによって一五三二年に『新世界』(*Novus Orbus*)として出版された。一五二〇年代にストラスブールに移住し、同市大聖堂の聖歌隊指揮者の役職を手にした。同地で没するまで、地元の複数の出版社のために校閲係や編集者として働いた。

フルヴィオ、アンドレア　Andrea Fulvio(一四七〇頃—一五二七年)

パレストリーナ生まれ。学校教師にして考古学者。ローマで、ポンポニオ・レートが主催する私設アカデミーに通い、古典古代の歴史と文学を研究する。教皇レオ十世の治世を覆っていた古代ローマ遺跡への熱狂に応えるべく、フルヴィオは『都市の古代』(*Antiquaria urbis*)を一五一三年に上梓するが、これはローマ市内の古代遺跡ガイドで、ラテン語の六歩格の詩文で綴られていた。同書を散文形式で拡幅した著作が『都市ローマの古代遺物』(*Antiquitates urbis Romae*)で、一五二七年に出版された。それはちょうど、著者フルヴィオがローマ劫略のさなかに命を落とす直前のタイミングであった。彼はおそらく、自らを古物研究家と呼んだ最初の人物であろう。現代的な意味での古物研究家、すなわち自分は古代世界を伝える物的資料としての遺跡を研究し、解釈する者なのだ、と自身を定義したのだった。

フルシウス、ラエウィヌス　Laevinus Hulsius(一六〇五年没)

Levinないしは Liévin Hulst、あるいは Hultius、Hulse、Hulze、Hulsen などの名でも知られるこの学者は、地理学と数学、古代史と古銭学の分野で高い名声を獲得した。ヘント生まれであるが、正確な生年はわかっていない。一五九〇年代にドイツに移住し、実入りのいい帝室公証人の役職を得、アルトドルフ・アカデミーの教授となった。フルシウスの名を最も世に高めたのは、彼の「航海もの」シリーズである。これはオランダ人水夫たちによる東インド諸島やアメリカへの航海の模様を綴った著作で、地図と版画が付されていた。このシリーズはフルシウスの死後も、再版や選集版が出版され続けた。

ポワ、アントワーヌ・ル　Antoine Le Pois（一五二五―一五七八年）
薬種商の息子であるが、彼の一家は、ロレーヌ公への忠勤が認められて貴族に列せられていた。ナンシーで生まれたル・ポワは、パリ大学で医学を修めた。ナンシーに帰郷すると、ロレーヌ公シャルル三世およびその妃クロード・ド・ヴァロワの侍医となった。資金にも余暇にもたっぷりと恵まれたこの役職のおかげで、ル・ポワは古代の宝石や硬貨の蒐集・研究に打ち込むことができた。教養深い統治者のおかげで公国は繁栄をきわめた。一五六〇年代から七〇年代にかけてフランス全土を混乱に陥れていた内戦や宗教闘争にも、この地方は巻き込まれることはなかった。ル・ポワの唯一の著作『メダルについての議論』は、著者の死後に弟のニコラの手で出版されたものである。

ラツィウス、ヴォルフガング　Wolfgang Lazius（一五一四―一五六五年）
ウィーンで生まれたヴォルフガング・ラツィウスは、古典と医学の勉強をしたのち、西ヨーロッパ諸国を広く周遊した。故郷の街に戻ってからは、ウィーン大学で医学の教鞭をとった。ラツィウスの学識にいたく感銘をうけた皇帝フェルディナント一世は、彼を皇帝付きの侍医、歴史家、宝物管理人に任命した。ラツィウスは古い手稿、年代記、印章、硬貨、古代の武具、その他の珍貨奇宝のあれこれを膨大にコレクションし、それらを歴史学の浩瀚な著作を執筆する際に資料として活用した。特に名高いのが一五五七年出版の『多くの民族の移動について　十二巻』（*De gentium aliquot migrationibus libri XII*）で、中世初期のさまざまな異民族の王国について論じた著作である。

ランディ、コスタンツォ　Costanzo Landi（一五二一年―一五六四年）
詩人、学者、廷臣という顔を持つコンピアーノ伯コスタンツォ・ランディは、裕福な趣味人で、法律、文学、考古学に関する小著も出版している。ピアチェンツァに生まれ、ボローニャでは偉大な法学者にして古物研究家のアンドレア・アルチャートのもとで学んだ。アルチャートは、碑文や文学などの古代の原典史料を大々的に援用して、古代ローマ法の条文の意味や制定意図を明らかにすべきだと主張したのだが、この種の人文学的なアプローチがランディを刺激して、彼の考古学への興味をあおったことは間違いない。アルチャートの『エンブレム集』の初版は一五三一年であったが、この著作は人々に、深淵なシンボルや複雑なイメージ体系に対する興味をかき立てた。似たような趣向は、ランディが一五六〇年の著作『古代ローマ硬貨解題集』(*Explicationes*) で、古代硬貨の図柄を解釈した際のアプローチにも認めることができる。ランディの著した他の著作としては、リヨンで一五五七年に出版された『健康養生法』(*Methodus de bona valetudine tuenda*) がある。おそらくこの健康法は効き目がなかったか、あるいは著者自身がきちんと守らなかったのであろう。というのもランディは四十三歳の若さで没しているからだ。遺言で自身の膨大な蔵書を遺贈して、先祖代々の邸宅カセッレ・ランディに公共図書館をつくる際の核とし、苦学の学者たちに開放した。

ルイユ、ギョーム　Guillaume Rouille（一五一八頃—一五八九年）

リヨンの多作な文筆家。その出自や学歴については、詳しいことはわかっていない。専門家たちの間でも、ロヴィル (Roville) と発音すべきかルイユないしルイエ (Rouillé) とすべきか、意見が分かれている。トゥレーヌで生まれ、青年期をイタリアで過ごし、のちにリヨンでオフィスを構えた。彼自身は印刷屋ではなく、大編集者として活躍した。すなわち、著者、芸術家、出版業者、小売業者らとコンタクトをとり、売れ筋の商品を企画し、国境を越えて広く読者の心をつかむタイトルを取り揃えていった。そんなルイユのもっとも野心的な本といえば、一五八六年上木の『植物全誌』で、二六八六点の木版画を収録した植物百科全書であった。

謝辞

一五六三年に出版されたユリウス・カエサルの硬貨についてのモノグラフ研究の巻末部で、フベルトゥス・ゴルツィウスは、研究調査の手助けをしてくれた学者やコレクターたちのリストを掲載している。そこにはなんと総勢九七八名もの人物が記載されているのだ！　もし私にゴルツィウス並みの几帳面さがあったのなら、本書に載せるべき謝辞リストは優に二倍に達してしまうだろう。ともあれその冒頭にくるべき人物は、二十五年前に邂逅したフィラデルフィア図書館特別コレクション部門長ローウェル・ヒーニー氏である。氏は、ドレクセル図書館学学校における稀覯本司書学講座で長年にわたって教鞭をとられていた。その学舎で、これまで何千という学生たちが、古く、美しく、稀少な書籍をどのように扱い、記述し、味わうのかを学んでいった。もう少し新しいところでは、メアリー・キール女史が私に寄せてくれた厚い信頼に、感謝の意を表したい。アイオワ州立大学デザイン研究所の所長として同氏が確保してくれた奨学金のおかげで、合衆国各地の研究所や稀覯本コレクションをリサーチ訪問することができた。その他、私の研究にアドヴァイスをくださり、長年にわたって励まし続けてくださった美術史家、司書、学芸員、蒐集家の方々はそれこそ無数におられるが、そのなかでも特に以下の人々には、特別の学恩を受けた――アメリカ古銭学協会司書フランシス・キャンベル氏、蒐集家にして学者のジョナサン・カガン氏、愛書家にして古物研究家のヘントのクリスティアン・デケセル氏、ペンシルヴァニア大学時代の恩師レオ・スタインバーグ先生。先生が示された学術研究の卓越した規範とその文学的スタイルは、弟子たちの誰ひとりとして追いつくことのできぬ金字塔であり続けるであろう。拙著が、ここに挙げた皆様方のご期待に沿えるものに仕上がっているかどうかいささか心もとなくはあるのだが、そんな私の心の慰めとなってくれるのが、ヤコポ・ストラーダが『古代宝物要覧』（一五五三年）の序文で、プリニウスの言葉として引いているこんな格言である——「賢い人は、どんな本を落掌しても、それがどんなにひどく書かれていようが、なにがしかの教訓を引き出すものだ」。

訳者あとがき

コインが映し出す知の大宇宙――ルネサンスの古銭蒐集とエンブレム、視覚芸術、百科全書主義

ヨーロッパの美術に興味があって、現地の著名なミュージアムをいくつか訪れたことのある方なら、きっとこんな経験をお持ちではないだろうか。ドナテッロやミケランジェロの鬼気迫る彫刻、レオナルドやラファエッロの溜息のでるような絵画、それら珠玉の品々を収蔵する宝石箱のような建築……。もう眼も心も満たされて、ここちよい四肢の痺れと軽い眩暈を感じつつ、出口のミュージアムショップへといそぐ途中、きまって閑散とした人気のない部屋を通過する。おおかたは壺や皿などの陶器や、手の込んだ貴金属細工、そしてどの時代のものかよくわからない大量の古銭などが展示されているのだが、大作鑑賞に疲れた頭にはそれらの価値などわかる由もなく、細かい説明書きを読もうという気すらおきない。特に古銭は、どれも似たようなデザインのものがガラスケースに並べてあるだけで、形はいびつで色もくすみ、お世辞にも美しくない。「もうたくさん!」と、たいていの人は足早に通り過ぎてしまうことだろう。

だが、たかが古銭、されど古銭。この鈍く光る小さな金属塊が、じつはルネサンスの精神世界と物質世界の両面を支配した、実に貴重なオブジェであったことは、一般にはほとんど知られていない。そんなルネサンス期の古銭蒐集という、一見すると大変マニアックで専門性の高いジャンルを、平易な口調で通覧しつつ、その精神史的可能性を極限まで追求してみせる、そんな力業をなし遂げた著作が前世期の末に現れた。ここに邦訳をお届けするジョン・カナリーのルネサンス古銭論(原題は *Images of the Illustrious: The Numismatic Presence in the Renaissance*, New Jersey, Princeton University Press 1999 :『著名人の肖像――ルネサンスにおける古銭学の影響力』)がそれである。原著の出版から十年

以上が経過しているが、当該ジャンルで通読可能な手頃な通史としては、いまだに本作を超えるものは出ておらず、何よりも、本書が素描して見せた数々のトピックが、今ようやく初期近代西欧文化史の主要テーマになりつつあるという、そんな前衛性を併せ持つ一冊でもある。そのあたりの事情を、訳者あとがきの場を借りつつ、追加の文献案内も兼ねて以下に少し書き連ねてみたい。

■コレクション史研究のなかの古銭論

ジョン・カナリーの本書は、学問史の潮流の中で見るなら、八〇～九〇年代に一大ブームとなった、いわゆる初期近代蒐集文化史というジャンルに分類可能な作品である。よく知られているように十六世紀の王侯貴紳たちは、異国の珍獣奇鳥に珍花奇葉、怪物標本や古代遺物や僻遠の民芸品など、珍しいとあれば手当たり次第に集めてまわり、それらを狭い部屋の中に立錐の余地なく並置して、見る物を瞠目せしめるディスプレイを行なった。いわゆる「驚異の部屋《ヴンダーカンマー》」である。(1) そうしたコレクション空間の一角を堂々と占めていたのが、古代の硬貨であった。博物標本や彫刻に比べ、比較的入手が容易で持ち運びにも便利であったため、コインはたちまち人気のアイテムとなる。著者カナリーの議論を大雑把にまとめてみると、こんな具合になろうか——

西欧近代における古銭愛玩趣味は、人文主義の父ペトラルカにその端を発し、彼を真似た貴紳たちが競って蒐集しはじめる。コインの表側に刻まれた著名人物たちは、各種の美徳を体現した理想のモデルとみなされ、人々はそれらを肌身離さず持ち歩き、暇を見つけては瞑想することで古代世界に思いをはせていた。この頃のコインはいわば、一種の呪物崇拝的なオブジェとして機能していたのだ。

やがてルネサンス文化も爛熟を迎え、エンブレムなどの象徴・寓意系の文学が流行するようになると、コインの裏面に描かれた謎めいた建築、風景、動物などにも関心が高まってゆく。時代は百科全書主義（後述）の真っただ中であり、古代の全硬貨を網羅せんと豪語する、怪物級のカタログ企画が次々と立ちあげられる。しかしこうした動きが、やがては比較研究的な態度を学者たちのあいだに醸成し、古銭はテーマ別に分類され、年代順に配列されることで、貴重な歴史学の一次資料としての地位を獲得してゆく。
と、このような壮大な知の見取り図を描くカナリーの筆致はあくまで軽妙洒脱で、読み手を最後まで飽きさせない。冒頭から美術史、歴史学、博物学、文学、哲学のトピックが縦横に入り乱れ、短くまとめられた各章が、それぞれ計り知れない威力を秘めた知的爆弾となっているのだ。

■ルネサンスの百科全書的コレクションと詩神の輪舞

なぜ人々が、ルネサンスという時代にあれほど蒐集活動に熱を入れたのかという理由を、あらためて考えてみる必要があるだろう。人々はそれまで、自分が世界の中心にいるのだという絶対的確信の中に安穏と暮らしていたのだが、その堅固なヴィジョンががらがらと音を立てて崩れ始めるのが、まさにこの時代だ。はるか古代に、自分たちより優れた文明があったことを人々は知る（古代復興）。また海のかなたには見知らぬ広漠な大陸があり（アメリカ発見）、無謬であったはずのカトリック教義が絶対のものではなくなり（宗教改革）、あろうことか、自分たちの暮らす大地がぐるぐると回転する不安定極まりない土塊である事実を目の前に突き付けられる（地動説の提唱）。新大陸やアジアとの交易の拡大や、活版印刷術の発達、そして繚乱と百花のごとく咲き乱れたルネサンス芸術文化が、ヨーロッパの市場を物と情報の洪水に巻き込んだ。それがメディア史的観点から見てどれほど劇的な変化であったのかは、まさにその知の激動の瞬間に光を当てた、アン・ブレアの言いえて妙なタイトルの新刊『知るには多すぎる』（Too much to know）を一読すれば、たちまち諒解されよう[2]。

不安と好奇の板挟みになった人々が何をやったかと言えば、それらのあふれる物と情報を片端から集めることであった。地面を掘って出てくる古代遺物を集め、異邦の動植物を飼育栽培し、日々陸続と生み出される巨匠たちの絵画や彫刻を買いあさる。それは見方を変えれば、個々のオブジェのうちに古代や新世界や現代社会の諸相を凝縮したかたちで写し取り、自らのコントロール下に置くことを意味した。時間的にも空間的にも、およそ自分の手の届かないところにまで広がってしまった現実世界を、もう一度、ひとりの人間が把握可能な閉じた世界へと還元する、それは一種のユートピア的試みであったのである。古代世界の政治、美術、倫理、経済、宗教をコンパクトに展観させてくれる帝政期ローマ硬貨がコレクターたちのあいだで爆発的な人気を博したのは、まさにこの理由による。人々は古銭を所有することで、過去の偉大な帝国の歴史を丸ごと手に入れようとしていたのだ。

このような網羅的な蒐集活動を指して、百科全書的コレクションという。百科全書という言葉は、何もディドロとダランベールの専売特許ではない。古代に淵源し、ルネサンス時代に再び花開いた蒼古たる概念であり、天地万象のあらゆる事物・知識を掌握せんとするこの知的動向は十六世紀にひとつの頂点を迎える。[3] 英語のエンサイクロペディアなる語は、もともとギリシア語で「円環状の知」を意味する観念であった。あらゆる学知が相互に補完し合いながら浸透し、調和的な人知の総体を形成するという考え方で、キケロやクインティリアヌスらが理想の弁論家教育を語ったり、ウィトルーウィウスが建築家養成のプログラムを提示したりする際に用いられた。[4] この円環知の概念をルネサンスの人文主義者たちは、アポロンの奏でる竪琴にあわせ、手に手をとってオリュンポス山頂に舞う詩神ムーサイ（単数形はムーサ、英語ではミューズ）たちの輪舞という美しいイメージに結晶化させた。

ムーサイとは、記憶女神ムネモシュネとゼウスの間に生まれた九柱の学芸神のことで、現代英語のミュージアムという語は、彼女たちに捧げられた殿堂を指す言葉「ムーセイオン」からきている。女神たちの天界の円舞はいつしか円形の理想ミュージアムとして、ルネサンスに沸くヨーロッパ各地の知的風土に物質化し、百科全書的コレクションの収蔵展示を意図する数々の計画案を生み出してゆく。一例をあげるなら、バイエルン公アルブレヒト五世（一五二八—七九年）に仕えた蒐集理論家ザムエル・フォン・クヴィヒェベルク（一五二九—六七年）は、主君の大コレクションを収蔵・展示するために古代の円形劇場に範を採ったミュージアムを構想し（Samuel von Quiccheberg, *Inscriptiones vel tituli theatri amplissimi...*, München 1565）、五クラス五三細目にわたる詳細な分類カテゴリーを設定して森羅万象のオブジェを一望のもとに掌握しようとした。[5] 本館の周囲には、印刷工房、蒸留・製薬所、図書館、ろくろ工房などの補助施設が想定され、積極的な知識の生産が企図されていた。博物館や美術館といえば、今でこそ死物を蔵する静的な施設という見方が一般的であるが、かつては女神たちの輪舞さながら、躍動感あふれる動的機関であったのである。

バルダッサーレ・ペルッツィ「アポロンとムーサイの円舞」、油彩、パラティーナ美術館（ピッティ宮殿）、フィレンツェ、1514~23年ごろ

そんなクヴィヒェベルクの理想ミュージアムにも、当然のごとくコインのカテゴリーが設定されていて、古今の硬貨ばかりでなく、古銭の図柄を印刷した版画までもが蒐集対象となっている。興味深いことにこのカテゴリーの参考図書として、本書でもおなじみのフベルトゥス・ゴルツィウスのローマ皇帝古銭論（*C. Julius Caesar...*, Bruges 1563）がしっかりと挙げられている。ヤコポ・ストラーダやゴルツィウスらが紙上で夢見た完璧な古銭コレクションが、ここでは実現すべきモデルとして提示されているのである。コインはもはや単なる呪物的崇拝対象ではなく、歴史研究の資料、すなわち古代史の新知見を生み出す材料として、理想ミュージアムに欠くべかざる要素となっていたわけである。

■古銭、エンブレム、博物学

カナリーの議論の白眉のひとつをあげるなら、黎明期の古銭学の文献が、エンブレム文学の書式形成に何らかの影響を与えたのではないか、という仮説を提示する箇所である。本文中にも解説があるが、エンブレムとはイタリアの法学者アルチャートが貴紳の知的遊戯のために考案した、モットー・図像・エピグラムの三つ組みからなる文学ジャンルで、創案者の当初の意図をはるかに超えて、初期近代のあらゆる知的活動に深甚なる影響を与える文学形式となった。[6] その着想源をめぐっては、これまでさまざまな可能性が指摘されてきたが、カナリーによる本書ほど古銭学著作との類似を正面きって論じた研究は、これまでになかった。コインそれ自体にはラテン語の刻銘（＝モットー）と図像しか刻まれていないが、それら古銭を解説した書物にはたいてい長い説明文が付されており、確かにこれがエンブレム文学でいうところのエピグラムに対応している。今後は文学研究の立場から、このカナリーの仮説を詳細に検証してゆく必要があるだろう。

さて本書が切り開いた地平をさらに押し広げてみるなら、古銭学とエンブレムと博物学という、知られざる学知の三つ巴の関係がうっすらと浮かび上がってくる。というのも、十六世紀当時の博物学、すなわち動植鉱物の包括的研究は、古銭やエンブレムを貴重な情報源として活用していた側面があるからだ。「科学的実証性」という言葉では割り切れない、まだ文・理が截然と分かれる以前の有機的な世界観である。こころみに、ボローニャのアリストテレスと称された大博物学者ウリッセ・アルドロヴァンディ（一五二二─一六〇五年）の著作『鳥類誌』（ボローニャ、一五九九年）の序文を読んでみるならば、鳥類に関する「倫理、慣習、神秘、ヒエログリフ、歴史、象徴、古銭、エンブレム、寓話、賛美」をあまさず収録したのだという、自信に満ちた文言に出くわす。[7] 先ほど、初期近代には人は世界の中心という特権的地位を喪失したと書いたが、だからこそ逆に、せめて観念の中では、人間が宇宙の中心を占め続けて欲しいという希求が生まれもした。そんな人々が織り紡いだ世界観こそ、すべてのものが人を中心に相互連鎖の網を張り巡らし、何かひとつが動けばその振動が全宇宙に共鳴せざるをえない、そんな壮大な象徴的コスモスであった。[8] したがって十六世紀に生きる人が、ある鳥について深く知ろうとすれば、その形態や鳴き声、習性を記録しただけでは不十分であった。加えてエンブレム文学の中でその鳥がどんな扱われ方をしているのか、そしてその鳥が描かれた古銭があればそれはどんな意味合いをもっていたのか、といったことまですべて知り尽くして、はじめてその生物個体を理解したといえたのである。[9] 動植物の姿が多数描かれた古銭の裏面図像こそは、博物学者にとっては貴重な研究資料であったのである。

■肖像画ギャラリーとしての古銭学書とエクフラーシスの魅惑

古銭学著作との類似性を見せる、もうひとつの文学形式がある。それが著名人伝記のジャンルだ。エンブレムの姉妹ジャンルたるインプレーザ文学を定式化したパオロ・ジョーヴィオ（一四八三―一五二二年）は、著名人伝記の分野においても卓越した業績を残した人物であった。[10]この種の書物では各人物の肖像画が冒頭に掲げられ、それに続いて伝記の記述がくる。カナリーが指摘したように、やはりここにも古銭学書籍との関連性があったことは容易に想像できる。そのジョーヴィオといえば、トスカーナの宮廷芸術家ジョルジョ・ヴァザーリ（一五一一―七四年）に、西洋初の体系的美術史著作とされる『芸術家列伝』（初版一五五〇年、増補改訂第二版一五六八年）の執筆を着想させ、また自身はコモ湖畔の典雅な古代風別荘に、古今東西の著名人の大肖像画ギャラリーを設営してミューズの殿堂となした人物であった。イメージとテクストの間を自由に往還する、軽やかな知性の持ち主ならではの営為といえようか。

ジョーヴィオの別荘を飾っていた肖像画ギャラリーは、見方を変えれば、古銭学著作のページフェイスがそのまま建築空間に物質化したものとも考えられる。古銭に徳育他の教育的価値があったように、それら著名人ギャラリーにもまた観者を教え諭し、すすんで偉人に倣おうという気概をはぐくむ機能が期待されていた。たとえばJ・V・アンドレーエが構想した幾何学的ユートピア都市「クリスティアーノポリス」（一六一九年）でも、方形の城壁内のいたるところに著名人の偉業や武勲や才気をたたえる肖像画や彫像が置かれ、住人達はそれらを日々眺め暮らすことで、偉人の徳を模倣するよう導かれた。「著名人の肖像」（Images of the Illustrious）が、一枚の古銭から巨大な都市までを結びつけていたのである。

さて最後に、古銭学書はもとより、著名人物列伝やエンブレム文学にも通底するひとつの修辞技巧に一瞥を加えておこう。すなわちそれが「エクフラーシス」と呼ばれる概念／テクニックだ。「画文一致」などと乱暴な訳が充てられる場合もあるが、古代修辞学における原義は、読者や聴衆の眼前にその光景をありありと想起させるかのような鮮烈な表象を生み出す記述・描写、の謂いであった。[11]だから、描述される対象は特に限定されていなかったのであるが、それがいつしか芸術作品の描写という意味へと定義がせばめられていった。だから近代以降、エクフラーシスといえば、絵画や彫刻や建築などの視覚表象を、言語（特に韻文）によって描写したもの、と理解される[12]。

この意味においてエクフラーシスがもっとも効果的に機能した領域のひとつが、古銭学書やエンブレム文学であった。いずれも、特徴的な図版が冒頭にかかげられ、それを生き生きと描写・解説する技巧に満ちた文言が並置される。絵を片隅に見ながらその文章を読んでゆくと、やがてイメージが脳内で動きだし、会話を始め、メッセージを発するようになる。そのとき、イメージと文字は完全に一体化し、相互補完関係の相に置かれているのだ。古銭やコインブックを瞑想の具として用い、先人や偉人の美徳を学ぼうとした初期近代の人々は、簡素な線描で表現された古代人の動かぬ顔を、ただじっと眺めていたわけでは決してなかった。テクストを頼りにイメージに活力を与え、時には観相学の知識を動員しながら、歴史上の偉人たちと精神の内で生き生きと対話をしていたはずなのである[13]。ともすると、どこかの誰かが作ってくれたCGやビデオ映像をただ受け身的に消費するばかりな現代人がもはや失ってしまった、過去の強靭な視覚的想像力の証言として、初期近代の古銭学書を読み直してみる必要があるだろう。

最後に一点、訳語の問題について注記しておきたい。本書では古銭を指す言葉として、「硬貨」と「メダル」という二つの語が用いられている。基本的な区分としては、流通貨幣の意味のときは「硬貨」、記念品や芸術品としての意味合いが強い時は「メダル」とされるが、カナリーはこの両語を時として曖昧に使用している観がある。翻訳にあたっては原著者による用法を尊重し、原文に“coin”とある時は「硬貨」、“medal”とある時は「メダル」と訳すことを基本方針とした。ただし文脈によっては「コイン」という訳語も適宜用いたことをお断りしておく。

本書との出会いは、訳者がまだイタリア留学中、博士論文の執筆に明け暮れていた頃にまでさかのぼる。とある章で、先にも少し触れたクヴィヒェベルクの難解なミュージアム理論の文章と格闘していたおり、古銭学者フベルトゥス・ゴルツィウスについての参考文献として何気なく手に取った一冊が、カナリーの本書であった。開巻劈頭、ブラジルでの古代ローマ硬貨発見報のエピソードに魅了され、たちまちその軽妙洒脱な筆致のとりことなり、ページをめくるのももどかしく、巻末まで一気に読破した記憶がある。お目当てのゴルツィウスについての詳細な情報はもちろん得られたが、加えて自分が今研究対象としている初期近代という時代がいかに面白いエポックであるのかということを、再確認させられる一冊でもあった。その時受けた学恩を、この翻訳によって少しでも原著者に返すことができれば、それにまさる喜びはない。

翻訳にあたってはさまざまな方々のお力をお借りしました。ドイツ語関連の問題は吉田耕太郎氏、英語の人名表記や文法は吉本真由美氏、フランス語関連の問題は但馬亨氏と林千宏氏に、それぞれ大変お世話になりました。田中創氏には再校のゲラを丁寧に読んでいただき、古代史やラテン語学の観点から有益なアドヴァイスを様々にいただきました。水野千依氏には、美術史関連の用語について解説していただきました。また白水社編集部の糟谷泰子氏には、翻訳のしやすい環境をいろいろ整えて訳者を励ましていただいただけでなく、訳文を読みやすくするうえでの貴重な助言を無数にいただきました。翻訳にあたっては細心の注意をはらったつもりですが、もしミスや勘違いなどが紛れ込んでいたら、それはすべて訳者の責任であります。本書がみなさんにとって、大きな世界を開く小さな扉となりますように。

二〇一二年四月

桑木野　幸司

訳者略歴
一九七五年生まれ
千葉大学卒、大阪大学大学院准教授
西洋建築史・庭園史・美術史研究者。工学修士（東京大学：建築史）、PhD.（ピサ大学：美術史）。研究テーマは、初期近代の建築空間における知識の表象の問題
主要著訳書
『ルネサンスの演出家ヴァザーリ』（共著）
ハート、ヒックス編『パラーディオのローマ　古代遺跡・教会案内』（以上、白水社）

古代ローマの肖像
ルネサンスの古銭収集と芸術文化

二〇一二年　五月一五日　印刷
二〇一二年　六月一〇日　発行

著　者　ジョン・カナリー
訳　者 ©　桑《くわ》木《き》野《の》幸《こう》司《じ》
発行者　及　川　直　志
印刷所　株式会社　精興社
発行所　株式会社　白水社

東京都千代田区神田小川町三の二四
電話　営業部〇三（三二九一）七八一一
　　　編集部〇三（三二九一）七八二一
振替　〇〇一九〇‐五‐三三二二八
郵便番号　一〇一‐〇〇五二
http://www.hakusuisha.co.jp
乱丁・落丁本は、送料小社負担にてお取り替えいたします。

松岳社　株式会社　青木製本所
ISBN978-4-560-08212-6
Printed in Japan

索引

古代ローマ人の名前は、原則として個人名が先になっているが、他の名前でより知られている場合は、そちらを先に表記した（例　カエサル、ユリウス）。その他の人名は姓、名の順、ただし王侯貴族は必要に応じて名前で項目を立てた。

あ行

か行

さ行

な行

は行

注

第1章

1. Antoine Le Pois, *Discours sur les medalles et graveures antiques* (Paris, 1579), f. 2.
2. Abraham Ortelius, *Theatrum orbis terrarum* (Antwerp, 1570; reprinted, Amsterdam, 1964), f. 2.
3. Lucio Marineo Siculo, *De rebus Hispaniae memorabilibus* (Alcala, 1533), f. CVI. また次も参照：Caro Lynn, *A College Professor of the Renaissance: Lucio Marineo Siculo among the Spanish Humanists* (Chicago, 1937), pp. 87-88.
4. *A Survey of Ancient Numismatic Research, 1960-1965* (Copenhagen, 1967), vol. 1, p. 187. 件のベネズエラの宝物壺には、アウグストゥス帝時代から西暦350年に至る時期の硬貨が含まれていた。この報告書の著者Ann S. Robertsonは、次のような推測をしている。「おそらくはローマ人貿易商の現金払い用の財貨ストックで、持ち主が砂浜に丁寧に埋めたものか、あるいは船が沈没して、海岸に打ちあげられたものではないだろうか」。この種の発見の他の事例については次を参照：Cyrus H. Gordon, *Before Columbus: Links between the Old World and Ancient America* (New York, 1971), and the chapter on "Roman Visitors" in Barry Fell, *Saga America* (New York, 1980), pp. 117-139.
5. Le Pois, *Discours*, f. 1v.
6. Sebastiano Erizzo, *Discorso sopra le medaglie antiche* (Venice, 1559), f. a2: "Per una statua de' tempi antichi che hoggi s'habbia, sono molte & molte medaglie per tutto il mondo."
7. 次を参照：Mortimer Wheeler, *Rome beyond the Imperial Frontiers* (London, 1954). Wheelerが挙げる漂流遺物には、次のようなものがある：シャム湾の古代の商取引地で見つかったアントニヌス・ピウス帝の金貨片（p. 174）、パンジャーブ地方のタキシラで発見されたティベリウス帝のデナリウス銀貨（p. 160）、アルジェから1,000マイル離れたサハラ砂漠の南端にある四世紀の墓から出土した、コンスタンティヌス帝の銅貨（p. 110）。ライン河からラトビアにかけての「帝国自由諸都市」からの出土品は、とりわけ豊富な事例が紹介されている（pp. 63-68）。
8. Stephanus Zamosius, "Analecta lapidum vetustorum et nonnullarum in Dacia antiquitatum," appendix to Wolfgang Lazius, *Reipublicae Romanae in exteris provinciis commentariorum libri duodecim* (Frankfurt am Main, 1598). ザモシウスの"Analecta"には、独立したページ番号が振られている。古銭に関するコメントは、38-47頁に収録されている。
9. 以下に引用されている：Robert Weiss, *The Renaissance Discovery of Classical Antiquity* (Oxford, 1969), p. 171, n. 4.
10. Desiderius Erasmus, *Opus epistolarum*, ed. P.S. Allen and H.M. Allen, vol. V (Oxford, 1924), p. 42 (no. 1272). この種の贈答に関するさらなる情報は、次の拙論を参照："Ancient Coins as Gifts and Tokens of Friendship during the Renaissance", *Journal of the*

History of Collections, vol. 6 (1994), pp. 129-143.

11. Erasmus, *Opus epistolarum*, vol. 5, p. 134, n. 39. 気になってしまうのは、はたしてグラレヌス教授の新妻がこれらの硬貨を、婚姻の儀にふさわしい贈り物とみなしたかどうかという点だ。というのも、ここに描かれた二名の征服者はいずれも、家庭で過ごす時間をほとんど持たなかったのだから。

12. Weiss, *Renaissance Discovery*, p. 167, n. 2; また次も参照：Alessandro Luzio, "Lettere inedite di Fra Sabba da Castiglione," *Archivio storico lombardo*, 2nd ser., vol. 3 (1886), pp. 102-103.

13. George F. Hill, "The Thirty Pieces of Silver," *Archaeologia*, 2nd ser., vol. 9 (1905), pp. 235-254. ヘレニズム期に鋳造されたロドス島の銀貨には、ヘリオス神の輝く頭部が描かれていたのだが、これがどうして中世にはユダの銀貨として一般に知られるようになったのかについては、推測の域を出ない。だが筆者は、この島を16世紀まで占領していたロドス騎士団が、おそらくは商業目的からこの誤認をあえて助長していたのではないかと考えている。1553年の段階でも、リヨンの印刷業者ギョーム・ルイユはロドスのディドラクマ銀貨を指して、「ユダのデルニエ銀貨」であると、自著『プロンプトゥアリウム』（第二部、10頁）に書き記している。しかし16世紀中葉の古銭学の著述家たちは、この説をしりぞけ、かわりに古代ユダヤのシケル銀貨ではないかという仮説を出している：Gabriel Symeoni, *Dialogo pio et speculativo* (Lyons, 1560), p. 196.

14. Pierre de Nolhac, *La bibliothèque de Fulvio Orsini* (Paris, 1887), p. 34.

15. Walter Benjamin, "The Work of Art in the Age of Mechanical Reproduction," in *Illuminations* (New York, 1968), pp. 217-251. 本書はベンヤミンのテーゼの是非を議論する場ではないので深入りはしない。彼によれば、写真による複製が、かつて神聖で、唯一で、真正で、遠く離れたものにまとわりついていたアウラの破壊を加速したのだという。ベンヤミンは芸術の機械生産の初期の例として、ギリシア人が手にしていた硬貨鋳造術の発明を取り上げ（p. 218）、ついで中世の彫版技術、そしてルネサンス期の印刷術の発明をあげている。だが彼にとって写真こそは、質的な変革を画するものであった。なぜなら、写真は「儀式に隷属する状態から芸術作品を解放する」からで、これによってあらゆる人々が図像や宝物を目にし、手で触れることができるようになったのである。かつてこういった品々は、遠方の容易には近づけない場所に保管されているがゆえに、力を秘めていたものであった。たとえば、古の時代の匠の手になるオリジナルの作品だとか、「寺院の奥まった場所に固定されていた神々の像」などがそうだ（p. 225）。 こうして、現代のデモクラシーと大衆文化が情け容赦なく推し進める平等化・均質化のプロセスに沿うかたちで、かつて神秘であったものが見慣れたものとなり、神聖なものが世俗化してゆく。だが、ラファエッロの聖母画がアリナーリの印刷（Alinari prints）や絵葉書で複製され、大衆が気ままに眺めることができるようになるはるか以前、オリュンピアのゼウス像はすでに金・銀・銅の硬貨に刻まれて複製され、地中海沿岸一帯に拡散していたのである。ギリシア人や異邦人たちはその硬貨を手に取り、ゼウス像にまつわる儀式などには露ほども注意を払うことなく、折に触れて眺め入ることができたばかりか、それを代価として、馬や奴隷や油や大麦などを購うこともできたのである。そしてこれらの硬貨がルネサンス時代に、印刷業者や古代学者らの手によって、さらに入手が容易なかたちで複製される。この段

階に至ると、遠きもの、神秘的なものを手なずける一連のプロセスが——少なくとも異教世界の崇拝オブジェに関しては——完成を見ることになるのである。

16. Claude Lévi-Strauss, *The Savage Mind* (Chicago, 1966), p. 23.

17. 硬貨著作（コインブック）と行列行進の連想という点から興味深いのが、ギョーム・ルイユである。ルイユは大変な人気を博した古銭図像コレクション本のひとつ、1553年刊行の『プロンプトゥアリウム』の著者であるのだが、同書に付したマリー・ド・メディシス宛ての献辞において、著作タイトルの代案を示しているのだ。すなわち、『トリオンフォ・ディ・メダーリエ（Trionfo di medaglie)』というのがそれで、これは（メダルの）「凱旋行進」を意味している。次を参照：E. Picot, *Les Français italianisants au XVIe siècle* (Paris, 1906), p. 200.

18. 次を参照：Robert W. Karrow, *Mapmakers of the Sixteenth Century and Their Maps* (Chicago, 1993). 同書では、本文で触れた四名の著作家たちの地図学における活動が分析されているほか、ピッロ・リゴーリオの事例も取り上げられている。リゴーリオはギリシアおよびローマのコインをはじめとする古代遺物に関する手稿を数多く残したが、印刷出版は行なわなかった。

19. Andrea Fulvio, *Antiquitates urbis Romae* (Rome, 1527), f. XLVIIv.

20. John Cunnally, "Numismatic Sources for Leonardo's Equestrian Monuments", *Achademia Leonardi Vinci*, vol. 6 (1993), pp. 67-78.

21. 人文主義者たちが古代の建築や地誌を再構築する際に、ローマ時代の硬貨がどれほど重要な役割を帯びていたのかを、近年の研究が明らかにしている：Ian Campbell, "Pirro Ligorio and the Temples of Rome on Coins," in *Pirro Ligorio, Artisto and Antiquarian*, ed. R. W. Gaston (Milan, 1988), pp. 93-120; Philip Jacks, "The Simulacrum of Fabio Calvo: A View of Roman Architecture *all'antica* in 1527", *Art Bulletin*, vol. 72 (1990), pp. 453-481.

22. Thomas More, *The Complete Works*, ed. Clarence Miller (New Haven, 1984), vol. 3, part 2, p. 262: "Nec iam pyramides procerum monumenta suorum / Tam sunt, quam pyxis Buslidiane tua."

23. Adolf Occo, *Imperatorum romanorum numismata a Pompeio Magno ad Heraclium* (Antwerp, 1579), f. Ee3v: "Non grande est pretium, me quoque lector erme. / Aspicies nummos veterum monumenta virorum, / Nec mora portanti, nec mora portanti, nec grave pondus ero."

第2章

1. Johannes Rosinus, *Romanarum antiquitatum liber decem* (Basle, 1583), p. 485. この演説が行われたアルトドルフ・アカデミーは、偶然ながら、優秀な学生弁論への賞としてメダルを授与する活動で知られていた。それらのメダルはエンブレム形式でデザインされ、古代ローマ帝国のコインの図案を模倣することもあった。次を参照：Frederick John Stopp, *The Emblems of the Altdorf Academy: Medals and Medal Orations, 1577-1626* (London, 1974). フライギウスおよび彼の学識については、*Allgemeine deutsche Biographie*, vol. 7 (Leipzig, 1878), pp. 341-343 に収録の J. A. Stintzing による伝記を参照。

2. Leon Battista Alberti, *On Painting and on Sculpture*, ed. C. Grayson (London, 1972), pp. 78-79.

3. Leonardo da Vinci, *Treatise on Painting*, ed. A. Philip McMahon (Princeton, N.J. 1956), pp. 110-111. この時代、詩人もまた、豊富で多様なイメージを提示するよう期待されていた：「愛と貴婦人、騎士と武器を、我は吟唱せん / 幾多の礼節を、そして多くの勇敢な偉業を」; この引用は次を参照：Ludvico Ariosto, *Orlando Furioso*, trans. W. S. Rose (New York, 1968), canto 1, 1.1-2.

4. Enea Vico, *Discorsi sopra le medaglie de gli antichi* (Venice, 1555), bk. I. p. 48; Sebastiano Erizzo, *Discorso sopra le medaglie de gli antichi*, 4th ed. (Venice, c. 1585), pp. 3-4. エリッツォの『古代メダル論』の初版はヴェネツィアで1559年に出版された。

5. Erizzo, *Discorso*, part 2, pp. 76-77. また次も参照：Francis Haskell, *History and Its Images* (New Haven, Conn., 1993), p. 89. Haskellも次のように述べている：「いまや多くの学者が確信しているのは、これらの『メダル』は売春宿での使用を想定した代用貨幣であったということだ。皇帝の顔を描いた通常の硬貨は、そのような場所に持ち込むことができなかったからである。」

6. Martin Gosebruch, "Varietà bei Leon Battista Alberti und der wissenschaftliche Renaissancebegriff", *Zeitschrift für Kunstgeschichte*, vol. 20 (1957), pp. 229-238.

7. Sabba da Castiglione, "Ricordo circa gli ornamenti della casa", in *Scritti d'arte del Cinquecento*, ed. Paola Barocchi, vol. 3 (Milan, 1971), p. 2921; Vico, *Discorsi*, bk. 1, p. 52.

8. Ernest Babelon, *Traité des monnaies grecques et romaines*, part 1, vol. 1 (Paris, 1901), cols. 120-121.

9. Ibid. ここで思い浮かぶのが、フランソワ・ルメールの手になる一幅の絵画で、そこにはパリ造幣局の局長ジャン・ヴァランが、幼いルイ14世に古代のメダルの説明をしている姿が描かれている。この絵は次の文献に収録されている：Elvira Clain-Stefanelli, *Numismatics: An Ancient Science* (Washington, D.C., 1965), p. 21.

10. Max Bernhart, *Antike Münzbilder in humanistischen Unterricht*, 2nd. ed. (Munich, 1928), p. 1:「視覚を通じた認識は、たんなる言葉や抽象概念よりもずっと大きな興味を呼び覚ますのである」。ベルンハルトが主張するには、教師は教室での授業のために、大枚をはたいて古代の硬貨を手に入れる必要はない、なぜなら当該目的のために造られた「電気製版複写」によるコピーが、簡単に手に入るからである。ああ、今でもそんなものが手に入ったのならよかったのだが！

11. Susan Sontag, *On Photography* (New York, 1973), p. 3.

12. Haskel, *History and Its Images*, p. 25.

13. Sontag, *On Photography*, p. 156.

14. 語り手はもちろんマーロウの作中のマキアヴェッリであり、現実の彼の言葉ではない：*Jew of Malta* (c. 1588), prologue 18-21. だがおそらく、この想像上のマキアヴェッリが、フルヴィオが描く想像上のローマ皇帝たちに対する、適切な注釈となってくれるだろう。

15. 中世までの幼稚な幻影から抜け出した、近代的な個性の覚醒——ブルクハルトが自著の「イタリア国家と個人」の章で綴ったこの見解こそは、ここで引くのにとりわけふさわしい文言と思われる：「13世紀の末になると、イタリアは個性的な人物を輩出するようになる。個人主義の上に置かれていた呪縛が、ここでは完全に断ち切られた。無数にあるひとつひとつの顔が、何の制限もなく、それぞれ特異な顔をおびてく

る」: *The Civilization of the Renaissance in Italy*, trans. S. G. C. Middlemore (New York, 1958), p. 143. ブルクハルトはここで、ダンテやヴィッラーニをはじめとするイタリアの詩人や年代記作家たちが語る、無数の忘れがたい個性的人物に言及している。だがそれぞれに特徴的な顔だちで、古代の君主や賢人、貴婦人や高級娼婦たちに偽装したこれら無数の個性には、フルヴィオやルイユの書物に収載された古銭の肖像画の内でも、やはり同様に出くわす。ブルクハルトのルネサンス観が、視覚芸術によって表現されたこの時代の自己イメージに大幅に依拠している可能性については、ハスケルが探究を行なっている：Haskell, *History and Its Images*, pp. 331-346.

16. Guillaume Du Choul, *Discours de la religion des anciens Romains* (Lyons, 1556). フランス語版は1557年、1567年、1581年、1672年、1731年に出版。イタリア語訳（*Discorso della religione antica de' Romani*）は1558年に初版、その後1569年に再版されている。その他にもスペイン語版（1579年）、オランダ語版（1684年）、ラテン語版（1685年および1748年）がある。各版の一覧は次を参照：Richard Cooper, "Collectors of Coins and Numismatic Scholarship in Early Renaissance France", in *Medals and Coins from Budé to Mommsen*, ed. M. H. Crawford (London, 1990), p. 22. デュ・シュールの『議論』は現在では、Garlandが出版したファクシミリ版によって広く一般読者の手に入る。
17. 初期ルネサンスの古銭学についてのもっともよくまとまった解説は次を参照：Roberto Weiss, *The Renaissance Discovery of Classical Antiquity* (Oxford, 1969), pp. 167-179.
18. フルヴィオの『著名人の肖像』については次を参照：Roberto Weiss, "Andrea Fluvio Antiquario Romano (c. 1470-1527)", *Annani della Scuola Normale Superiore di Pisa: Classe di Lettere, Storia e Filosofia*, 2nd ser., vol. 28 (1959), pp. 24-26; and Paul Ortwin Rave, "Paolo Giovio und die Bildnisvitenbücher der Humanismus", *Jahrbuch der Berliner Museen*, vol. I (1959), pp. 127-128.『著名人の肖像』は現在ではCollegium Graphicum Printed Sources of Western Art series (Portland, Ore., 1972) のファクシミリ・リプリント版によって、広く手に入る。
19. 著名な男女の肖像画を掲載したさまざまなフォーマットの書物は、「ポータブル肖像画ギャラリー」ともいえる役割を果たし、ルネサンス期に大流行した。次を参照：Rave, "Paolo Giovio", pp. 119-154; and Haskel, *History and Its Images*, pp. 26-79.
20. Don Cameron Allen, *Mysteriously Meant: The Rediscovery of Pagan Symbolism and Allegorical Interpretation in the Renaissance* (Baltimore, 1970), p. 257, n. 29.
21. これらの文献引用が開始されるのは次の文献から：Jacopo Strada, *Epitome du thresor des antiquitez* (Lyons, 1553), f. bb2v, and Vico, *Discorsi*, bk. I, p. 14. また次の文献に見られるフルヴィオに関する議論も参照：Antoine Le Pois, *Discours sur les medalles et graveures antiques* (Paris, 1579), f. 2, and Agostino Agustín, *Dialogos de medullas* (Tarragona, 1587), p. 464.
22. Jean-Baptiste Giard, "Critique de la science des monnaies antiques", *Journal des Savants* (1980), p. 228.「古銭図像学」という語の使用については次を参照：Allen, *Mysteriously meant*, p. 256.
23. Enea Vico, *Le imagini con tutti i riversi trovati et le vite de gli imperatori tratte dalle medaglie et dalle historie de gli antichi* (Venice, 1548). ラテン語による同書の拡幅版はヴェネツィアで1553年に出版されている：*Omnium Caesarum verissimae imagines ex antiquis numismatis*

desumptae.

24. Le Pois, *Discours,* ff. 2-3v. 蒐集家や人文主義者たちが残した目録を見てみると、古銭学関連の書物は、実物の硬貨と同じぐらいの熱心さで集められていたことがわかる。たとえばヴェネツィアの貴族フェデリーコ・コンタリーニが落掌した著作には、ゴルツィウス、デュ・シュール、ルイユ、シメオーニ、ヴィーコ、エリッツォ、オルシーニ、オッコ、ル・ポワ、アグスティンらの作品があり、それらが莫大な量の硬貨や宝石、その他の古代遺物とともに蒐集されている。次を参照：Maria Terese Cipollato, "L'eredità di Federico Contarini: Gli inventari della collezione e degli oggetti domestici", *Bolletino dell'Istituto di Storia della Società e dello Stato Veneziano,* vol. 3 (1961), pp. 221-253. また1596年に記録された、大蒐集家たるティロルのフェルディナント大公が所有していた古銭学書物に関する、Martha McCroryの次の研究も参照："Coins at the Courts of Tyrol and Grand Duke Francesco I de' Medici", *Journal of the History of Collections,* vol. 6 (1994), pp. 153-172.
25. Joseph Eckhel, *Doctrina numorum veterum,* vol. I (Vienna, 1792), pp. cxli-cliv. ルネサンス期の偽造コインについて、および20世紀の専門家の一部でさえもがそれら偽造品にまんまとだまされた事例については次を参照：Jean-Baptiste Giard, "Inventions et recreations numismatiques de la Renaissance", *Journal des Savants* (1974), pp. 192-208.
26. 古代の硬貨が聖遺物として扱われた事例には、すでに前章で軽く触れてある。ロドス島のドラクマ銀貨が「ユダの銀貨」として保管されていた例がそれだ。中世およびルネサンス期には、古銭は時として「薬物材料」（マテリア・メディカ）、治癒の力をもつ護符、厄除けのお守りとして機能することがあった。次を参照：Freidrich von Schrötter, *Wörterbuch der Münzkunde* (Berlin, 1930), pp. 26 ("Amulett") and 677 ("Talismane").
27. Thomas More, *The Complete Works,* ed. Clarence Miller (New Haven, Conn., 1984), vol. 3, part 2, p. 262, no. 250: "Rhoma suis ducibus servata est, ipse reservas Rhomanos Rhoma praemoriente duces." Jerome Busleydenの硬貨コレクションをうたったモアの韻文は1518年に出版されている。ラテン語の動詞"reservare"は、ここでは二重の意味で用いられている。ちょうどこの語に対応する英語の"save"に二重の語義があるのと同様である。すなわち、硬貨を貯蔵するという意と、生命を保護するという意である。中世の人々は、イメージには固有の力が備わっており、時として奇跡的な効果を発するという信仰を抱いていた。とりわけ祈禱用のイコンにはその傾向が顕著で、描かれた聖なる存在の触知可能な代理物として一般に受け止められていた。同主題をめぐっては多くの研究が出版されているが、もっとも新しいものはハンス・ベルティングによる次の研究である：*Likeness and Presence: A History of the Image before the Era of Art* (Chicago, 1994). ベルティングの議論によれば、イメージにそそがれていた神秘的な畏敬の念は16世紀には消え去り、代わって近代の通人たちによる審美的なイメージへのアプローチが出来したのだという。この変化の理由としては、ひとつにはルネサンス期に行われた自然模倣の取り組み（そこではイメージは、現世を写し取ったもの、あるいは個々の画家の技能の表明となり、もはや神聖な存在の現前ではなくなる）の結果があり、さらには偶像破壊運動に対するリアクションがある。「イメージは人々から大切に扱ってもらえなくなると、みずからを芸術作品として正当化しはじめるのだ」：*Likeness*

and Presence, p. 470. これと同様の変化が、ルネサンス期の古銭イメージの使用をめぐっても見られる：初期の硬貨本はもっぱら肖像画を主として扱い、著者たちもそれらの図像を古代の英雄や君侯たちの似姿として扱っていた。それが16世紀の後半になると、のちに本書でも見るように、この種の神秘的なアプローチは影をひそめ、より近代的で合理的な硬貨分析へと道を譲る。すなわち硬貨は審美的な観点から愛玩されたり、あるいは古代史や古代文化を研究するための資料となるのである。

28. Michael H. Crawford, *Medals and Coins from Budé to Mommsen* (London, 1990), p. 1.
29. Johann Sambucus, *Emblemata, cum aliquot nummis antiqui operis* (Antwerp, 1564), p. 191. 『エンブレム集』は現在では、August Buckの注解が付されたファクシミリ版によって広く一般読者の手に入る。

第3章

1. この絵については次を参照：Harold E. Wethey, *The Painting of Titian, II: The Portraits* (London, 1971), pp. 48-49, 141-142, no. 100; and Erwin Panofsky, *Problems in Titian, Mostly Iconographic* (New York, 1969), pp. 79-81.
2. 彫刻の同定については次を参照：Panofsky, *Problems in Titian*, p. 81.「腕輪をはめるアフロディテ」のもっとも有名なヴァージョンは、現在ブリティッシュ・ミュージアムに所蔵されている小さなブロンズ像（高さ26センチ）であるが、これがストラーダの持っている彫像のモデルとなったことはまずありえない：G. E. Rizzo, *Prassitele* (Milan, 1932), pl. LXXXIX. 同彫像の石およびテラコッタ製の作品のリストが次に収録されている：*Lexikon iconographicum mythologiae classicae*, vol. 2 (Zurich, 1984), pp. 59-60. 同箇所には、シラクーザで彫られた大理石小像が収録されており（no. 484）、ティツィアーノの肖像画中のものと似ていなくもない。ウェヌス像の背後のテーブルに置かれた、影の中に見える小像についてこれまであまり関心がはらわれてこなかったが、これは17世紀のDavid Teniers『絵画の劇場』（Antwerp, 1660）（図版92）収録の同肖像画の版画においては、トーガをまとったローマ人と解釈されている。
3. テーブル上には六枚の硬貨ないしはメダルが置かれている。「二枚の金貨と、四枚の銀貨」としているのは次の文献：J.A. Crowe and G.B. Cavalcaselle, *Titian: His Life and Times*, vol. 2 (London, 1877), p. 370.「金」のメダルとみえるものは、実際にはブロンズだと考えることもできる。その場合には、ローマのセステルティウス硬貨か大型のメダルを意図して描かれた可能性が高い。
4. B. Berenson, *Lotto* (London, 1956), pp. 98-99, figs. 219-221. 同画は次の文献にも再録されている：Panofsky, *Problems in Titian*, Fig. 94. 描かれた人物の同定はできないものの、やはり手前の卓上にメダルやコインをちりばめた姿の肖像画がロンドンのナショナル・ギャラリーに収蔵されており、パルミジャニーノが1523年ごろに制作した作品とみられている。次も参照：S.J. Freedberg, *Parmigianino: His Works in Painting* (Cambridge, Mass., 1950), pp. 199-201, pl. 120; and H. Bredekamp, *The Lure of Antiquity and the Cult of the Machine* (Princeton, N.J., 1995), p. 12.
5. 硬貨を効果的に分類収蔵し、相互に比較が可能なように、底の浅い引き出しやトレーを備えた近代的なタイプの硬貨キャビネット、ないしはメダル収蔵庫（メダリエーリ）の最初期の例は、16世紀末のティロルのフェルディナント大公のものである：Elvira

Clain-Stefanelli, *Numismatics: An Ancient Science* (Washington, D.C., 1965), p. 15.

6. それぞれ原文では："cassettina di canne di Levante", "a bussolo d'avorio", "cassettina d'avorio": A. Luzio, "Isabella d'Este e il Sacco di Roma", *Archivio storico lombardo*, 4th ser., vol. 10 (1908), pp. 424-425.
7. L. Sighinolfi, "La biblioteca di Giovanni Marcanova", in *Collectanea variae doctrinae Leoni S. Olschki* (Munich, 1921), p. 198.
8. A. Greco, *Annibal Caro: cultura e poesia* (Rome, 1950), pp. 121-135.
9. Ibid., pp. 129, 134.
10. Thomas More, *The Complete Works*, ed. Clarence Miller (New Haven, Conn., 1984), vol. 3, part 2, pp. 282-5, no. 265. この興味深い一節についてのさらなる議論は次を参照：John Cunnally, "Ancient Coins as Gifts and Tokens of Friendship during the Renaissance", *Journal of the History of Collections*, vol. 6 (1994), p. 132.
11. Greco, *Annibal Caro*, p. 133.
12. C. Hülsen and H. Egger, *Die römischen Skizzenbücher von Marten van Heemskerck* (Berlin, 1913-1916).
13. たとえば、次の文献に収録されたカピトリヌス丘上の通称マリウスの戦勝記念碑の図版を参照：Phyllis Bober and Ruth Rubinstein, *Renaissance Artists and Antique Sculpture* (Oxford, 1986), figs. 174b-c. ルネサンス期に作成された、都市ローマを擬人化した図像を見ると、ローマを表わす女性が、捕獲された武具類の山の上に腰かけている姿で描かれている。これはローマ帝政期の硬貨図像に由来するイメージである：Mark Zucker, *The Illustrated Bartsch*, vol. 25: *Early Italian Masters, Commentary* (New York, 1984), pp. 148-151 (engraving by "Master I.B. with the Bird").
14. Epistole di Giovanni Philotheo Achillino al Magnificentissimo Missere Antonio Rudolpho Germanico (n.p., n.d.), f. BIV:「その部屋の中央で、わたしたちは自分の背丈の二倍はあろうかという、古代金貨の山に引きつけられた。もっとも小さい金貨でも、直径は一掌尺はくだらない。いずれもカルデア人のもので、すなわちネンブロッティ、ニーニ、セミラミス、ネブカドネザルなどなどが作らせたものである」アキッレの書簡集には、出版地も出版年も記載されておらず、非常に数が少ない稀覯本と思われる。私が知っている唯一の現物は、ヴェネツィアのマルチャーナ図書館に所蔵されているものである（Misc. 2521.5）。次を参照：T. Basini, "Achillini, Giovanni Filoteo", in the *Dizionario biografico degli Italiani*, vol. I (Rome, 1960). 同箇所では、件の書簡集について短い言及がなされている（そして間違って、マルチャーナ図書館のMisc. 6521.5という所蔵記号が記載されている）。
15. Francis Haskell, *History and Its Images* (New Haven, Conn., 1993), pp. 36-39.
16. John Pope-Hennessy, *The Portrait in the Renaissance* (Washington, D.C., 1966), pp. 145-146.
17. Wethey, *Paintings of Titian*, vol. 2, pp. 48-49.
18. ストラーダの生涯と経歴については、Wetheyの伝記的なスケッチ（ibid., pp. 141-142）および次の文章を参照：F. Schulz in U. Thieme and F. Becker, *Künstler-Lexikon*, vol. 32 (Leipzig, 1938), pp. 145-147. ストラーダの旅行および売買人としての活動に関する資料は次に集められている：J. Stockbauer, "Die Kunstbestrebungen am Bayerischen

Hofe unter Herzog Albert V. und seinem Nachfolger Wilhelm V.", *Quellenschriften für Kunstgeschichte und Kunsttechnik des Mittelalters und der Renaissance*, vol. 8 (Vienna, 1874), pp. 25-69; H. Zimmermann, "Zur richtigen Datierung eines Portraits von Tizian in der Wiener kaiserlichen Gemälde-Gallerie", *Mittheilungen des Instituts für österreichische Geschichtsforschung*, Ergänzungs-band, vol. 6 (Innsbruck, 1901), pp. 831-857; A. Llotsky, *Festscrift des kunsthistorichen Museums zur Feier des fünfzigjährigen Bestandes, zweiter Teil: Die Geschichte der Sammlungen* (Vienna, 1941-1945), pp. 160-163, 290-293: E. Verheyen, "Jacopo Strada's Mantuan Drawings", *Art Bulletin*, vol. 49 (1967), pp. 62-70. 近　年、Dirk Jacob JansenがストラーダおよびパトロンたちのIに関する論考をいくつか発表しており、次のものも含まれる："Jacopo Strada et le commerce d'art", *Revue de l'art*, no. 77 (1987), pp. 11-21; and "Jacopo Strada's Antiquarian Interests: A Survey of His Musaeum and Its Purpose", *Xenia*, no. 21 (1991), pp. 59-76.

19. Schulz in Thieme and Becker, *Künstler-Lexikon*, vol. 32, p. 147.
20. Panofsky, *Problems in Titian*, p. 80, n. 48; Wethey, *Paintings of Titian*, vol. 2, p. 49, n. 173. Dirk Jansenもまたストラーダ擁護派の研究者で、フッガー家に仕えた別の商取引人であるニッコロ・ストッピオが発したストラーダへの否定的な見解を指して、「悪意に満ちた嫉妬」だと切り捨てている："Jacopo Strada e le commerce", p. 12.
21. Bober and Rubinstein, *Renaissance Artists*, pp. 479-480, and Aldo Ravà, "Il camerino delle anticaglie di Gabriele Vendramin", *Nuovo Archivio Veneto*, n. s., vol. 39 (1920), pp. 151-181.
22. Crowe and Cavalcaselle, *Titian*, p. 367; ストラーダがベンボのコレクションから買い取った古代遺物のリストを書き写したものが次の文献に掲載されている：Stockbauer, "Die Kunstbestrebungen am bayerischen Hofe", p. 32.
23. Ravà, "Il camerino delle anticaglie", p. 158. ヴェンドラミンの甥たちは、彼らのひとりが密かに叔父の蒐集室を掠奪し、その中身を売却したという咎で、法廷を舞台にお互いに罪を着せあって激しい口論をかわした。
24. Stockbauer, "Die Kunstbestrebungen am bayerischen Hofe", p. 53.
25. Zimmermann, "Zur richtigen Datierung eines Portraits", p. 849. ティツィアーノが古代の美術品に抱いていた興味は、しっかりと記録に残されている：Otto Brendel, "Borrowings from Ancient Art in Titian", *Art Bulletin*, vol. 37 (1955), pp. 113-125. パノフスキーの著作『ティツィアーノの諸問題』は、議論の大半を費やして、現在プラドにある「アルフォンソ・ダヴァロスの訓戒（Allocution of Alfonso d'Avalos）」、およびウィーンにあるカール五世の騎馬肖像の構成が、ローマ帝政期の硬貨図案からとられたものであることを証明している。
26. Wethey, *Paintings of Titian*, vol. 2, p. 48.
27. ティツィアーノの見解は、ニッコロ・ストッピオがヨハン・ヤコブ・フッガーに宛てた書簡の中でも繰り返されている。同書簡は次の文献に翻訳されている：Zimmermann, "Zur richtigen Datierung eines Portraits", pp. 849-850. 一方でパノフスキーはこのストッピオという人物を評してこう述べている：「大袈裟なゴシップ好きのひとりで、歴史はこの男の発言から、内輪のさまざまな情報を引き出している。それらの情報は信頼できるものばかりではないが、きまっていつも面白おかしい」：*Problems in Titian*, p. 80, n. 48.

28. Wethey, *Paintings of Titian*, vol. 28, p. 48. ペンダントのメダルに描かれた頭部像は、誰かわかっていない。このメダルは（輪郭が反転しているが）、ティツィアーノが1548年に描いたジョヴァンニ・バッティスタ・カスタルド将軍の肖像画（Wethey, pls. 156-157）において、画中の人物が身につけているメダルと同じもののように見える。したがって、おそらくストラーダではなくティツィアーノの所有する品であったのだろう。古代や現代のメダルをペンダントの宝飾として用いるのは、これらの肖像画や、以下に挙げる作品群から判断するに、16世紀中葉に一大ブームとなっていたようだ：たとえば、ウッフィーツィ美術館にあるフェデリーコ・ズッカロ（1543-1609）の自画像では、スペインのフェリペ二世と、もう一名の不詳の枢機卿のメダルを身につけた画家の姿が描かれている：Givanni Gorini, et. al., Roberto Parise Labadessa, and Andrea Seccocci, A *Testa o Croce: immagini d'arte nelle monete e nelle medaglie del Rinascimento* (Padua, 1991), p. 105; またヴェロネーゼに帰される、身元不詳の貴紳を描いた肖像画（ca. 1570-1575）も参照。次に収録：T. Pignatti, *Veronese*, vol. I (Venice, 1976), p. 202, fig. 933.

29. ストラーダが、他の古銭学専門家や蒐集家とやりとりしていた書簡交信については、次の文献で議論されている：D.J. Jansen, "Antonio Agustín and Jacopo Strada", in *Antonio Agustín between Renaissance and Counter-Reform*, ed. M.H. Crawford (London, 1993), pp. 211-238. ストラーダは「皇帝シリーズ（Series imperatorum）」と題した、ローマ帝政期の硬貨のスケッチを納めた浩瀚な手稿で、作業の補助・協力をしてくれた蒐集家たちに言及しているが、Jansenの論文はそのうち約54名リストアップしている。だがこの数字は「完全というにはほど遠い」という：pp. 231-232. 古銭を書簡に添えて、友人や同僚の古代学者に贈答する慣習については次の拙論を参照：Cunnally, "Ancient Coins as Gifts", pp. 130-132.

30. ヘラクレスの姿を、左側に下げた棍棒によりかかり、右手を背に回した状態で表現するこのタイプの彫像は、かの有名なファルネーゼのヘラクレスのものである。同タイプの像は、16世紀には何種類かのパターンが出回っていた：Bober and Rubinstein, *Renaissance Artists*, p. 165, no. 130.

31. Wethey, *Painting of Titian*, vol. 2, p. 48. パノフスキーも同様にこれらの書物を学術研究のエンブレムだとみなしているが、Crowe and Cavalcaselleはたんに「レファレンス・ブック」と片付けている（*Titian*, p. 370）。

32. 次を参照：Wethey, *Painting of Titian*, pls. 19 (Sannazarro) and 83 (Varchi). ティツィアーノのもっとも有名な文人肖像画といえば、フリック・コレクション所蔵のアレティーノの肖像（Wethey, pl. 99）であるが、これにいたっては本は描かれてさえいない。ティツィアーノ作の肖像画には、モデルの背後の棚にオブジェが並べられるケースが他にもある――もっとも有名なのは軍人たちの肖像で、指揮杖や兜が棚上に描かれている（Wethey, pls. 67, 88）――。しかしながら、モデルの頭の真上にこれほどはっきりと付属物（アトリビュート）が置かれている事例は見当たらない。

33. 「フォリオ」というのは文献学者たちの用語で、4ページ分に相当する2枚の紙葉を得るために、印刷シートを一度折りたたんだものを言う。対してクアルトというのは、8ページ分に相当する四枚の紙葉を得るために、印刷シートを二度折ったものを言う。オクターヴォは三度折ったもので、1枚の印刷シートで、八紙葉、16ページを

得るもの。したがって、いわゆる「フォリオ判」の本は相当にサイズが大きくなり、「15〜17世紀の初頭にかけて、永久保存を意図した学術著作や、聖書、あるいは書見台設置用の書物にはよく見られたフォーマットであった」: J. Feather, *A Dictionary of Book History* (London, 1986), p. 109. 実際に出来上がる本のサイズは、当然ながら、もともとの印刷シートの大きさによって、さまざまに変化した；「ごく初期の時代では、同じ「オクターヴォ」判の本であっても、一方が他方より高さ・幅ともに、50%も大きいことがあった」: R. B. McKerrow, *An Introduction to Bibliography* (Oxford, 1927), p. 164. 実際には、(高さ30センチを超えるような) 大型本は、古いカタログなどでは一括してフォリオ判と呼ばれ、中ぐらいのサイズ (25センチ程度) の本はみな、16世紀から19世紀の書誌学書においてはクアルトと呼ばれるのが一般的であった。実際に印刷シートが何回折られたのかは、あまり関係なかったのである。これは多くの図書館に見られる伝統的な三部構成を反映したもので、一般に書架ないしは収蔵棚は、大型本、中型本、小型本ないしはオクターヴォ判をそれぞれ収蔵できるように、三つに区分されているわけである。

34. ヴェネツィアの出版社ヴァルグリージのこと。同社版パンヴィニオ『歳事記五巻』は1558年に出版されている。アントニオ・アグスティンがパンヴィニオに宛てた書簡中の言葉を読むと、パンヴィニオや彼の友人たちがストラーダの仕事に当惑しきっていた様子がうかがえる (「ストラーダの仕事に関しては、お伝えした通り、彼の手がけた版がこうもできの悪い状態で出版されたことを、大変遺憾に思っています」): *Epistolario de Antonio Agustín*, ed. C. Flores Selles (Salamanca, 1980), p. 281, no. 195. いずれにせよ、ヴァルグリージ版の『歳事記』は、ストラーダ版と違って、その後何度も版を重ねた。

35. Jacopo Strada, *Epitome du thresor des antiquitez* (Lyons, 1553), pp. 55-61. ストラーダの『古代宝物要覧』では、コインの表側の図像はイラストが収録されているが、裏面に関しては、言葉による記述のみである。

36. Strada, *Epitome du thresor*, f. Bb2v. ストラーダのこの言い回しが向けられたのは、Johannes Huttichの『ローマ皇帝小本』(*Imperatorum romanorum libellus*) や、Cuspinianusの『皇帝論』(*De Caesaribus*)、あるいはその他の帝政期硬貨の木版を収録した図解年代記などであった：「刻版師どものあつかましさと無知ゆえに、これらの著作には触れたくない」。

第4章

1. 古代から近代にいたるまでの硬貨コレクションの歴史をスケッチしようとした最初期の試みは、Louis Jobert, *Science des medailles* の第三版 (Paris, 1739) に、Bimard de la Bastieが付した序論である。これに続くのが、John Pinkerton, *Essay on Medals* 第三版 (London, 1808) に収録された、「学術の進歩」に関する一章である。またEugène Müntzは硬貨コレクションに関するトピックを、"Essai sur l'histoire des collections italiennes", in *Les arts à la cour des papes*, part 2 (Paris, 1879), pp. 160-180 に含めている。以上の論考に取って代わったのが、*Trauté des monnaies grecques et romaines*, part I, vol. 1 (Paris, 1901) に収録されたErnst Babelosによる歴史学的調査である。Rudolf Münsterbergによる短い硬貨コレクション史 "Über die Anfange der Numismatik" は、

Babelonの論考とは独立して準備されたようである：*Monatsblatt der Numismatischen Gesellschaft in Wien*, vols. 9 (1914), pp. 269-273, and 10 (1915), pp. 2-4. ペトラルカから1520年代までの硬貨コレクション史の研究に欠かせないのが、Roberto Weissによる次の二つの論考である："The Study of Ancient Numismatics during the Renaissance", *Numismatic Chronicle*, 7th ser. 8 (1968), pp. 177-187. および次の文献の古銭学についての章：*The Renaissance Discovery of Classical Antiquity* (Oxford, 1969), pp. 167-179. また次の文献の短い記述も、参考文献とともに参照のこと：Maria R. Alfoldi, *Antike Numismatik*, vol. 1 (Mainz, 1978), pp. 4ff. それから、F. Von Schrötter, *Wörterbuch der Münzkunde* (Berlin, 1930) に収録されたKurt Reglingの短い論考"Münzsammeln und - sammlungen"も参照のこと。

2. Michael Greenhalgh, *The Survival of Roman Antiquities in the Middle Ages* (London, 1989), pp. 223-229. ペトラルカの古銭学研究については次を参照：Weiss, *Renaissance Discovery*, pp. 37-38, and A. Magnaguti, "Il Petrarca numismatico", *Rivista italiana di numismatica e scienze affini*, vol. 20 (1907), pp. 155-157.
3. ペトラルカが皇帝と面会した模様は、彼のローマ在住の友人レッリオ・デイ・トッセッティに宛てたラテン語の書簡で語られている：*Le familiari*, ed. V. Rossi, vol. 3 (Florence, 1937), pp. 311-318 (bk. 19 let. 3). この書簡の大部分を翻訳したものが：M. Bishop, *Letters from Petrarch* (Bloomington, Ind., 1966), pp. 156-160. またE. Bianchiによるイタリア語訳も参照：Petrarca, *Opere*, vol. I (Florence, 1975), pp. 1001-1007. ペトラルカとカールの会談は1354年12月に行われた。同会談については、次の文献が大幅に紙幅を割いて論じている：E.H. Wilkins, *Petrarch's Eight Years in Milan* (Cambridge, Mass., 1958), pp. 78-81.
4. Petrarch, *Rerum memorandarum libri*, ed. G. Billanovich (Florence, 1945), p. 95 (bk. I, chap. 73). 辛辣なユーモアが込められたこの箇所で、ペトラルカはスエトニウスからとったウェスパシアヌス帝に関する逸話を幾度か繰り返したのち、次の文言で締めくくっている：「皇帝が力強く、攻撃的な外見の男であったことは、著作家たちの伝える通りであり、そのことは彼の容貌を描いたイメージによって示されている。彼の肖像は古代の金・銀・銅貨に刻印されているのを、今日見ることができる」古代の硬貨についてのペトラルカのその他の注釈については、次を参照：P.De Nolhac, *Pétrarque et l'humanisme*, 2nd ed., vol. 2 (Paris, 1907), p. 63; G. Billanovich, "Nella biblioteca del Petrarca", *Italia medioevale e umanistica*, vol. 3 (1960), pp. 49-50; and Francis Haskell, *History and Its Images* (New Haven, Conn., 1993), p. 13.
5. マンスィオナーリオについては次を参照：Weiss, *Renaissance Discovery*, pp. 22-24, and his "La cultura preumanistica veronese e vicentina del tempo di Dante", in *Dante e la cultura veneta*, ed. V. Branca and G. Padoan (Florence, 1967), pp. 265-266; also Giulio Bodon, "L'interesse numismatico ed antiquario nel primo trecento Veneto: disegni di monete antiche nei codici delle *Historiae Imperiales* di Giovanni Mansionario", *Xenia Antiqua*, vol. 2 (1993), pp. 111-124. 著者の自筆と信じられているこの手稿は、ヴァティカン図書館（Chigiano I.VII.259）に所蔵されており、セプティミウス・セウェルス帝から敬虔王ルイにいたるまでの、72名の君主の肖像画が描かれている。
6. 古代の硬貨を宝石として扱ったり、器や小箱や聖遺物箱を飾る装飾品として使用

したりする事例については、次を参照：K. Regling, "Missbräuchliche Verwendung von Münzen", in *Wörterbuch der Münzkunde*, ed. F. Von Schrötter (Berlin, 1930), pp. 392-393. 硬貨を装飾要素として用いた著名な例としては、レンヌのパテラ（神酒用の大皿）がある。これは3世紀の黄金のワイン杯で、アントニヌスとセウェルス朝の皇帝たちの16枚のアウレウス金貨がはめ込まれている：P. Le Gentilhomme, "Les aurei du trésor découvert à Rennes en 1774", *Revue numismatique*, 5th ser., vol. 7 (1943), pp. 11-27. ルネサンス期の同様の事例としては、パドヴァ市美術館所蔵の1534年製の金メッキした銀杯があり、ローマ共和政・帝政期のデナリウス金貨で飾られている。ニュルンベルクの銀細工師の制作とされる：A. Moschetti, *Il Museo Civico di Padua* (Padua, 1903), pp. 150-151; もう一例として、マントヴァの彫刻家アンティーコ作のウェヌス・フェリクスのブロンズ小像があり、台座の周囲を九枚の金メッキした古代ローマ銀貨が飾っている：J. Pope-Hennessy, *Italian Renaissance Sculpture* (London, 1971), p. 334, pl. 127. 現代に伝わる古代の金貨や銀貨には、ペンダント・指輪・ブローチなどに使用すべく、紐通し孔があいたり、フレームに嵌まるよう加工されたりしたものが多い。次を参照：F. Gnecchi, *I Medaglioni romani*, vol. I (Milan, 1912), pl. I, nos. 2, 3, 6, 7, 10; pl. II, nos. 9, 13, etc.; ロンドンにあるアゴスティーノ・ドゥッチョ作の聖母子を描いた大理石浮彫に、幼児キリストの首からシラクーザのデカドラクマ銀貨が下げられている点にも注目のこと：J. Hope-Hennessy, *Catalogue of the Italian Sculpture in the Victoria and Albert Museum* (London, 1964), pp. 122-124, pl. CXIX.

7. 中世における、硬貨の聖遺物としての使用については、次を参照：Babelon, *Traité*, cols. 77-81, and George F. Hill, "The Thirty Pieces of Silver", *Archeologia*, 2nd ser., vol. 9 (1905), pp. 235-254.
8. Lodovico Muratori, ed., *Antiquitates italicae Medii Aevi*, vol. 6 (Milan, 1741), col. 1146.
9. Francesco Petrarca, *Le familiari*, ed. V. Rossi, vol. 3 (Florence, 1937), p. 289 (bk. 18 let. 8).
10. Antonio Manetti, *The Life of Brunelleschi*, ed. H. Saalman (University Park, Pa., 1970), pp. 54-55.
11. Babelon, *Traité*, pp. 86-89.
12. Giovanni Filoteo Achillini, *Epistole al Magnificentissimo Missere Antonio Rudolpho Germanico* (n.p., n.d.), ff. A4r-A4v: "Vedrasse anchora in esso litini, anzi li pozzi di preciose medaglie pieni; di gran conio; alto relevo; tondo perfetto; morbide; raccolte; proportionati liniamenti; di otone giallo consolato; di rame; di cupro; d'argento; d'oro; et d'altri metalli di sottilissimi et articiosissimi lavori; con li loro variari riversi; con tanto artificio lavorati; da far per se stessa Natura per vergogna nasconderse n'un cesso; con reverentia parlando; con loro abbreviature di significati grandissimi, et circa quelli contemplandi numismati, il prefato e piu che serenissimo Ombruno afferma ogni sera spendere et consumare dieci ducati in moccoli per illuminarsi la vista in contemplarli." この書簡には出版年も出版地も付されていないが、タイポグラフィーをざっと分析したところでは、16世紀の10年代ないしは20年代よりも時代が下ることはなさそうである。本文中でアキッリーニが語るところによれば、オムブルーノの宮殿のドアには、"per man d'il Francia nostro fabricate"という文字が浮き彫りで装飾されていたという。これはつまり、ボローニャの画家にして金属細工師フランチェスコ・フランチャの手になる、という意味で、こ

のフランチャは1517年に亡くなっているが、おそらくこの書簡の受け取り人であったと認められる。

13. Weiss, *Renaissance Discovery*, pp. 67, 170-171, 174-175.
14. Weissは、図像案のモデルとして硬貨が使用された事例について以下の文献で議論している：“The Study of Ancient Numismatics”, pp. 180-182, and *Renaissance Discovery*, pp. 171-174. また次も参照：Elvira Clain-Stefanelli, *Numismatics: An Ancient Science* (Washington, D.C., 1965), p. 13, and C. Vermeule, *European Art and the Classical Past* (Cambridge, Mass., 1964), pp. 9-10, 27, 46-47, 52-59, etc. ギリシア・ローマの硬貨に関する議論は、古代遺物がルネサンス期の個々の芸術家に与えた影響を分析した研究のなかに含まれている。たとえば以下の文献がある：N. Dacos, “Ghirlandaio et l'antique”, *Bulletin de l'Institute Historique Belge de Rome*, vol. 34 (1962), pp. 419-55; A. Hekler, “Michelangelo und die Antike”, *Weiner Jahrbuch für Kunstgeschichte*, vol. 7 (1930), pp. 201-223, especially 204, 214; H.W. Janson, “Donatello and the Antique”, in *Donatello e il suo tempo*, ed. M. Salmi (Florence, 1968), pp. 77-96, especially p. 87; A. M. Tamassia, “Visioni di antichità nell'opera del Mantegna”, *Rendiconti della Pontifica Accademia Romana di Archeologia*, vol. 28, fasc. 3-4 (1955-1956), pp. 213-249. 個々の芸術作品やその構想に、古銭が着想源として利用された事例についての研究は、以下を参照：Erwin Panofsky, *Problems in Titian, Mostly Iconographic* (New York, 1969), pp. 73-77, 84-87（この論考はティツィアーノの「アルフォンソ・ダヴァロスの訓戒」およびカール五世の騎馬肖像について分析している）; A. Frazer, “A Numismatic Source for Michelangelo's First Design for the Tomb of Pope Julius II”, *Art Bulletin*, vol. 57 (1975), pp. 53-57（この論文は、皇帝の火葬場ないしは葬儀用の火葬薪を示すアントニヌス一族の“奉献型”コインを、ミケランジェロがどのように活用したかを論じている）; J. A. Dobrick, “Ghirlandaio and Roman Coins”, *Burlington Magazine*, vol. 123 (1981), pp. 356-359（パラッツォ・ヴェッキオの百合の間のフレスコ画について）; J. Cunnally, “Numismatic Sources for Leonardo's Equestrian Monuments”, *Achademia Leonardi Vinci*, vol. 6 (1993), pp. 67-78（スフォルツァおよびトリヴルツィオのためのモニュメント用にレオナルドが準備した素描について）.
15. たとえばヤコポ・ベッリーニは、ルーヴルに保管されている画帳の中の、聖書の場面を描いた素描において、ギリシアとローマの硬貨をいくつかコピーしている。それらの情景では、古代建築の装飾彫刻としてコインの図像が用いられている：Bernhard Degenhart and Annegrit Schmitt, *Jacopo Bellini: The Louvre Album of Drawings* (New York, 1984), pls. 19 (sestertius of Caligula), 25 (Greek coins of Myrina and Demetrius), 31 (sestertius of Domitian), 118 (tetradrachma of Alexander).
16. 現在トリヴルツィオ図書館には、1471年にヴェネツィアで出版されたスエトニウス『ローマ皇帝伝』が一部収蔵されているが、そのページはパドヴァの細密画家の手によって、豪華に彩られている。装飾には古典風のモチーフが用いられ、12名の皇帝たちを描いた古銭の図像も図案に含まれている：C. Santoro, *I Tesori della Trivulziana* (Milan, 1962), pl. XXIII; and M. Bonicatti, “Contributi marginali alla pittura veneta della Rinascita”, *Rivista dell'Istituto Nazionale d'Archeologia e Storia dell'Arte*, n. S., vol. 7 (1948), p. 254, figs. 8-9. そのほかの事例については次を参照：Weiss, *Renaissance Discovery*, p. 173.

17. ルネサンス期の大メダルの源泉としての古銭については、次を参照：G.F.Hill, "Classical Influence on the Italian Medal", *Burlington Magazine*, vol. 18 (1910-1911), pp. 259-269. Weissが示唆するところによれば、パドヴァの領主フランチェスコ・ダ・カッラーラのために1390年に鋳造されたルネサンスで最初のメダルは、ペトラルカの古物研究家としての活動の遺産であり、とりわけ「ペトラルカの古代ローマ帝政期の硬貨にたいする鍾愛」を受け継いでいるという。：*Renaissance Discovery*, p. 53. さらに新しいところでは、Cornelius Vermeule IIIがこんな主張をしている。いわく、ローマ帝国の影響下に小アジアの諸都市で生産されたギリシアのブロンズ硬貨には、複雑で時としては難解な図案がほどこされているが、これらの硬貨がイタリアの初期のメダルに直接影響を与えたという："Graeco-Roman Asia Minor to Renaissance Italy: Medallic and Related Arts", in *Italian Medals*, ed. J.G. Pollard (Washington, D.C., 1987), pp. 263-281. ただし、このVermeuleのテーゼに対するStephen Scherからの書評での批判を参照のこと：*Medievalia et Humanistica*, n. s., no. 17 (1991), pp. 155-156.
18. Federica Missere Fontana, "La controversia 'monete o medaglie': Nuoni documenti su Enea Vico e Sebastiano Erizzo", *Atti dell'Istituto Veneto di Scienzi, Lettere ed Arti*, vol. 153 (1994-1995), pp. 61-103. この議論についてのさらなる分析については、本書の第9章を参照。
19. ここで問題となっている硬貨は、おそらく若きオクタウィアヌスの姿とともに"Caesar"の文字が刻まれた、一般のデナリウス硬貨のことであろう。ベッカリはこの硬貨を、皇帝カール四世にあてた1377年の書簡のなかで弁護している：Hanno Halbling, "Le lettere di Nicolaus de Beccariis (Niccolo da Ferrara)", *Bullettino dell'Istituto Storico Italiano per il Medio Evo ed Archivio Muratoriano*, no. 76 (1964), pp. 241-289.
20. V. Rossi, "L'Indole e gli studi di Giovanni di Cosimo de' Medici", *Rendiconti della Reale Accademia dei Lincei, classe di scienze morali, storiche, e filologiche*, 5th series, vol. 2 (1893), p. 130. コジモ・デ・メディチの庶子であったカルロは、教皇カリストゥス三世のもとで教皇庁書記官を務めた。この書簡は、彼の異母兄弟ジョヴァンニ、すなわちコジモの第二子にあてて書かれたもので、ジョヴァンニは以前からカルロに、ローマで見つかる古代遺物や手工芸品や芸術品を手に入れてほしいと頼んでいた。書簡の中でカルロはジョヴァンニに、頼まれていた古代遺物を何ひとつ手に入れられずにすまない、とわびつつ、先般物故したピサネッロの地所から手に入れた「大変状態のいい30枚の銀貨」を、バルボ枢機卿に巻き上げられてしまったいきさつを物語っている。またヴァザーリによるギベルティに関する証言、すなわち彼がどれほど「古代メダルの偽造に愉悦を覚えていた」かについては、次を参照：*Le vite*, ed. G. Milanesi, vol. 2 (Florence, 1878), p. 223.
21. A. Beccadelli, *De dictis et factis Alphonsi regis Aragonum* (Basle, 1538), bk. 2, chap. 12, pp. 39-40.
22. See "Imagines", in *The Oxford Classical Dictionary*, 2nd ed. (Oxford, 1970), p. 542.
23. Enea Vico, *Discorsi sopra le medaglie di gli antichi* (Venice, 1555), bk. 1, p. 52.
24. Ibid., bk. 2, p. 89.
25. Guillaume Rouille, *Promptuaire des medalles* (Lyons, 1553), ff. a4v-a5.
26. メダル細工師ジョヴァンニ・カヴィーノが、いわゆる「パドヴァ人の」コインと

して複製したネロ帝のセステルティウス硬貨の枚数から判断するなら、これらの銅貨はルネサンス期のコレクターたちがこぞって求めた一品であったようだ：Richard Lawrence, *Medals by Giovanni Cavino, the "Paduan"* (New York, 1883), p. 10. アントニオ・アグスティンは、それらのメダルについて次のように書いている：「(それらは) イタリアで大変高い称賛を得ている――青銅製の大きな寸法のメダルで、裏面には多数の図版が描かれ、緑と黒の古つやをおびている。ちょうど我々が目にする、卓越した工匠の手になる、ネロ帝やハドリアヌス帝のメダルなどがその類いだ」：*Dialoghi intorno alle medaglie, inscrittioni et alter antichita* (Rome, 1592), p. 3. 一方エネア・ヴィーコは、厳選したメダルを論じた自著の一章で、次のように書いている：「すべてのなかで最高のもの、その卓越した仕上げにおいて勝るものはなく、その美しさでもって他のすべての作品を顔色なからしめる硬貨といったら、カリグラ帝、クラウディウス帝、ネロ帝の治世に鋳造されたものだ」：*Discorsi*, bk. 1, p. 53. アントウェルペン美術館所蔵の、ハンス・メムリンクの手による著名な一幅には、若いイタリア人が、彼の一番の宝物と思われるものを示した姿で描かれているが、彼が手にしている一品こそは、ネロ帝のセステルティウス硬貨である：K. B. McFarlane, *Hans Memling* (London, 1971), pp. 14-15.

27. Agustín, *Dialoghi*, p. 15.
28. この印刷業者とはPaulus Brachfeldのことで、スパルタ人への言及は次の文献の読者への序文に収録されている：Laevinus Hulsius, *XII primorum Caesarum effigies* (Frankfurt am Main, 1597), f. A3v.
29. バルボ枢機卿の硬貨コレクションの目録は、次の文献に筆写転載されている：Eugène Müntz, *Les arts à la cour des papes*, part 2 (Paris, 1879), pp. 265-279.
30. Eugène Müntz, *Les collections des Médicis au XVe siècle* (Paris and London, 1888), p. 38.
31. バルボ枢機卿の時代のカルリーノ銀貨は、およそ3.6グラムの重さがあった：Edoardo Martinori, *La Moneta: vocabolario generale* (Rome, 1914), p. 57. この数値は、バルボ枢機卿のコレクションに含まれるデナリウス銀貨の平均重量である4グラムに近い。古代銀貨一枚を買うのに2カルリーノとすると、バルボ枢機卿のデナリウス銀貨は、その銀の固有価値の二倍にもみたない値で売られていたことになる。少なくとも、目録に記載の算定価値が、当時の古物マーケットの実情を反映していると仮定すれば。この種の価値測定ないしは金融的な情報についてもっと詳しく知りたい向きは、私の博士論文『イタリア・ルネサンス芸術におけるギリシア・ローマ硬貨の役割』(University of Pennsylvania, 1984) 中の、バルボ枢機卿のコレクションを論じた章 (pp. 102-212) を参照していただければ、さらに詳しい分析内容を知ることができるだろう。
32. 共和政期および帝政期のデナリウス銀貨は、1998年現在、古銭ディーラーから送られてきたメイル・オーダー・カタログおよび価格リストによるなら、一枚につきおよそ50ドル～数百ドルで取引されており、価格は硬貨の品質や希少性によって変動する。銀1オンスあたり5.5ドルの価値があるとすると、4グラムないしは0.14オンスの典型的なデナリウス銀貨は、77セント分の銀塊の価値をもつことになる。もちろん、まだメキシコやペルーの銀鉱山が発見される以前の15世紀にあっては、銀は今日よりもずっと珍しく、金と比べても高い価値が付与されていた。それにもかかわらず、バルボ枢機卿の財産目録やその他のルネサンス期の資料は、古銭、とりわけ銀貨があ

りあまり、それほど高価ではなかったことを示唆している。

33. Carlo M. Cipolla, *Money, Prices, and Civilization in the Mediterranean World* (Princeton, N.J., 1956), pp. 60-61. チポッラのはじき出した数字は、パヴィーア市の資料に基づいているが、おそらくその数値はイタリアの他の都市の場合でも、さほど変化はなかったであろう。

34. Raymond de Rover, *The Rise and Fall of the Medici Bank* (Cambridge, Mass., 1963), p. 232. 1456年の契約書において、コジモ・ロッセッリはネーリ・ディ・ビッチのために年俸18フローリンで働くことに同意している：D. S. Chambers, *Patrons and Artists in the Italian Renaissance* (Columbia, S.C., 1971), pp. 188-189. 日雇い労働者の賃金については、以下の文献に収録のたいへん貴重な付録資料「通貨、価値、賃金」を参照：David Landau and Peter Parshall, *The Renaissance Print* (New Haven, Conn., 1994), pp. 369-371. 日当十分の一フローリンという数字は、もちろん、日雇い労働者のほうが銀行員よりも年収が高かったことを意味するものではない。なぜなら、日雇い労働は季節ごとの雇用であるうえに、一時契約であったからである。

35. バルボ枢機卿の目録にある模様が刻印された577個の宝石の総評価額は1,663ドゥカート、すなわち一点あたり3ドゥカート。同じ目録中の277個のカメオは総額4,616ドゥカート、すなわち一点当たり20ドゥカートとなっている：Müntz, *Les arts à la cour des papes*.

36. Ibid., pp. 140-141: Müntz, *Les collections des Médicis*, pp. 38-39, 69. マルシュアスとアポロンの像が刻まれた紅玉髄および、その華麗な歴史については次を参照：Phyllis Bober and Ruth Rubinstein, *Renaissance Artists and Antique Sculpture* (Oxford, 1986), pp. 74-75, no. 31.

37. 硬貨が一角獣の角によって生彩をすっかり奪われてしまっている、そんなもう一つの例が、帝室付き古代学者ヨハンネス・サンブクスがしたためた1581年の書簡である。そこでは、バイエルンの公爵ヴィルヘルムに対して古代メダルのコレクションが2,000ドゥカートで提供されているのに対し、笏に加工済みのたった一本の一角獣の角には5,000ドゥカートの価格がつけられている：Stockbauer, "Die Kunstbestrebungen am bayerischen Hofe", p. 72.

第5章

1. Thomas More, *The Complete Works*, ed. Clarence Miller (New Haven, Conn., 1984), vol. 3, part 2, pp. 282-285, no. 265.

2. Busleydenの硬貨コレクションについては次を参照：H. de Vocht, *Jerome de Busleyden* (Turnhout, 1950), pp. 14, 63. モアは、Busleydenの古銭を賞賛するラテン語の詩を書いている：*Complete Works*, vol. 3, part 2, pp. 262-263.

3. C. Sturge, *Cuthbert Tunstal* (London, 1938), p. 56.

4. エラスムスよりもずっと以前に、チリアコ・ダンコーナ、アンブロージョ・トラヴェルサーリその他のイタリア人人文主義者たちは、硬貨を贈答品として友人たちに送っていた：Robert Weiss, *The Renaissance Discovery of Classical Antiquity* (Oxford, 1969), pp. 169-170; Eugène Müntz, *Les arts à la cour des papes*, part 2 (Paris, 1879), p. 172, n. 3. この慣習はペトラルカの時代にまでさかのぼる。ペトラルカは、スエトニウスの著作

のページ端にアグリッピナの金貨についてのコメントを書き加えたうえで、それがアウグスティノ修道会士のルイージ・マルシーリからの贈り物である旨を記している：Giuseppe Billanovich, "Nella biblioteca del Petrarca", *Italia medievale e umanistica*, vol. 3 (1960), pp. 49-50.

5. Babelon *Traité*, col. 118. Babelonによれば、不運にも、カトリーヌのコレクションは16世紀後半の宗教戦争時に「四散してしまった」という。1602年に国王アンリ四世が新たな王立コレクションを開始し、それが現ルーブル美術館の大メダルギャラリーの中核となった。
6. Eduard Holzmair, "Das wiedergefundere Inventar der Münzsammlung Ferdinands I", *Numismatische Zeitschrift*, vol. 79 (1961), pp. 79-89.
7. A. de Guevara, *Las epístolas familiars*, ed. José María de Cossio, vol. 1 (Madrid, 1950), pp. 19-27 (book 1, no. 3).
8. ゲバラが論じたメダルには、CON. VIR. AVS. MOS. LE. DBS.などといった、意味不明の略字が刻み込まれていた。彼はこれらの記号を、初期ローマの立法家たちによる判決であると解釈したうえで、ローマ法制史に関する自身の短い議論の例証に用いている。書簡中には図柄についての記述はなく、またここで挙げられているいかなる略記号も、本物の硬貨上には現れないことから、ゲバラがこれらの硬貨をでっちあげたのではないかと疑いたくなる。これと同意見なのがアントニオ・アグスティンで、彼は古代学者たちが知っておくべき現代の偽造品のなかに、これらの硬貨を含めている：*Dialoghi intorno alle medaglie* (Rome, 1592), p. 290. とはいえ、ゲバラが挙げている略記号は、共和政ローマ期のデナリウス金貨に刻まれている、貨幣鋳造者や他の執政官の名前や称号の略記号と、一定の類似性を見せている。たとえばデナリウス貨にはM. CATO PRO. PR.とか、AED. CVR. P. GALBなどといった文字が見られるからだ。したがって、ゲバラが本物の硬貨の文字を読み違えた可能性もある。また、*Antonio de Guevara* (Boston, 1975), p. 116. に収録されている、Joseph R. Jonesによるこの書簡への注釈も参照。
9. ゴルツィウスの人名リストは『ガイウス・ユリウス・カエサル』(Bruges, 1563)の巻末に収録された、aaからddまで記されたフォリオ上に掲載されている。Christian Dekeselは "Hubertus Goltzius in Douai (5.11.1560-14.11.1560)", *Revue belge de Numismatique*, vol. 127 (1981), pp. 117-125の中で、このリストの信憑性に疑問を投げかけている。ゴルツィウスはリスト中に、ドゥエーの町を1560年に訪問した際に出会った、法学教授四名の名をあげている。ところがDekeselは同市の大学が1562年まで存在しなかったことを指摘し、また名前が挙がっている4名の法学者も、ゴルツィウスのドゥエー訪問時には近隣にいなかったことを示した。とはいえ、次のように見ることもできる。すなわち、ゴルツィウスはこれら4名の学者の知己を、大学が設立されたあとで得たのだが（ドゥエーはブリュージュから100キロあまりのところにある）、社交辞令として彼らの名をリストに加えておいたのだ。
10. ゴルツィウスのこのリストを、「我々が知りうる最初の予約購読者名簿」であり、「ヨーロッパ社会の完全な人名録」であるとする評価については、次を参照：Marcel P. Hornik and Steven E. Smith, "Who's Who: 400 Years Ago", *Scienza nuova*, vol. 1, no. 2 (1954-55), pp. 42-57. HornikとSmithによるこの論文は、分析がやや表層的なところ

があり、事実誤認も散見する。たとえば彼らは、フランス国元帥モンモランシー公は当時引退していたためリストに名前が挙がっていない、と主張しているが、実際にはパリ近郊のエクアンの町の項に記載されている（f. cciv）。

11. この情報に関しては、遺書や契約書などの資料をもとに、1550年代のニームの住民の名前についての膨大なデータベースを作成してくれたAllan Tulchin氏に感謝する。

12. それぞれRichard Morisinius (Morrisonか？)、Edward Hackfart (Hackfordか？)、Bruckhard Stockmert、Thomas Mertwick。

13. 『恋の骨折り損』(5. 2.617). シェイクスピア学研究者たちはこの劇を1592年の作だとしている。

14. Goltzius, *C. Iulius Caesar*, ff. bbI, and cciv.

15. H. G. Koenigsberger, G. L. Mosse, and G. Q. Bowler, *Europe in the Sixteenth Century* (New York, 1968), p. 286.

16. Sabba da Castiglione, “Ricordo circa gli ornamenti della casa”, in *Scritti d'arte del Cinquecento*, ed. Paola Barocchi, vol. 3 (Milan, 1977), p. 2921.

17. Roland Bainton, *The Reformation of the Sixteenth Century* (Boston, 1952), p. 129.

18. Guillaume Postel, *Linguarum duodecim characteribus introduction* (Paris, 1538), f. C4v.

19. Postel, *Linguarum duodecim*, f. C3v. のちの著作*De Foenicum literis* (Paris, 1552)でポステルはこの種の硬貨は、金貨も銀貨もイェルサレム滞在中に目にしたが、ブロンズのものとなるとその数も「大量」であったと報告している。(f. B2.)

20. Antoine Le Pois, *Discours sur les medalles et graveures antiques* (Paris, 1579), f. 29v; Agustín, *Dialoghi*, p. 22.

21. Arias Montanus, *Thubal-Cain, sive de mensuris sacris liber* (Antwerp, 172), p. 13. この本は、彼の浩瀚な多言語聖書の学術付録の一部としてプランタンが発刊した作品。

22. Gabriele Symeoni, *Les illustres observations antiques* (Lyons, 1558), p. 131.

23. Pierre de Nolhac, *La bibliotheque de Fulvio Orsini* (Paris, 1887), p. 439, n. 1: “Germani nos perdunt qui promiscue omnia immenso pretio mercantur: numero enim inter se contendunt, non ab elegantia, artificio, raritate, historia examinant.”

24. Enea Vico, *Discorsi sopra le medaglie de gli antichi* (Venice, 1555), bk. 1, pp. 52-53. 50年後、Laevius Hulsiusが報告しているところによると、ネロ帝の硬貨はそこそこ見かけるのだが、裏面の刻印が稀少なサンプルは大変人気が高く、1枚の銅貨に対して、金貨40枚から50枚、場合によっては60枚の値がつくことも珍しくなかったという：*Impp. Romanorun numismatum series* (Frankfurt am Main, 1603), p. 13.

25. Vico, *Discorsi*, bk. 1, pp. 61-67. Antoine Le Poi, *Discours sur les medalles* (1579) および AntonioAgustín, *Dialogos de las medalles* (Tarragona, 1587)でも、近代の偽硬貨に関する章や長い議論が挿入されている。そんなわけだから、現代の硬貨コレクション趣味のためのマニュアルの中に、「本物の見分け方」なる章が設けられているのを見ても、別段驚くには値しない：Wayne G. Sayles, *Ancient Coin Collecting* (Iola, Wis., 1996), pp. 163-169.

26. Enea Vico, *Omnium Caesarum verissimae imagines* (Venice, 1553), pl. FF.I, no. 10. この硬貨は長い間本物と思われていて、S. W. Stevenson, *Dictionary of Roman Coins* (London,

1889), p. 317でも本物として扱われている。それに対しHenri Cohenは著作*Description historique des monnaies frappées sous l'Empire Romain*, 2nd ed., vol. 1 (Paris, 1880), p. 285, n. 1.において、この硬貨を贋物だと喝破している。

27. A. Banti and L. Simonetti, *Corpus nummorum romanorum*, vol. 16 (Florence, 1978), pp. 190-191; vol. 17 (Florence, 1978), p. 52.

28. カヴィーノと彼のいわゆる「パドヴァ人の」コインについては次を参照：R. H. Lawrence, *Medals by Giovanni Cavino, the "Paduan"* (New York, 1883); F. Cessi, *Giovanni Cavino, medaglista padovano del Cinquecento* (Padua, 1969); and G. Gorini, "New Studies on Giovanni da Cavino", in *Italian Medals*, ed, J. G. Pollard (Washington, D.C., 1987), pp. 45-53. ヴァレリオ・ベッリは、クレメンス七世およびパウルス三世治下の造幣局で働いていた人物で、彼の手になる古代風硬貨は次の文献に図解されている：Civiche Raccolte Numismatiche di Milano, *Catalogo delle medaglie*, vol. 2 *(Bollettino di Numismatica*, monograph 4.II.I, 1988), pp. 49-70, nos. 759-828.「古代硬貨の卓越した模倣者たち」としてヴィーコが賞賛するのは、「ヴェットル・ガンベッロ、ジョヴァンニ・ダ・カヴィーノ・パドアーノとその息子、ベンヴェヌート・チェッリーニ、アレッサンドロ・グレーコ、レオーネ・アレティーノ、ヤコポ・ダ・トレッソ、フェデリーコ・ボンザーニャ・パルミジャーノ」らである：*Discorsi*, bk. 1, p. 67. ヴィーコはなおも続けて、「だがその男の兄弟であるジョヴァン・ヤコポは、その腕前のおかげで、今日ローマに鉛刻印の工房を構え、その芸道においては当代ならぶものがなく（…）そして彼の手になるメダルは、真正の古代の品として受け取られるであろう」。ヴィーコの手放しの賞賛にもかかわらず、これまでジャンジャコモ（ジョヴァン・ヤコポ）・ボンザーニャ（1508-1565）の手に帰された模造古銭は伝わっていない：L. Forrer, *Biographical Dictionary of Medallists*, vol. 1 (London, 1904), pp. 104-105. 彼の模造品はあまりに出来が良すぎて、本当に「古代の品として受け取られて」しまったのであろう！ その一方で現代の学者たちのあいだでも意見が分かれているのが、ジョヴァンニ・カヴィーノが自身の作成したメダルを、本物の古銭とみなしてもらいたかったのか、それとも人気が出て入手困難になっていた帝政期硬貨の代替物であることを「ちゃんとことわって」売ろうとしていたのか、という点である：A. S. Norris, "Giovanni Cavino", *Dizionario biografico degli Italiani*, vol. 23 (Rome, 1979), p. 111. また以下のMartha MacCroyの論考は、ローマのメダル制作家にして古代遺物のディーラーでもあったドメニコ・カンパーニを扱っており参照のこと。カンパーニの使用していた金型が現在もフィレンツェのバルジェッロ美術館に保管されている："Domenico Compagni: Roman Medalist and Antiquities Dealer of the Cinquecento", in *Italian Medals*, ed. J. G. Pollard (Washington, D.C., 1987), pp. 115-128.

29. Charles Mitchell, "Archaeology and Romance in Renaissance Italy", in *Italian Renaissance Studies*, ed. E. F. Jacob (London, 1960). P. 459. ルネサンス期の古典学者と現代の学者との態度の違いについては、次を参照：A. Momogliano, "Ancient History and the Antiquarian", *Journal of the Warburg and Courtauld Institute*, vol. 13 (1950), pp. 285-315.

30. Enea Vico, *Le imagini con tutti i riverrsi trovati et le vite de gli imperatori tratte dalle medaglie et dalle historie de gli antichi* (Venice, 1548).

31. ヴィーコがフェッラーラのエステ家のアルフォンソ二世の代理人として活動し、

またおそらくマントヴァのチェーザレ・ゴンザーガのもとでも同様の役割を果たしていた点については、次を参照：Clifford Brown, *Our Accustomed Discourse on the Antique: Cesare Gonzaga and Gerolamo Garimberto* (New York, 1993), p. 237.

32. たとえば、ドミティアヌス帝の銅貨の第四図版において、ヴィーコはセステルティウス硬貨の裏面の図柄を掲載している。皇帝が市民にあいさつをおくり、彼らから進物を受け取る場面が描かれており、これはH. Mattingly, *Coins of the Roman Empire in the British Museum*, vol. 2 (London, 1930), p. 394, Domitian no. 428 (pl. 78.9)に収録の硬貨と大変似ている。この硬貨の正確な刻銘は"COS.XIII.LVD.SAEC."であるが、ヴィーコはこれを（おそらく表面が摩耗した硬貨を基にしたか）間違って"PONT.MAX. TR.P.VIII.LVD.SAEC"と記載している。これとまったく同じ刻銘の誤記が、このセステルティウスを真似て作ったカヴィーノの硬貨にも見られるのである：Lawrence, *Medals by Giovanni Cavino*, p. 14, no. 40. もちろん、カヴィーノの模造硬貨のほうがヴィーコに影響を与えたという、逆のケースも考えられる。カヴィーノの生没年はおよそ1500-1575年、彼の模造硬貨の製造年代は詳しくわかってはいないが、彼が手がけた記念メダルには、記念となる人物の肖像画とともに年代が記されていたり、制作年が特定可能なものもいくつかある。そのもっとも初期のものは1539年および1540年である：Norris, "Giovanni Cavino", p. 110. カヴィーノ作品のなかでもよく知られた"ANGLIA RESVRGENS"メダル（Lawrence no. 96）は、イングランドにおけるカトリック教会の再建を言祝ぐものであり、1554年の制作である。それから、同じく彼の作品で、キリストの肖像を描いたメダル（Lawrence no. 112）には、1565年の年代が入っている。

33. Annibale Caro, *Lettere familiari*, ed. A. Greco, vol. 2 (Florence, 1959), p. 256, no. 494.

34. S. H. Steinbergの試算によれば、15世紀に印刷された書物の平均部数は、おそらく200を超えない程度であった。しかし「ヴェネツィアのアルドゥス・マヌティウスは、1,000部を超える数を刷った最初の出版社と思われる」：*Five Hundred Years of Printing*, 3rd ed. (Baltimore, 1974), pp. 140-141. パリの出版業者・人文主義者ロベール・エティエンヌに関する研究の中で、Elisabeth Armstrongは次のように述べている；「エティエンヌの時代の商業的慣習は、我々の時代のものとも十分に比較可能で（…）一般読者の関心を買いそうなタイトルだと1,000-1,500部、専門性が高い学術書だと600-800部ぐらい刷るのが相場であった」：*Robert Estienne, Royal Printer* (Cambridge, 1954), p. 28. バーゼルのフローベン出版から上梓されたエラスムスの『格言集』は、実に34版を数える人気ぶりであったが、各版1,000部ずつ刷られている：Steinberg, *Five Hundred Years*, p. 141. 16世紀後半のクリストフ・プランタンはアントウェルペンに拠点を置き、国際マーケットにも活動を展開した出版社であったが、その大規模な印刷事業の記録を見てみると、各タイトルとも平均して1,250から1,500部ほど刷られており、専門性が高い著作や極端に値が張る本になると、部数は800部ほどに減っている：M. Rooses, *Le Musée Plantin-Moretus* (Antwerp, 1913-1914).

35. 初期の印刷業者たちのマーケット戦略には、広告チラシやビラの配布、カタログ製作、訪問販売員の派遣なども含まれていた。次を参照：Steinberg, *Five hundred Years*, pp. 133-138. 最初期の出版社は自分たちの店で本を販売していたが、1500年までには独立した書籍の小売販売業が出現している：「書籍配達人」と呼ばれたこの種の

人々は、たとえば1483年-1500年にかけてのアウクスブルク市の記録に12名見られる。また1489年から1530年にかけてのライプツィヒ市には30名が確認できる（p. 138)。ギョーム・ルイユが展開した自著の小売戦略については、次を参照：H. L. Baudrier, *Bibliographie lyonnaise*, vol. 9 (Lyons, 1912), pp. 22-23. ゴルツィウスの著作『全皇帝の肖像イメージ』のさまざまな版については、次の文献にカタログ化されている：*Bibliotheca belgica*, 2nd series (Ghent, 1891-1923), vol. 15, nos. G380-384.

36. 紀元前3世紀、双頭のヤヌス神の図像は、アス銅貨の標準的な表面図像としての地位を確立し、裏面には船首が刻まれた：H. Mattingly, *Roman Coins*, 2nd ed. (London, 1960), p. 51. アス銅貨ならびに同類の硬貨は、時代とともに大きさと重さが減少していったものの、共和制ローマ時代の標準的な銅貨であり、よく見かける小銭であった。紀元前80年以降、銅貨はもはやローマ造幣局では生産されなくなっていたが、アウグストゥス帝のもとでふたたび鋳造されるようになった。その際、図柄が変更されて、現在統治をおこなっている皇帝の「図像と名称」が示された：E. Sydenham, *The Coinage of the Roman Republic* (London, 1952), p. xxxiv. 共和制ローマ時代のアス銅貨は非常にポピュラーであり、人文主義者たちにもよく知られていたはずである。フラヴィオ・ビオンドは著作『ローマ復興』（*De Roma instaurata*）の中でヤヌス神殿を論じる際に、「この間、街の中で」表面に双頭のヤヌス神、裏面に船首を刻んだ硬貨を見つけた、と書き記している：bk, 2, chap. 47 in Basle, 1531 edition of *Opera Biondi Flavii*.

37. コスタンツォ・ランディは著作『ローマ古銭論雑録』（リヨン、1560年）の中で、ヤヌス神について何がしかの言葉を残している古代の作家たちの大半を、引用ないしはパラフレーズの形で収録している。引かれている作家には、以下の名がある：プルタルコス、ヘロディアヌス、アテナイオス、ウェルギリウス、セルウィウス、ホラティウス、ペルシウス、プロコピオス、プリニウス、オウィディウス、ヨセフス、ベロスス、マクロビウス。くわえて、同時代の作家たちの名も、忘れずにしっかり言及されている：アルチャート、レオニクス・トマエウス、ピコ・デッラ・ミランドラ、ギラルドゥス、クリトラウス、アレッサンドロ・デッリ・アレッサンドリ。ランディはたとえば、ローマの子供たちが、ヤヌス神の硬貨をつかって「表か裏か」遊びをしていたことを、マクロビウスの記述から知っていた。また、ヤヌスのことをノア、もしくはノアの孫のひとりと同定する作家もいる、と書いている。

第6章

1. 斯界の権威としてのフルヴィオを論じた論文は：Roberto Weiss, "Andrea Fulvio Antiquario Romano (c. 1470-1527)", *Annali della Scuola Normale Superiore di Pisa: Classe di Lettere, Storia e Filosofia*, 2nd ser., vol. 28 (1959), pp. 1-44. また次も参照：Roberto Weiss, *The Renaissance Discovery of Classical Antiquity* (Oxford, 1969), pp. 86-89, 178-179, and Philip Jacks, *The Antiquarian and the Myth of Antiquity: The Origins of Rome in Renaissance Thought* (Cambridge, 1993), pp. 189-190.

2. フルヴィオは著作『都市ローマの古代遺物』（ローマ、1527年）の序文で、かつてラファエッロと古代遺跡を巡りあるいた思い出を語っている（f. A2r)。画家の死から8年後の記録である。また次も参照：Jacks, *Antiquarian*, pp. 189-190, and Weiss, "Andrea Fulvio", pp. 11-12; ただしJacksもWeissも、1514年のラファエッロからファビオ・カ

ルヴォに宛てた書簡は、贋作であると断定している。

3. Jacks, *Antiquarian*, p. 180.

4. コーラの古物研究趣味については次を参照：Weiss, *Renaissance Discovery*, p. 40, and Konrad Burdach, *Reformation-Renaissance-Humanismus*, 2nd ed. (Berlin, 1926), p. 78.

5. Platina, *Liber de vita Christi ac omnium pontificum*, ed. G. Gaida (Bologna, 1932), pp. 397-398. また次も参照：Roberto Weiss, *Un umanista veneziano, Papa Paolo II* (Rome and Venice, 1958), p. 26.

6. アルベルティーニの『新旧の都市ローマの驚異についての小著』には、ときおり、古銭に関する証言が収録されている。同著については次を参照：Weiss, *Renaissance Discovery*, pp. 85-86.

7. Weiss, "Andrea Fulvio", p. 17.

8. Weiss, *Renaissance Discovery*, pp. 86-87; "Andrea Fulvio", pp. 19-23.

9. Weiss, "Andrea Fulvio", pl. 1.

10. Weiss, *Renaissance Discovery*, pp. 6-7.

11. Andrea Fulvio, *Antiquaria urbis* (Rome, 1513), f. I.2v.

12. 『著名人の肖像』の完全な書誌データは次を参照：Fernanda Ascarelli, *Annali tipografici di Giacomo Mazzocchi* (Florence, 1961), pp. 114-116, no. 116, and Ruth Mortimer, *Harvard College Library Catalogue of Books and Manuscripts*, part 2: *Italian 16th Century Books* (Cambridge, Mass., 1974), pp. 293-294, no. 203.『著名人の肖像』は決して稀覯本ではなく、ヨーロッパ中の主要なコレクションばかりでなく、アメリカ合衆国の1ダースはくだらない公立図書館や大学付属図書館にも収蔵されている。この本は過去に二度、ファクシミリ版で再版されている。一度目はローマで1967年に（Roberto Weissの序文注記つきで）、二度目は1972年にオレゴン州ポートランドのCollegium Graphicum出版から。

13. ユリウス・カエサルの婚約者コッスティアの項の円形浮彫り（f. XVIII）には枠の中にイメージが欠落しており、肖像画の数は合計で204枚となっている。『著名人の肖像』がリヨンで1524年に再版された折には、如才ない出版家が、クラウディウス帝の肖像の銘の部分を塗りつぶしたうえで、それをコッスティアのところに再利用している。フランス人読者たちが、こんな子供だましにひっかからなかったことを願うばかりだ。

14. J. C. Hirsch, *Bibliotheca numismatica* (Nuremberg, 1760), p. 83; J. G. Lipsius, *Bibliotheca numaria* (Leipzig, 1801; reprinted, Colchester, 1977), p. 250.

15. Jacopo Strada, *Epitome du thresor des antiquitez* (Lyons, 1553), f. bb2v. このミスは、1972年のCollegium Graphicum社による複製版においても、同じように繰り返されている。同版に付された序文の注記は、おそらく同叢書の総合編者T. Bestermanが書いたのであろうが、こんな文章がみられる：「著者はおそらく、ジャコモ・サドレートであったとおぼしい」。ところがフォリオ番号のA3-A4にかけて収録された献辞の書簡は、まさにそのサドレート枢機卿に宛てられており、Weissが皮肉交じりに指摘したように、本の著者が自分自身に作品を捧げるなどということは、ちょっとありそうもない（preface to the 1967 facsimile, p. 39）。

16. Weiss, "Andrea Fulvio", p. 26. 奥付の文章が拡張された版は、オクスフォードのボド

リアン・ライブラリーおよびシカゴのニューベリーに収蔵されている。

17. Andrea Fulvio, *Antiquitates urbis Romae*, f. XXXVIv.

18. F. J. Norton, *Italian Printers, 1501-1520* (London, 1958), pp. 100-101.

19. Weiss, *Renaissance Discovery*, pp. 158-159.

20. Jacks, *Antiquarian*, p. 180.

21. 次を参照：D. J. Gordon, "Giannotti, Michelangelo and the Cult of Brutus", *Fritz Saxl, 1890-1948: A Volume of Memorial Essays*, ed. D. J. Gordon (London, 1957), pp. 281-296.

22. Jacks, *Antiquarian*, p. 41.

23. Ibid., p. 180.

24. Phyllis Bober and Ruth Rubinstein, *Renaissance Artists and Antique Sculpture* (Oxford, 1986), p. 119, no. 84. このモニュメントは、ルネサンス期の古銭学者であるエネア・ヴィーコによっても称賛されている。ヴィーコは自著『アウグスタ伝』(ヴェネツィア、1557年）の扉絵版画のために、この石碑を複写している。

25. Bober and Rubinstein, *Renaissance Artists*, p. 128, no. 96:「円形小盾（クリペウス）を掲げた小天使の図像はルネサンス期に頻繁に採用され、大理石の蛇腹や、扉口や、墓碑や、写本の下端部などで、紋章をかかげる姿で描かれた」

26. H. Mattingly, *Coins of the Roman Empire in the British Museum*, vol. 1 (London, 1923), pp. 142-143. Tiberius nos. 161-168, pl. 26.7.

27. 『著名人の肖像』複製版（ローマ、1967年）のWeissによるpp. 48-49の注釈。次を参照：A. Älfoldi, *Die Kontorniaten* (Budapest, 1943), pl. III. 6-10.

28. Charles Seltman, *Greek Coins*, 2nd ed. (London, 1955), pl. 58.6-9.

29. G. Pollard, *Renaissance Bronzes from the Samuel H. Kress Collection* (London, 1967), p. 189, no. A1231.493.

30. ルネサンス期の硬貨蒐集家も古代ローマのヘアー・スタイルの多様性については注釈を加えており、また画家たちもそれらの髪形を作品に転用していた。この点については次を参照：M. Evans, "Hair-Dressing of Roman Ladies as Illustrated on Coins", *Numismatic Chronicle*, 4th ser., vol. 6 (1906), pp. 37-65.

31. もちろん古典文献もまた、古代が度を越した個性的な頭髪装飾の黄金時代であった、という印象を後押しした。たとえばオウィディウスはこんなことを言ってる：樫の木一本の葉っぱの数を数えるか、あるいはヒブラ（シチリアの古代都市で、養蜂で有名であった）のミツバチを数えるほうが、現今のローマ女性たちの髪形の万姿百態を挙げるよりも簡単であろう（*Ars amatoria* III.137)。聖パウロや聖ペテロ、さまざまな教会の教父たちは、信者の娘たちに対して、三つ編みにしたり、束ねたり、頭上に結わえるような派手なはやりの髪型をつつしむよう、警告している：1 Tim. 2.9.; I Pet. 3.3. テルトゥリアヌス『女性の服装について』第二巻・六〜七章は、そのような非難が収録されている古典的な箇所で、その文言はまるで、フルヴィオの本の中で自慢の巻き毛やおさげ髪を誇示している女性たちに向けられているかのようだ：「なぜあなた方の髪の毛を、あるがままにしておかないのか。ある時は結い上げてみたり、またある時はだらりと垂らしてみたり、そしてたっぷりとはやしたかと思うと、間引いて薄くしてみたりなどせずに。女性の中には、髪の毛を結わえて小さな渦巻きをこしらえるのを好む者もいれば、だらりと垂らした乱れ髪がいいという者もいる。まっ

たく、この種の髪形の愚かさときたら、およそ褒められたものではない」。次を参照：Tertullian, *Disciplinary, Moral, and Ascetic Works*, trans. R. Arbesmann (New York, 1959), pp. 137-139.

32. ヴィッラ・ファルネジーナにラファエッロが描いたフレスコ画の年代確定については、次を参照：S.J. Freedberg, *Painting in the High Renaissance in Rome and Florence* (Cambridge, Mass., 1961), pp. 136-138. これに関連して想起しておくべきなのが、フルヴィオとラファエッロの二人が、ローマの古代遺跡のスケッチを共同で制作していた点である。だがこのプロジェクトはほどなくして、ラファエッロが1520年に亡くなったため、中断してしまった：Weiss, "Andrea Fulvio", pp. 11-12.
33. Weiss, "Andrea Fulvio", p. 15.
34. Ibid., pp. 30-31.
35. Andrea Fulvio, *Antiquitates urbis Romae*, f. B2. この版のページ割り付けおよび背丁折記号には誤記が多数みられ、たとえばBiiと記されたページは、実際には同書の第二シートにあたるため、本来ならAiiとなるべきである。イタリア語訳がミケーレ・トラメッツィーノによってヴェネツィアで1543年に出版されている：*Opera di Andrea Fulvio delle antichità della città di Roma.*
36. Weiss, *Renaissance Discovery*, p. 87.
37. Fulvio, *Antiquitates urbis Romae*, f. XLVII.
38. Ibid., f. XLIII.
39. Ibid., f. XXXIII.
40. Ibid., f. XXIII.
41. Ibid., f. XXXVI.
42. Ibid., f. XXXVI.
43. Adolf Occo, *Imperatorum romanorum numismata a Pompeio Magno ad Heraclium* (Antwerp, 1579), p. 166では、アンティノウスの硬貨が13枚リストアップされている。

第7章

1. 次を参照；P. Kristeller, "Carpi, Ugo da", in U. Thieme and F. Becker, *Künstler-Lexikon*, vol. 6 (Leipzig, 1912), pp. 47-49; M. Pittaluga, *L'incisione italiane nel Cinquecento* (Milan, 1930), pp. 229-240; L. Servolini, "Ugo da Carpi", *Rivista d'Arte*, vol. 11 (1929), pp. 173-194, 297-319, and his *Ugo da Carpi* (Lecco, 1933); and J. Johnson, "Il chiaroscuro di Ugo da Carpi", *Print Collector*, nos. 57-58 (1982), pp. 2-87. ウーゴの手になるキアロスクーロ（明暗法）は、次の文献でも見られる：C. Karpinski, *The Illustrated Bartsch*, vol. 48: *Italian Chiaroscuro Woodcuts* (New York, 1983).
2. L. Servolini, "Ugo da Carpi illustrator del libro", *Gutenberg Jahrbuch* (1950), pp. 196-202.
3. Ibid., p. 202.
4. Roberto Weiss, "Andrea Fulvio Antiquario Romano (c. 1470-1527)", *Annali della Scuola Normale Superiore di Pisa: Classe di Lettere, Storia e Filosofia*, 2nd ser., vol. 28 (1959), p. 25, n. 7: 「ウーゴ・ダ・カルピは1516年頃すでにローマに在住していたとしても…それらの図版の様式は、この版画家のものとはいえない」。私の知りうるかぎり、ウーゴを『著名人の肖像』の木版画の作者だと同定しているもっとも早い文章は、Karl Rumohr,

Zur Geschichte und Theorie der Formschneidekunst (Lepizig, 1837), p. 126である。同箇所では、疑問符（？）付きで同定が試みられている。よくあることだが、このようなケースでは、同定情報が疑問符なしで、のちのカタログ編者たちによって繰り返されてしまうのである：J. Graesse, *Trésor de livres rares et précieux ou nouveau dictionnaire bibliographique* (Dresden, 1859-1867), vol. 2, p. 646; L. Olschki, *Le livre en Italie* (Florence, 1914), p. 19, no. 52; M. Sander, *Le livre à figures italien depuis 1467 jusqu'à 1530* (Milan, 1942), vol. 1, p. 510.

5. Giuseppina Zappella, *Il ritratto nel libro italiano nel Cinquecento* (Milan, 198), p. 224.
6. ニエロ技法については次を参照：A. M. Hind, *Nielli, Chiefly Italian, Preserved in the British Museum* (London, 1936); A. Blum, *Les nielles du quattrocento* (Paris, 1950); K. Oberhuber, J. Levenson, and J. Sheehan, *Early Italian Engravings from the National Gallery of Art* (Washington, D.C., 1973), pp. 528-549 (appendix B on niello prints, with introduction by L. J. Rosenwald).
7. フランチャとその流派については次を参照：*Bologna e l'umanesimo 1490-1510*, ed. M. Faietti and K. Oberhuber (Bologna, 1988), pp. 246-280.
8. I. Shoemaker and E. Broun, *The Engravings of Marcantonio Raimondi* (Lawrence, Kans., 1981); K. Oberhuber, *The Illustrated Bartsch*, vol. 26-27: *The Works of Marcantonio Raimondi and of His School* (New York, 1978); and Faietti and Oberhuber, *Bologna e l'umanesimo*, pp. 90-210.
9. ヤコポ・フランチャについては次を参照：Oberhuber et al., *Early Italian Engravings*, pp. 492-501; and Faietti and Oberhuber, *Bologna e l'umanesimo*, pp. 290-304.
10. A. Bartsch, *Le peintre graveur* (Leipzig, 1803-1821), vol. 12, p. 372, nos. 501-512 (usually indicated as B.XII.372.501-512). また次も参照：Oberhuber, *Illustrated Bartsch*, nos. 501-512. 奇妙なことに、この十二皇帝の版画シリーズでは四番目のカリグラ帝が省略され、かわりにトラヤヌス帝が加えられている（カタログでは誤ってネルウァ帝と同定されている）。
11. Oberhuber, *Illustrated Bartsch*, nos. 493-493.
12. アスカレッリはこのパネル・セットを「コーニス・タイプ十二番」と同定したうえで（*Annali tipografici di Giacomo Mazzocchi [Florence, 1961]*, p. 26）、次のように描写している：「四角い外枠（コーニス）で、背景は黒；上段枠の円形スペースには男の頭部が描かれ、その両脇にはプットーの姿。下段枠には狩猟の情景。両側の枠にはプットーがいて、さまざまな装飾が描かれている、たとえば鹿の姿や武器や防具など」。実際のところ、上下左右の個々の枠組みがひとつの決まった組み合わせを形成するのではなく、相互に交換可能であったり、他の枠組みと入れ替えたりすることができた。これらの版木は同時に制作されたセットのようで、組み合わせを変えることによってデザインに変化をつけたり、枠の大きさを調整できるようにしていた。ヤコポ・マッゾッキ『都市ローマのエピグラム』（ローマ、1521年）において墓碑銘の囲いとして使用された装飾版木の事例から判断するに、枠組みのセットは、上下段用枠組みが四つ、左右の枠組みが四つから構成され、さらに水平パネルの両脇に挿入して枠を拡張するためのさまざまな小版木が用意されていた。たとえば『都市ローマのエピグラム』のフォリオ15では、狩猟の情景が、戯れたり勉学に打ち込んだりしているプットーの姿に置き換えられている。またフォリオ112では、同じ個所に今度は、スフィンク

スの両脇をかためるグリフォンの姿を認めることができる。アスカレッリのいう「コーニス・タイプ十二番」は、本人の主張するところによれば、マッゾッキが1517年に刊行したマクシムス・ティリウス『プラトンの説教』（no. 115）のタイトルページに現れるのが初出だという。だがこれらの木版画の作成年代をつきとめるのは、やっかいな問題である。というのもそれらの木版の複写が、すでにローマの印刷業者エティエンヌ・ギュイエリ（Etienne Guillery）によって早くも1515年に、彼が刊行したファン・デ・オルテガ『算術大全』のタイトルの枠組みとして使用されているのが確認できるからである：Ruth Mortimer, *Harvard College Library Catalogue of Books and Manuscripts, part 2: Italian 16th Century Books* (Cambridge, Mass., 1974), p. 483, no. 331. Mortimerはギュイエリの枠組みをマッゾッキのものと比べたうえで、こう結論付けている：「ギュイエリの使用した枠組みの下段部分を見ると、これがオリジナルではなくてコピーであることがわかる」。

13. Mazzocchi, *Epigrammmata*, ff. XXXIV, LIII, LXXIV, LXXIV, LXXXIX, CLVI. 同書の完全な書誌情報の記述は次を参照：Ascarelli, *Annales tipografici*, pp. 139-140, no. 144; and Mortimer, *Harvard Catalogue: Italian*, pp. 435-436, no. 297.
14. Mazzocchi, *Epigrammata*, f. (10)r.
15. Ibid., f. CLXXII. この三美神の彫像、およびそれらがルネサンス期の芸術家たちによってどのように活用されたのかという点については、次を参照：Phyllis Bober and Ruth Rubinstein, *Renaissance Artists and Antique Sculpture* (Oxford, 1986) pp. 86-87, no. 47.
16. パルンバに関する権威ある研究は以下：F. Lippmann, *The Woodcuts of the Master I.B. with the Bird* (London and Berlin, 1894); J. B. Shaw, "The Master I.B. with the Bird", *Print Collector's Quarterly*, vol. 19 (1932), pp. 273-297 and vol. 20 (1933), pp. 9-33, 169-178; A. Campana, "Intorno all'incisore Gian Battista Palumba e al pittore Jacopo Rimpacta (Ripanda)", *Maso Finiguerra*, vol. I (1936), pp. 164-181; A. M. Hind, *Early Italian Engraves*, vol. 5 (London, 1948), pp. 248-260; Oberhuber et al., *Early Italian Engraving*, pp. 440-455; M. Zucker, *The Illustrated Bartsch*, vol. 25: Commentary (New York, 1984), pp. 135-136. なおCampana, "Intorno all'incisore", p. 164, n. 1では、同画家に関するその時点での先行文献の網羅的な書誌データが提示されている。
17. Campana, "Intorno all'incisore", p. 168.
18. カンパーナによるこの発見は、偶然が重なった末の幸運であったといえる。Hindもまた、欄外の注釈は本文の詩と同一人物の手になるという主張に同意し、カンパーナの発見にお墨付きを与えている：*Early Italian Engraving*, pp. 252-253. この写本の別の詩句では、「ダレス」によって描かれた肖像画が称賛されているが、これはパルンバが肖像画家として言及されている唯一の記述である。芸術に関するカポディフェッロのエピグラムは、次の文献に収録されている：H. Janitschek, "Ein Hofpoet Leos X über Künstler und Kunstwerke", *Repertorium für Kunstwissenschaft*, vol. 3 (1880), pp. 52-60.
19. *Oxford Classical Dictionary* (Oxford, 1970), p. 313.
20. Shaw, "The Master I.B.", vol. 20, pp. 14-33.
21. Lippmann, *The Woodcuts of the Master I.B.*, pp. (1)-(2); Oberhuber et al., *Early Italian Engravings*, pp. 441-442. Lippmannは、「鳥の画家I.B.」のマンテーニャ風の初期作と、1499年にミラノで出版されたレ・シニェッレ『精神的な宝庫』（Le Signerre, *Tesauro*

spirituale）に収録された木版画のいくつかの作品との「驚くべき類似」を指摘している。Lippmannは『宝庫』の図版のうちの5点を、「鳥の画家I.B.」の手になる作品としているものの、Oberhuberはこの同定を「完全には同意できない」として留保をつけている。Shawもやはり同様に、『宝庫』中の木版画と「鳥の画家I.B.」とのあいだには関連は見られない、との意見だ：Shaw, "The Master I.B.", p. 297; さらにはHindも、この点に関してはLippmannに同意できないとしている：*Early Italian Engraving*, p. 249. Oberhuberは次のような指摘をしている。「鳥の画家I.B.」によるキリスト受難図の木版画（Lippmann no. 2, Shaw no. 17）は、1503年にミラノの画家アンドレア・ソレリオが作成した同主題の絵画作品と、スタイルおよび構成の点で強固な類似性を見せる。

22. パルンバによる「ローマ」の版画（Hind no. 4, Shaw no. 12）は寓意画で、Hindが指摘したようにローマ時代の硬貨に由来する図像であったが、この作品はとりわけ好まれたもので、パルンバ以外の版画家や下絵画家の手になる複製が数点存在している：*Zucker, Illustrated Bartsch*, pp. 148-151. 画家にして版画家でもあったニコレット・ダ・モデナは、おそらくパルンバの弟子で、師の作品の制作補助者であった人物であるが、その彼が、パルンバの銅版画「レダと白鳥」（Hind no. 9, Shaw no. 3）に手を加え、師のモノグラムを自身のものと取り換えている。パルンバの版画に由来するマジョルカ焼については、次を参照：J. B. Shaw, "Jacopo Ripanda and Early Italian Majolica", *Burlington Magazine*, vol. 61 (1932), pp. 19-25. Hindが示唆するところでは、ジュネーヴ美術館に収蔵されているウェヌス、クピード、河神像を描いたマジョルカ焼の皿は、パルンバの失われた版画作品に基づいているという：*Early Italian Engraving*, p. 260.
23. Lippmann, *The Woodcuts of the Master I.B.*, pp. (1)-(3).
24. A. M. Hind, *An Introduction to the History of the Woodcut* (New York, 1935), p. 442. Zuckerは、パルンバの「ディアナとアクタイオン」の木版画（Lippmann no. 10, Shaw no. 25）には異なる二つのヴァージョンがあることを認め、注記しており、そのうち一方は他方よりもはるかに優れた仕上げの作品となっている。この二つのヴァージョンの細部は、次の文献において比較分析されている：W. M. Ivins, *How Prints Look* (New York, 1943), pp. 125-126. パルンバの版画作品のうち、「聖ヒエロニムス」と「三美神」（Lippmann no. 7, Shaw no. 22）の二点に関しては、"AA"ないしは"AAM"という二つ目のモノグラムが入っているが、これはおそらく彫版師のものであろう。
25. Oberhuber et al., *Early Italian Engravings*, pp. 440-445.
26. Zucker, *Ilustrated Bartsch*, p. 136.
27. Campana, "Intorno all'incisore", p. 178. それらの作品には、以下の主題のものが含まれている：Boiardo, *Orlando Innamorato* (Venice, 1521) からとられた戦闘場面や、ドラゴンと戦う騎手を描いたもの；Niccolo degli Agostini, *Li seccessi bellici* (Venice, 1521) からとった、マルクス・アウレリウス帝の騎馬像を描いたもの；*Vita di S. Caterina da Siena* (Siena, 1524) からとった、聖カテリーナの全身像。ヴェネツィアの版画作品は次の文献に複製収録されている：Prince d'Essling, *Les livres à figures vénitiens*, vol. 2 (Florence, 1909), pp. 131-132, 410. 聖カテリーナの木版画については次を参照：Mortimer, *Harvard Catalogue: Italian*, p. 584, no. 411. その一方でHind（*Early Italian Engraving*, p. 249, n. 2）は、これらのどちらかというと凡庸な作品群と、パルンバのいつものモノグラムが署名された作品群とのあいだに、なんらの類似性も認めない。

28. たとえばオト帝のデナリウス硬貨：H. Mattingly, *Coins of the Roman Empire in the British Museum*, vol. 1 (London, 1923), pp 365-366, Otho nos. 5-12, pl. 60.4-8. マルカントニオはこの硬貨を、自身の「十二皇帝」シリーズ版画の中でコピーしている（B. 507）。そこでは、髪の毛が四つの層で表現されていて、各層がまるで煉瓦壁の目地のようにくっきりと分かれている。それぞれの層は、等しい大きさの巻き毛の房から構成され、全体的にいかにも人工的な表現である。スエトニウスによると、オト帝は禿げ頭だったのでかつらを愛用していたが、それがまたたいそう見事な出来ばえであったため本物の髪の毛と区別がつかないほどだったらしいのだが…。

29. とりわけ該当するのが「カリュドンのイノシシ狩り」（Lippmann no. 6, Shaw no. 21）である。Shawはこの作品を、ペルッツィがヴィッラ・ファルネジーナの「フリーズの間」に描いた、1510-1511年頃と推定されるフリーズ装飾のひとつから着想を得たものと主張している：“Intorno all'incisore”, p. 289; S. J. Freedberg, *Painting in the High Renaissance in Rome and Florence* (Cambridge, Mass., 1961), p. 139. もちろん、同種のモチーフは探そうと思えば、当時のローマ市内にあったさまざまな古代遺物コレクションに展示されていた古代の石棺を参照すれば、見つけることができたであろう（Bober and Rubinstein, *Renaissance Artists*, pp. 144-145, no. 113）。だがパルンバの描くアタランタは手に弓を持った状態で走っており――Lippmannはこれを指して「この種のイタリア芸術の白眉のひとつ」と評している――、これなどはペルッツィが描いたフリーズ装飾に依拠したものであることは確実といえる。パルンバは、槍を持った馬丁を画面に添えることで、元となったペルッツィの構図に変化をもたせている。ちなみにこの馬丁は、先ほど議論したマッゾッキの「コーニス・タイプ十二番」を構成するパネルのひとつに描かれた狩猟の場面にも登場する。

30. B.XIV.197.245. 次を参照：Shoemaker and Broun, *Engravings*, pp. 146-147, no. 43; David Landau and Peter Parshall, *The Renaissance Print* (New Haven, Conn., 1994), p. 128, fig. 125. 研究者たちの意見が一致しているのは、「パリスの審判」が、マルカントニオがラファエッロと共同制作した最終作品か、もしくは最後の作品の一枚だという点で、その制作時期はマルカントニオが亡くなる1520年からさほど遠く離れてはいないだろうとしている。Babette Bohnは、たとえば1517年から1520年ごろにかけての作品だとしている：*The Discovery of Art*, vol. 25 (New York, 1996), p. 859. 一方でBernice Davidsonは、この作品が制作されたのはラファエッロの死後のことだとしている：“Marcantonio Raimondi: The Engravings of His Roman Period” (Ph.D. diss., Radcliffe College, 1954), p. 106.

31. ヴェネツィア元老院への申請書の中でウーゴは、自分がその制作プロセスを開発したのだと主張、そのテクニックを「明暗に印刷する新しい方法で、これまでに知られていなかった新技術である」としている：Kristeller, “Carpi”, p. 48. しかしながらKristellerおよび他の研究者たちは、同様の技術がすでにドイツの木版画師たちによって使用されていたことを指摘している。初期の事例としてはクラーナハの「ウェヌスとクピード」（1506年）やブルクマイアーの「聖クリストフォルス」（1508年）などがある。パルンバのキャリアが1510年で終了したという説を支持すべくOberhuberが主張するところでは、「聖セバスティアヌス」はウーゴのキアロスクーロ版画に先行するものであるという：「おそらくそれは、イタリアにおけるキアロスクーロ（明

暗法）木版画の最初の事例であったのではないだろうか。たぶんウーゴがキャリアを開始するより以前に、ドイツの職人によって制作されたのであろう」: *Early Italian Engravings*, p. 442. さらなる証拠としてOberhuberは、「聖セバスティアヌス」が、「1510年頃の作品と推定される」「レダとその子供たち」の版画に、スタイルの点で大変近いという点を挙げている。とはいえ「レダ」の制作年代については確かなことはわかっておらず、またパルンバの「聖セバスティアヌス」の技巧は、ドイツ人たちよりもむしろ、ウーゴの版画で用いられたキアロスクーロ技術のほうにより似ている。この点はLippmannがすでに1894年に指摘していた：*Woodcuts of the Master I.B.*, p. (3). Carl Zigrosserが指摘したように、「ドイツ人の版画師たちは一般的に白と黒の主版木を徐々に完成まで仕上げていって、それ自体で独立した版画として機能するようにし、そのうえで効果を増すためにカラー版木を加えてゆく。それに対してイタリア人たちは全体をカラーの観点から着想し、込み入った黒と白のアクセントはあまり使用しない」: *Prints and Their Creators* (New York, 1974), p. 30. この点に関していうなら、パルンバの「聖セバスティアヌス」は明らかにイタリアで作られたものである；「カラー版木を欠いたデザインは、未完成といっていいだろう」: Shaw, "The Master I.B.", p. 176. たとえば、パルンバの聖セバスティアヌスの高く掲げられた手は、絵画的な（マーレリッシュ）方法、すなわち光と影の斑点を交互に配して描かれており、その技法は、ウーゴのキアロスクーロ版画「サトゥルヌス」(B.27) 中の同様の腕の表現などとも比較することができる。LandauとParshallはそのうえ、最初期のドイツのキアロスクーロ版画の制作年代を確定するのは難しいとしている。というのも、もともとは白黒の通常の版画として制作されておきながら、ずっと後になってカラー版木が追加された可能性があるからだ。そのうえで両者はこう主張している：「本当の意味でのキアロスクーロ版画の最初の制作事例」は、ブルクマイアーの1510年の作品「死によって打ち負かされる恋人たち」だという：*The Renaissance Print*, p. 198.

第8章

1. Antoine Le Pois, *Discours sur les medalles et graveures antique* (Paris, 1579), ff. 2r-3v.
2. Ibid., ff. 76-77.
3. Ibid., ff. 2-3v.
4. Andrea Fluvio, *Illustrium imagines* (Rome, 1517). ル・ポワが掲げる本書ならびに他の著作についてのさらなる情報については、本書巻末の書誌付録を参照されたい。
5. Johann Huttich, *Imperatorum romanorum libellus* (Strasbourg, 1525). ル・ポワは、フッティヒがフルヴィオを「まるごと」コピーしたといって非難しているが、これは正しくない。フッティヒは15枚あまりの新たな肖像画を加え、皇帝のシリーズを神聖ローマ皇帝カール五世ならびにその弟のフェルディナント一世の代まで延長している（ちなみにフルヴィオの皇帝伝は中世初期で終わっている）。
6. エネア・ヴィーコには複数の古銭学著作があり、その中には優雅な版画による挿絵を収録するものもある。それらのうち最初のものが『裏面もすべて含めた皇帝の図像…』（*Le imagini con tutti i riversi trovati et le vite de gli imperatori tratte dalle medaglie et dalle hisotire de gli antichi*, Venezia, 1548）である。ヴィーコの著作『古代メダル論』（*Discorsi sopra le medaglie de gli antich*）は、古銭の蒐集および研究についての最初のハンドブッ

クないしは入門ガイドたる作品で、1555年にヴェネツィアで（書肆ガブリエル・ジョリートより）出版され、1558年に第二版が出た。ヴェネツィアの学者で作家でもあったセバスティアーノ・エリッツォは、古銭学著作を一冊だけ執筆している。それが『古代メダルについて』（*Discorso sopra le memdaglie antiche*）で、木版の図版を多数収録し、大変な人気を博して都合四度も再版された（Venezia, 1559, 1568, 1571 and c. 1585）。

7. Costanzo Landi, *In veterum numismatum Romanorum miscellanea explications* (Lyons, 1560).
8. Jacopo Strada, *Epitome du thresor des antiquitez* (Lyons, 1553).
9. フィレンツェの人ガブリエーレ・シメオーニ（Simeoniの代わりにSymeoniと綴るほうを本人は好んだ）は1550年代にリヨンに移住した。イタリアとフランスの旅行記を二冊執筆しているが、これらは古銭学ジャンルの最初期の印刷本の内に数えられる。というのも、古銭に関する図版や解釈を多数収録しているからである：*Les illustres observations antiques* (Lyons, 1558) and *Description de la Lingue d'Auvergne* (Lyons, 1561).
10. Johannes Sambucus, *Emblemata cum aliquot nummis antique operis* (Antwerp, 1564). サンブクスは、ウィーンの宮廷において皇帝付き歴史家の役職をつとめた人物である。ポーランド人というのは間違いで、ハンガリー人である。そのサンブクスのことをよく知っていたアブラハム・オルテリウスは、ル・ポワの『議論』を所有していたのだが、この偉大な地理学者はフォリオ3でル・ポワがサンブクスを指して「ポーランド人」としている箇所に、ぴっと斜線を入れ、「ハンガリー人」と訂正を書き込んでいる。これが、オルテリウスが本書に加えたほぼ唯一の欄外書き込み・訂正であった（University of North Carolina, Chapel Hill: Rare Book Collection, Estienne CJ5595.L4）。
11. Hubert Goltzius, *Fastos magistratuum et triumphorum Romanorum* (Bruges, 1566).
12. Hubert Goltzius, *C. Iulius Caesar* (Bruges, 1563).
13. この作品はブルージュにて1574年に『皇帝アウグストゥス』（*Caesar Augustus*）として出版された。
14. Guillaume Du Choul, *Discours de la religion des anciens Romains* (Lyons, 1556).
15. デュ・シュールによる、古代ローマの遺物に関する未刊行の著作に関する記述については、次を参照：Richard Cooper, "Collectors of Coins and Numismatic Scholarship in Early Renaissance France", in *Medals and Coins from Budé to Mommsen*, ed. M. H. Crawford, C. R. Ligota, and J. B. Trapp (London, 1990), pp. 15-18.
16. Wolfgang Lazius, *Commen. rerum Graecarum libri II* (Vienna, 1558).
17. Wolfgang Lazius, *Commentariorum vestustorum numismatum maximi scilicet operis ... specimen exile ceu ex tecto tegula quaedam* (Vienna).
18. ラツィウスがこれらのことを主張しているのは、皇帝フェルディナントの顧問であったマルティン・グスマンにあてた献辞書簡においてである：ff. A3-A4v.
19. Guillaume Rouille, *Promptuaire des medalles* (Lyons, 1553). 一方『卓越せし人たちの図像』は、ルイユのライバルであったJean de Tournesによってリヨンで1559年に編集・出版された著作で、その実は、ルイユの著作『プロンプトゥアリウム』を小型にしたチープな版にすぎなかった（145枚の肖像画を収録）。人気もあまりなかったようで、再版されることはなかった。
20. アグスティンの文献評は、彼の著作『メダル対話』（*Dialogos de medallas, inscriciones*

y otras antiguedades, Tarragona, 1587）の第11対話の一部として収録されている（pp. 463-467）。 次も参照：David H. Darst, “La bibliografia numismática de D. Antonio Agustín”, *Numisma*, vols. 35-36 (1985-1986), pp. 73-79. アグスティンは、ル・ポワがすでに挙げた著者や書物の大半を挙げているが、唯一例外的に引いていないのが1559年の『卓越せし人々の図像』であり、代わりに、ヤコポ・ストラーダによってヴェネツィアで1557年に出版されたオノフリオ・パンヴィニオの『ローマ人たちの暦と凱旋』(*Fasti et triumphi Romanorum*)、ならびにフルヴィオ・オルシーニによる『ローマの家族』（*Familiae romanae*, Roma, 1577）を加えている。

21. Roberto Weiss, *The Renaissance Discovery of Classical Antiquity* (Oxford, 1969), p. 177. ビュデ『アス銅貨』のさまざまな再版や縮約版の書誌リストは、次を参照：Cooper, “Collectors of Coins”, pp. 20-21.
22. この縮約版は、“Guglielmi Budaei Breviarum de Asse et Partibus Eius”というタイトルで、次の度量衡学に関する多様なテクストを集めた論集に収録されている：*Priscorum numismatum ad nurenbergensis monetae valorem facta aestimatio* (Tübingen, 1533), ff. 28v-32.
23. ビュデは文献から得られた情報の確証をとるために、多数のローマの金貨と銀貨の重量を計測し、それらの結果を『アス銅貨』の第二巻と第三巻に記載している：『ビュデ全集』（*Budaei opera omnia*, Basle, 1557; reprinted Farnborough, Hampshire, 1966）第二巻のpp. 61-62, 97を参照。『アス銅貨』のオリジナルのラテン語版においてビュデは、自分はリュシマコスの銀貨を目にする機会があったが、残念なことに目方を測ることはできなかった、と述懐している：*Opera omnia*, vol. 2, p. 267. その浩瀚な著作のフランス語による縮約版は、初版が1522年に出版されているのだが、その中でビュデは、パリのとある両替商がリュシマコスのテトラドラクマ硬貨を所有しているのを見つけ、その両替商は長い間そのサンプルを貸してくれたために、目方をはかることができたと書き記している：*Extraict ou abbrégé du livre de asse* (Paris, 1549), ff. 108-108v.
24. Budé, *Opera omnia*, vol. 2, p. 130.
25. ニュルンベルクの人文主義者ヴィリバルト・ピルクハイマーは、古今の通貨の換算貨幣価値について論じた小著の著者であるが、執筆に際して多数の金・銀・銅貨のサンプルを注意深く計測している。彼の以前の弟子が言うところによると、そうしたサンプルの中には、「山のように所有していた」という彼自身の硬貨や「彼が他の人々から入手できたもの」が含まれていたという：*Priscorum numismatum*, f. A2v. フランソワ・オトマンもまた、彼自身が計測したネロとコンモドゥスの金貨について、詳細な記述を残している：*De re numaria populi romani liber* (Paris, 1585), p. 324.
26. 『古銭学図書館』は最初、ラベの『図書館の図書館』第二版（Paris, 1664）の付録（pp. 219-324）として出版されたが、その後、以下のタイトルで独立して出版された：*Bibliotheca nummaria in duos partes tribute: I. De antiquis numismatibus, II. De monetis, ponderibus et mensuris* (Leipzig, 1675, 1682, 1686, 1692).

第9章

1. Paul O. Rave, “Paolo Giovio und die Bildnisvietenbücher des Humanismus”, *Jahrbuch der Berliner Museen*, vol. 1 (1959), pp. 119-154.
2. Ibid., p. 121.

3. フッティヒは、ユリウス・カエサルから現在のハプスブルク家の皇帝まで、連綿と続く皇統の系譜を作りあげようとしたのであるが、こうした試みは、宗教改革とともに勃興したドイツ・ナショナリズムのひとつの表れとみなすことが出来るであろう。Anna Lanckoronskaは、フッティヒの書物の中に、反教皇的な、あるいは親ルター的な偏見が隠れていることをつきとめている："Des Johannes Huttichius *Imperatorum romanorum libellus* als Dokument des Glaubenskampfes", *Gutenberg Jahrbuch* (1965), pp. 262-270.
4. パオロ・ジョーヴィオのコレクションについては、次を参照：Rave, "Paolo Giovio", pp. 119-121, and Luigi Rovelli, *L'opera storica ed artistica di Paolo Giovio* (Como, 1928).
5. 次を参照：Max Sander, *Le livre à figures italien*, vol. 6 (Milan, 1969), figs. 432-433 (Foresti) and 776-777 (Ochsenbrunner). フォレスティの著作*De claris mulieribus* (Ferrara, 1497)に収録されたイラストは、風景を背景に、人物の胸から上の部分を描いており、15世紀のパネル画の形式を模倣している。
6. クラートの出版者が上梓した皇帝年代記はどれもみな、フルヴィオとフッティヒのものを真似た、同一の木版メダル風肖像画セットが挿絵として用いられている。書誌は以下：*Chronicum Abbatis Urspergensis* (1537); *De Caesaribus atque imperatoris* of Joannes Cuspinianus (1540) and its German version, *Ein ausserlessne Chronicka* (1541); and Nicolas Gerbel's *Icones imperatorum et breves vitae* (1544).
7. *Les Français italianisants* (Paris, 1906-1907), vol. 1, pp. 183-220に収録されたEmile Picotによる伝記、ならびに*Bibliographie lyonnaise* (Lyons, 1895-1921), vol. 9, pp. 15-59に収録されたHenri Baudrierによる伝記を参照。
8. Baudrier, *Bibliographie lyonnaise*, vol. 9, p. 21.
9. Picot, *Les Français italianisants*, p. 186.
10. Quoted in ibid., p. 200.
11. Christian Dekesel, *Bibliothecae Universitatis Gandavensis numismatica selecta 1514-1599: Numismatic Books Printed before 1600 in the Central Library of the University of Ghent* (Ghent, 1992), pp. 343-464.
12. Jacopo Strada, *Epitome du thesor* (Lyons, 1553), f. bb2v.
13. Guillaume Rouille, *Promptuaire des medalles* (Lyons, 1533), f. a4v.
14. *Imagines et vitae imperatorum romanorum*, (Leiden, 1599), f. A2.
15. *Pomponius Gauricus*, De sculptura, ed. A. Chastel (Geneva, 1969), p. 128.
16. コクレスおよび他のルネサンス期の観相学作家については、次を参照：Lynn Thorndike, *A History of Magic and Experimental Science*, vol. 5 (New York, 1941), pp. 49-68.
17. Ibid., p. 49. おそらく、ルネサンス期でもっとも人気のあった観相学著作は、ジャン・バッティスタ・デッラ・ポルタの『人間の観相学について』(*De humana physiognoma*)であろう。この著作は、人間の頭部と動物の頭とを並べて描いたイラストで有名で、初版は1586年に出版された。1655年までに、実に21版を数えている。
18. Thorndike, *History of Magic*, vol. 6, pp. 146-147. また次も参照：J. M. Bujanda, *Index des livres interdits*, vol. 5 (Quebec, 1984), pp. 316-318. この最後の文献には、コクレスの『蘇生』の、ラテン語、英語、フランス語、スペイン語、ドイツ語、イタリア語各版の書誌リストが掲載されている。

19. Thorndike, *History of Magic*, vol. 6, pp. 160, 542-543.
20. 古代世界の観相学の文献は、次の著作に集められている：R. Förster, *Scriptores physiognomonici* (Leipzig, 1893). これら古代文献のなかでも、ルネサンス期にとりわけ知られていたのが、『秘中の秘』（*Secretum secretorum*）ならびに『観相学』（*Physiognomica*）で、ともにアリストテレスの作とされていた。
21. 『観相学』のテクストについては、次を参照：Jonathan Barnes, *The Complete Works of Aristotele* (Princeton, N.J., 1984), pp. 1237-1250. 最初の印刷本が早くも1472年に出ている『秘中の秘』については、M. A. Manzoloniが編集した版（Oxford, 1977）を参照。
22. Tamsyn Barton, *Power and Knowledge: Astrology, Physiognomics, and Medicine under the Roman Empire* (Ann Abor, Mich., 1994), pp. 95-131.
23. Lorne Campbell, *Renaissance Portraits* (New Haven, Conn., 1990), p. 27. レオナルドが観相学に対して抱いていた意見については、参照：Leonardo, *Tratise on Painting*, ed. A. P. McMahon, vol. I (Princeton, N.J., 1956), p. 157, no. 425.
24. Leonardo, *Treatise on Painting*, vol. 2, f. 109v: "Vere che li segni di volti mostrano in parte la natura de gli uomini di lor vitii e complessioni."
25. Guillaume Rouille, *Promptuarium iconum insigniorum* (Lyons, 1553), f. a3v.

第10章

1. Fluvio Biondo, *Roma instaurata*, bk 2, ch. 46 (pp. 44-45 in Basle 1531 edition of *Opera Biondi Flavii*).
2. エンブレム本の標準的な歴史および書誌は：Mario Praz, *Studies in Seventeenth Century Imagery* (Rome, 1964). 同書はタイトルとは裏腹に、16世紀のエンブレム作家および同ジャンルの文献も網羅的にカヴァーしている。エンブレム理論に関する研究の近年成果のサーヴェイも含め、このジャンルに関するよい見取り図を描いてくれているのは、次の文献の第一章である：M. Daly, *Literature in the Light of the Emblem* (Toronto, 1979), pp. 3-53.
3. アルチャートについては、*Dizionario biografico degli Italiani*, vol. 2 (Rome, 1960), pp. 69-77に収録されたR. Abbondanzaによる伝記記述、ならびに次を参照：*Andrea Alciato and the Emblem Tradition: Essays in Honor of Virginia Woods Callahan*, ed. Peter M. Daly (New York, 1989), especially Konrad Hoffmann, "Alciato and the Historical Situation of Emblematics", pp. 1-45. アルチャートのエンブレム集のもっとも有名な版は、プランタン出版によってアントウェルペンで1573年に刷られたもので、Claude Mignaultによる詳細な注釈が付されていた。同版は、ピエトロ・トッツォによってパドヴァで1621年に再版されている。この1621年版は現在では、Galrandによって出版されたファクシミリ版（New York 1976）によって広く手に入る。
4. ローマ硬貨の裏面の図柄をもとにしたエンブレムの事例は以下：アルチャート『エンブレム集』（1621年版）、no. 18（双頭のヤヌス神）、39（ローマの二人の将軍が握手をする姿で表されたコンコルディア神）、119（メルクリウスの杖に豊穣の角を加えて "Virtuti Fortuna comes" のシンボルとしたもの）、144（錨とイルカ）、151（ブルートゥスの短剣と自由帽）。Arthur HenkelとAlbrecht Schöneは、その共著のなかで、1621年版以外の版に収録されたこれらのエンブレムを解説している：*Emblemata:*

Handbuch zur Sinnbildkunst des XVI. und XVII. Jahrhunderts (Stuttgart, 1967), cols. 683, 1013, 1499, 1779, 1818.

5. Joannes Sambucus, *Emblemata, cum aliquot nummis antique operis* (Antwerp, 1564). 初版では硬貨の図版は、ジャン・グロリエへの献辞（p. 232）に続いて、233 〜 239ページに収録されている。
6. August Buck, "Leben und Werk des Joannes Sambucus (Zsámboky János)", pp. 7-15, in the notes appended to the facsimile reprint of the *Emblemata* (Budapest, 1982).
7. サンブクスとグロリエ、ならびに他のフランス人蒐集家や学者との交友については、次を参照：Endre Bach, *Un humaniste hongrois en France: Jean Sambucus et ses relations littéraires* (Szeged, 1932).
8. L. Renauldin, *Études historique et critique sur les médecins numismatists* (Paris, 1851)., p. 81.
9. Sambucus, *Emblemata*, p. 191.
10. これらの硬貨のオリジナル・サンプルは、次の文献で図解されている：*Lexikon iconographicum mythologiae classicae*, vol. 7, part 1 (Munich, 1994), p. 96, no. 159.
11. たとえば次を参照：Gertrude Schiller, *Iconography of Christian Art*, vol. 2 (Greenwich, Conn., 1972), figs. 252-255. このモチーフのもっとも有名な作例は、ロンドンのナショナル・ギャラリー収蔵の、ヒエロニムス・ボス作「キリストの嘲弄」（1500年頃）である。
12. シメオーニの波乱万丈の生涯については、次の著作が広範に研究を行っている：Toussaint Renucci, *Un aventurier des letters au XVIe siècle: Gabriel Symeoni fiorentin* (Paris, 1943). シメオーニが記した古代学の著作は、古代硬貨や古代の記念建造物を描いた木版画で飾られていた。それらのなかには、次の作品がある：*Les illustres observations antiques* (Lyons, 1558). 同年、そのイタリア語版が次のタイトルで出ている：*Illusratione de gli epitaffi et medaglie antichi*; それから *Dialogo pio et speculative* (Lyons, 1560) は、フランス語訳が次のタイトルで出ている：*Description de la Limagne d'Auvergno* (1561). エンブレム・ジャンルにおけるシメオーニの著作は：*Imprese heroiche* (Lyons, 1559) ならびに *Sentenzione imprese* (Lyons, 1560). 次を参照：Praz, *Studies*, p. 497.
13. Symeoni, *Dialogo pio*, p. 3.
14. 次を参照：Ruth Mortimer, *Harvard College Library Catalogue of Books and Manuscripts*, part I: *French 16th Century Books* (Cambridge, Mass. 1964), no. 496.
15. Ibid., no. 497.
16. 実際、作品のフル・タイトルは『格言的インプレーザ集とシメオーニの対話』となっている。ただし、『敬虔なる議論』のほうは独立したタイトルページとページ番号を持ち、通常はインプレーザ論のない単独の著作として各地の蔵書におさまっている。次を参照：Mortimer, *Harvard Catalogue French* no. 498, and Renucci, *Aventurier*, p. xiv.
17. シメオーニに対するティラボスキの長大な批評は：Tiraboschi, *Storia della letteratura italiana*, vol. 7, part 2 (Naples, 1781), pp. 289-297. ティラボスキに言わせるとシメオーニは「狂人」だそうだが、この手厳しい評価は、エックヘルがゴルツィウスに対して下した似たような非難を思い起こさせるし、さらに言うなら、啓蒙時代の礼節をそなえた品性が総じて、これ見よがしで極度に個を押しだす16世紀の学術主義に投げかけた、嫌悪感を反映したものである。
18. Daily, *Literature*, pp. 9-36で展開されている「エンブレムの先駆」をめぐる議論を参

照。

19. Fulvio, *Illustrium imagines*, f. V. フルヴィオはオウィディウスの説明、すなわちヤヌスは実在の歴史上の人物で、イタリアを治めた初期の王のひとりである、という見解を受け入れている。

20. オクゼンブルナーの木版画については、次を参照：*Catalogue d'une collection d'anciens livres à figures italiens appartenant à Tammaro de Marinis* (Milan, 1925), pls. 272-274.『古代の英雄の系譜集』はローマで1494年に出版され、1510年にも増刷されている。1517年に出た『著名人の肖像』の先駆として、しばしば引かれる作品である。実際アンドレア・フルヴィオはオクゼンブルナーならびに彼の著作を称賛するラテン語のエピグラムを寄稿している：Roberto Weiss, *The Renaissance Discovery of Classical Antiquity* (Oxford, 1969), p. 179.

21. Daily, *Literature*, p. 6.

22. インプレーザ蒐集家としてのルシェッリの活動については、次を参照：Praz, *Studies*, p. 482.

23. 『古代ローマ硬貨解題集』の第1ページでランディは、100枚からなるローマ銀貨のコレクションを、「銀の紐でしばった袋につめて」、師たるアルチャートに贈ったことを回想している。アルチャートがアグスティンに与えた影響については、次の文献に記述されている：F. de Zulueta, *Don Antonio Agustín* (Glasgow, 1939), pp. 12-13, 31-32.

24. Antonio Agustín, *Dialogos de medallas, inscriciones y otras antiguedadas* (Tarragona, 1587). この本には、硬貨およびメダルを描いた51葉の版画が収録されている。本書はアグスティンの死後、異なる二つの版で出版されている：*I Discorsi sopra le medaglie et altre anticaglie* (Rome: Ascanio and Gerolamo Donangeli, 1592), and *Dialoghi intorno alle medaglie, inscrittioni et altre antichita* (Rome: Guglielmo Faciotto, 1592). Faciotto版のほうは数百枚におよぶ木版画で飾られており、当然こちらのほうが人気があって、ローマで1625年、1648年、1650年、1698年、1736年に増刷されている。本書のラテン語訳はアントウェルペンで1617年と1653年に出ており、またスペイン語の原著はマドリードで1744年に再版されている。

25. Agustín, *Dialoghi*, p. 26. アグスティンは慎重に、すべての硬貨の裏面がインプレーザたり得るわけではないと主張し、この語が当てはまるのは、二つの意味を合わせ持つ硬貨の図柄に限られるといっている。すなわち、明らかな意味と隠された意味とをそなえた図像である。たとえば錨や舵などがその例で、それぞれ安定性と統治という意味を持ち合わせている。

26. Henry Greenが膨大な注釈を付して再版したホイットニー『エンブレム選集』(London, 1866) を参照。同書は、Frank Fielerによる新たな序文を付して再版されている (New York, 1967)。「オルフェウスの音楽」と題するエンブレムは、186ページに掲載されている。これは、ひとつ前のエンブレムとともに、「いとも学識深きスティーヴン・ブル (Stephen Bull) 卿」にささげられているが、この人物については未詳。Greenが示唆するところでは、これは「ジョン・ブル (John Bull)」の誤記の可能性が高いという。ジョン・ブルは、著名なオルガン奏者で音楽学の教授であった人物である。

第11章

1. Jacopo Strada, *Epitome du thresor des antiquitez* (Lyons, 1553). Preface to the reader, f. bb2: ストラーダが言うには、完全版の著作では「それぞれの皇帝の生涯の末尾にはあらゆる硬貨の説明が載せられ、本文以外に、それら硬貨の刻銘と、各硬貨のもつ価値がともに記されるだろう。だがこの著作は大変な労力を要するものとなろうから、私はまず要約を出版したく思った」
2. ラツィウスに関する近年の伝記研究および書誌については、次を参照：Robert W. Karrow, *Mapmakers of the Sixteenth Century and Their Maps* (Chicago, 1993), pp. 334-343.
3. ラツィウスの1561年の『オーストリア（*Austria*）』は、Ernst Bernleithnerによる注釈つきで再販されている（Amsterdam, 1972）。
4. L. Renauldin, *Études historique et critique sur les médecins numismatists* (Paris, 1851), p. 58. スカリゲルの引用については、次を参照：Anthony Grafton, "From De Die Natali to De Emendatione Temporum: The Origins and Setting of Scaliger's Chronology", *Journal of the Warburg and Courtauld Institute*, vol. 48 (1985). P. 125.
5. Franco Maria Ricci and Roland Barthes, *Arcimboldo* (Milan, 1980), p. 47; and Sven Alfons, *The Archimboldo Effect: Transformations of the Face from the 16th to the 20th Century* (New York, 1987), p. 87. 一般には「司書」の名で知られるこの肖像画は、現在はスコットランドのスコークロステル城に所蔵されている。この絵には、古い時代の模写作品が数点存在する。
6. Karrow, *Mapmakers*, p. 335.
7. これと同じ硬貨をル・ポワも知悉していて、著作『メダルについての議論』（パリ、1579年）で触れている（ff. 76-77）。ル・ポワが掲載するこの硬貨の図版は、ラツィウスのものとは若干異なっており、転写したものではないようだ。本書第八章の図48を参照のこと。
8. ラツィウスは、軍旗の返還を記念したアウグストゥス帝の3枚の硬貨を描写し、解説を加えている。したがって、このテーマはラツィウス自身か、あるいは彼がそのコレクションを記述しているアウグストゥス帝にとって、ある程度の重要性を帯びていたのに違いない。
9. Le Pois, *Discours*, f. 3v.
10. ヴェネツィアで1560年に出版。ヴィーコが語る大著のプロジェクトについては、ピウス四世に宛てた彼の献辞（ff. 2r-3v）を参照。
11. Hubert Golzius, *C. Iulius Caesar* (Bruges, 1563); *Caesar Augustus* (Bruges, 1574). これら二著は、17世紀から18世紀にかけて幾度も出版された彼の『全集』中に、繰り返し収録された。
12. Hubert Goltzius, *Graecia sive historiae urbium et populorum Graeciae ex antiquis numismatibus restitutae libri quatuor* (Bruges, 1576). タイトルでは四巻と銘打っているが、実際にはそのうちの一巻、『シチリアおよびマグナグラエキア』しか収録されていない。他の三巻の内容は、ギリシア本土、ギリシア諸島、およびアジアやアフリカのギリシア国家の硬貨を扱うはずであり、その図版は完成していたのだが、ゴルツィウスの生前（1583年没）には出版されることはなかった。それらは、彼の最初の『全集』（*Opera omnia*, Antwerp, 1618-1620）に収録されている。

13. このような分類がみられるのは、たとえばB. V. Headによる*Historia numorum*, 2nd ed. (Oxford, 1911)だとか、あるいは29巻構成のBritish Museum, *Catalogue of Greek Coins* (London, 1873-1927)などである。

14. Hubert Goltzius, *Fastos magistratuum et triumphorum Romanorum* (Bruges, 1566). 本書はゴルツィウス本人の手で1571年に再版された他、彼の『全集』のさまざまな版にも収録された。

15. Fulvio Orsini, *Familiae romanae* (Rome, 1577).

16. Enea Vico, *Omnium Caesarum verissimae imagines ex antiquis numismatibus desumptae* (Venice, 1553).

17. Adolph Occo, *Imperatorum romanorum numismata a Pompeio Magno ad Heraclium* (Antwerp, 1579).「数千枚の古銭を増加した」第二版は、オッコ自身の手でアウクスブルクで1601年に出版された。図版と注釈で飾られた、さらなる増補改訂版は、ミラノで1683年と1730年に出版された。

18. オッコは、医師としての訓練を受けていた。処方箋などの医学記録の記述に際しては、定型の略記法や専門語を駆使して、情報を極度に圧縮する記法が使われるものである。はたしてオッコの医学経歴は、『ローマ皇帝の古銭』に見られる簡潔な構成に、何らかの影響を与えたのだろうかという疑問が湧いてくる。おそらくたんなる偶然にすぎないのであろうが、オッコの著作から数年後に、イングランドの医師ティモシー・ブライトが最初の略記法のハンドブックを出版している：*Characterie, an Arte of Shorte, Swifte, and Secrete Writing by Character* (London, 1588).

19. Bertrand Russell, *A History of Western Philosophy* (New York, 1945), pp. 543-544. また次も参照：B. Farrington, *The Philosophy of Francis Bacon* (Chicago, 1964), p. 97. 興味深いことに、アルナルド・モミリアーノは、17世紀の古物研究家ペイレスクとガッサンディの活動を、この両名が称賛していたガリレオの経験的な探究方法と比較している：「両名は、過去の事物を科学的な実証的方法によって検証可能であると確信していた。そして、バイアスのかかった歴史家たちを嫌悪していた。彼ら歴史家たちは、同じくバイアスがかかった先人の仕事に基盤を置いていたからだ」; *The Classical Foundation of Modern Historiography* (Berkeley, 1990), pp. 56-57.

20. オルテリウスは『神々の頭部』（*Deorum dearumque capita*, Antwerp, 1573）の著者でもある。これは古典古代期の神や女神をあらわした一連の銅版画を収録した著作であるが、その大半は古銭の図柄を基に描かれたもので、繰り返し再版されている：Antwerp, 1582, 1602, 1612; Strasbourg, 1680; Brussels, 1683.

21. *Enchiridion, sive ut vulgo vocanto dispensatorium* (Augsburg, 1564). この著作はのちに何度も増刷されている。これが『アウクスブルク薬局方』の名で知られるようになるのは、同書がアウクスブルク市の公式の薬局方に選定された後である。同書には、Theodor Husemannによる注釈付きのファクシミリ版リプリントがある（Madison, Wis., 1927）。

22. Fritz Schulz, "Jacopo Strada", in U. Thieme and F. Becker, *Künstler-Lexicon*, vol. 32 (Leipzig, 1938), p. 147.

第12章

1. Enea Vico, *Discorsi sopra le medaglie de gli antichi* (Venice: Gabriel Giolito, 1555). 書肆Giolitoは第二版を1558年に出版。また第三版はパリでGiovanni Battista Du Vallioによって出版された。『古代メダル論』はGaudenzio Robertiが編集した四巻本*Miscellanea italica erudita* (Parma, 1691-1692)の一冊としても出版されている。
2. Vico, *Discorsi*, bk. 1, pp. 48-49.
3. Ibid., bk. 2, p. 90. 実際には、彼女の正しい姓は、さまざまな硬貨に刻まれているようにSoaemiasとなるべきである。この点では、ヴィーコの本を刷った出版者もまた、彼の期待を裏切ったことになる。あるいはヴィーコが証拠として用いた硬貨が、摩耗していたのかもしれない。そうだとすると、硬貨が誤ったテクストより優れているとはとうてい言いがたくなる。
4. Arnaldo Momigliano, "Ancient History and the Antiquarian", *Journal of the Warburg and Courtauld Institutes*, vol. 13 (1950), pp. 285-294. モミリアーノはこのテーマを著作*The Classical Foundations of Modern Historiography* (Berkeley, 1990)の中で詳しく扱っている。著者はそこで、ルネサンス期の古物研究主義とヘロドトスの史料編纂の伝統とを結びつけ、ともに、物質文化の詳細を観察し編纂しようと腐心する立場としている。これと対極をなすのがトゥキディデスの伝統で、こちらは政治的・倫理的な観点から、歴史上の出来事が語られ、解釈されるのだとする。トゥキディデス的な方法が古代よりこのかた、歴史の主潮流を支配してきた。だが、社会や宗教上の闘争にあけくれる時代には、古物研究家たちの非政治的で経験主義的な態度がたいへん魅惑的に映ることに、多くの学者たちは気づいていた。「ありふれた歴史家たちは、ある王朝を贔屓したり、ある党派に肩入れしたりしたおかげで、信頼を失ったのだが、古物研究家はそのような不信を被ることはなかった。彼らは、対象から距離をおく学者の態度を保ち続けていたのだ。自分たちは、国際的な同胞愛に属しているのだと感じていたのである。宗教や政治の違いは、彼らにとってはなんの障害でもなかった」。Ibid., p. 72.
5. Philip Grierson, *Numismatics* (Oxford, 1975), pp. 2-5, "Numismatics and the Historian".
6. 次を参照：Federica Missere Fontana, "La controversia 'monete o medaglie': I nuovi documenti su Enea Vico e Sebastiano Erizzo", *Atti dell'Istituto Veneto di Scienzi, Lettere ed Arti*, vol. 153 (1994-1995), pp. 61-103. この論文には、18世紀にいたるまでの同議論についての歴史的な調査のほか、モデナ国立文書館所蔵のヴィーコの手稿についての詳細な分析が含まれている。この手稿の中でヴィーコは、エリッツォの『古代メダルについて』（1559年）に関する批判を展開している。
7. Vico, *Discorsi*, bk. 1, p. 28.
8. George F. Hillが指摘しているように、中世から近代にかけての硬貨は、積み重ねたり、袋に詰め込む際の利便を考慮して作られていた。そしてルネサンス期に、古代硬貨を真似た肖像画や寓意像が図柄として採用されたのちも、打ち型の製版者たちは中世時代の先例にならって厚みを抑え、浅浮彫りを採用し続けた："Classical Influence on the Italian Medal", *Burlington Magazine*, vol. 18 (1910-1911), p. 268. もうひとつ念頭に置いておかなくてはならないのは、中世のあいだ西洋では青銅貨および銅貨は鋳造されなかったという点である。1472年に、ヴェネツィアとナポリが銅貨を鋳造した最初の近代国家となった：Grierson, *Numismatics*, p. 33.

9. Antonio Agustín, *Dialoghi intorno alle medaglie, inscrittioni et alter antichita* (Rome, 1592), p. 3.
10. Sebastiano Erizzo, *Discorso sopra le medaglie de gli antichi*, 4th ed. (Venice, c. 1585), part 1, pp. 9-12.
11. エリッツォは自著を二部に分け、それぞれ「古代通貨についての解釈」、「古代メダルについての解釈」としている。共和政時代のデナリウス銀貨は前者に、皇帝の肖像画が刻まれた帝政期の硬貨は後者に含まれている。
12. Erizzo, *Discorso* (4th ed.), part I, p. 52.
13. Vico, *Discorsi*, pp. 3-6.
14. Agustín, *Dialoghi*, pp. 3-6.
15. Joseph Eckhel, *Doctrina numorum veterum*, vol. 1 (Vienna, 1792), p. cliv.
16. これら二つの出版者とはGuglielmo Faciotto（*Dialoghi sopra le medaglie*のタイトルで出版）、ならびにDonangeli兄弟出版（*Discorsi sopra le medaglie*のタイトルで出版）である。
17. 法学者、司教、古物研究家としてのアグスティンの生涯とキャリアについては、次を参照：F. de Zulueta, *Don Antonio Agustín* (Glasgow, 1939); and Charles Mitchell, "Archaeology and Romance in Renaissance Italy", *Italian Renaissance Studies: A Tribute to the Late Cecilia M. Ady*, ed. E. F. Jacob (London, 1960), pp. 455-483.
18. デュ・シュールによる古代百科全書の手稿は、その断片がトリノに所蔵されているにすぎない。この手稿については次を参照：Richard Cooper, "Collectors of Coins and Numismatic Scholarship in Early Renaissance France", in *Medals and Coins from Budé to Mommsen*, ed. M. H. Crawford et al. (London, 1990), pp. 15-18.
19. ファゼッリについては次を参照：*Enciclopedia italiana*, vol. 14 (Milan, 1932), p. 919.
20. Tomasso Fazelli, *De rebus Siculis decades duae* (Palermo, 1558), reprinted 1560 and 1568; *Le due decadi dell'historia di Sicilia* (Venice, 1573), reprinted 1574 and 1628.
21. Fazelli, *De rebus* (1568 ed.), pp. 10（マルタの硬貨）、47（メッシーナ）、123（ゲラ）、159（セジェスタ）、216（チェントリーパ）など。
22. Ibid., p. 244.
23. Ibid., p. 100.
24. Ibid., p. 190.
25. Ibid., p. 149.
26. Ibid., p. 159.
27. Claude Guichard, *Funerailles & diverses manieres d'ensevelir des Romaines, Grecs, & autres nations, tant ancienne que modernes* (Lyon, 1581), pp. 181-184.
28. Flavio Biondo, *Roma triumphans*, bk. 2: pp. 44-45 of the *Opera Biondi Flavii* (Basle, 1531).
29. Guichard, *Funerailles*, p. 188. ギシャールは歴史資料としてサンブクスとエネア・ヴィーコの書物でそれぞれ図解された硬貨も引いている（pp. 184, 187）。
30. Vegetius, *De re militari libri quatuor* (Leiden, 1585), pp. 101-103, 106, 123, 270-271, 297, 430.
31. Johannes Rosinus, *Romanarum antiquitatum libri decem* (Basle, 1583), pp. 42-43, 51, 54, 57-58, etc. ロシヌスが引用しているのは、ゴルツィウスの『執政官表』や、ユリウス・カエサルおよびアウグストゥスに関する著作である。

32. 『教会年代記』の決定版は、ルッカで1738年から1759年にかけて出版された38巻本である。

33. Cyriac K. Pullapilly, "Baronius the Historian: His Contributions to Modern Historiography", in *Cesar Baronius, Counter-Regormation Historian* (Notre Dame, 1975), pp. 144-177. 視覚史料や考古学上の証拠に依拠するという近代特有の慣習に対して、枢機卿バロニウスが果たした役割については、次を参照：Francis Haskell, *History and Its Images* (New Haven, Conn., 1993), pp. 104-106. また次も参照：Silvia Grassi Fiorentino, "Note sull'antiquaria romana nella seconda metà del secolo XVI", in *Baronia storico e la Controriforma*, ed. Romeo de Maio et al. (Sora, 1982), pp. 199-211.

34. Baronius, *Annales* (ed. Lucca), vol. 1, p. 679.

35. 次を参照：Paul O. Rave, "Paolo Giovio und die Bildnisvitenbücher des Humanismus", *Jahrbuch der Berliner Museen*, vol. 1 (1959), pp. 133-134, on "die grossen Chroniken der Jahrhundertmitte."

36. Baronius, *Annales*, vol. 1, p. 751.

37. Ibid., vol. 2, p. 88.

38. Ibid., vol. 3, p. 74. バロニウスが著作中で古銭を史料として用いている他の事例については、次を参照：Pullapilly, *Baronius*, pp. 161-162.

39. たとえば:vol 1, p. 698 (Occo), vol. 2, pp. 80-81 (Goltzius), 87 (Erizzo), 88 (Sambucus), etc.

40. Adolf Occo, *Imperatorum romanorum numismata a Pompeio Magno ad Heraclium*, 2nd ed. (Augsburg, 1601), pp. 574, 580.

41. Elizabeth Eisenstein, *The Printing Revolution in Early Modern Europe* (Cambridge, 1983), p. 200.

42. とりわけ次を参照："Art and Money: Christianity", in Marc Shell, *Art and Money* (Chicago, 1995), pp. 7-54.

43. もちろん、硬貨ばかりが二重性を有するのではないと言うこともできる。たとえば芸術作品だとか紙に印刷されたテクストなども、やはり知性的ないしは精神的な内容と、なんらかのたぐいの物質的媒体とを結合しているからだ。だが、もし私がシェルの議論を読み間違えているのでないとすれば、次のような主張となる：芸術や文学における物質的な媒体の部分は、作品を読んだり見たりする者によってたやすく後景化してしまう。人は、カンバスや絵の具をいちいち気にかけることなく画面の風景を鑑賞できるし、インクの存在を忘れても詩を味わうことができるからだ。ところがこれが硬貨になると、その抽象的な価値は物質的な媒体と切っても切れない。フローリン金貨がフローリン金貨であるためには、それが黄金製で、4グラムの重さを有していなくてはならない。また4グラムの重量があればどんな金塊でもよいかというと、そうではなく、当局公認の権威のある図柄と刻銘が刻まれていなくてはならない。こんな具合にして、硬貨は知性と物質とを等しく結合する存在となるのだ。

44. Bernhard Degenhart and Annegrit Schmitt, *Jacopo Bellini: The Love Album of Drawings* (New York, 1984), pl. 118 (*Flagellation of Christ*). 同画集に収録されたベッリーニの「マリアの神殿奉献」(pl. 31) では、"GERMANIA CAPTA"の刻銘が入ったドミティアヌス帝のセステルティウス硬貨の裏面が活用されており、イェルサレム神殿のファサー

ドを飾っている。

45. Francesco Malaguzzi Valeri, *Giovanni Antonio Amadeo* (Bergamo, 1904), pp. 174-180. 建築装飾のモチーフとして硬貨が採用されたその他の事例については、次を参照：Weiss, *Renaissance Discovery*, pp. 172-173.

46. ロマッツォ、ツッカロ、ならびにその他のマニエリスム期の芸術理論家については、次を参照：Anthony Blunt, *Artistic Theory in Italy, 1450-1600* (Oxford, 1962), pp. 137-159. 実体から遊離したディゼーニョという観念――ツッカロはこれを、神の精神の中にあるプラトン的なイデアと同一視した（つまりディゼーニョ disegnoとは、神の印segno di Dioである）――を強調することは、古典美術の形状を真似たり、自然を模倣したりすることとは、矛盾するものではなかった。というのも理論家たちに言わせると、古代ギリシアやローマの偉大な芸術家たちは、すでに自然界から卓越した数々のディゼーニョを抽出し去っており、現代の芸術家たちはそれらを「拝借」し、自分が取り組む題材や媒体に適用できるのだという：Jan Bialostocki, "The Renaissance Concept of Nature and Antiquity", in *The Renaissance and Mannerism: Acts of the Twentieth International Congress of the History of Art*, ed. M. Meiss, vol. 2 (Princeton, N.J., 1963), pp. 19-30.

47. Federica Missere Fontana, "La controversia 'monete o medaglie': Nuovi documenti su Enea Vico e Sebastiano Erizzo", *Atti dell'Istituto Veneto di Scienzi, Lettere ed Arti*, vol. 153 (1994-1995), p. 72.

48. 17世紀の古銭蒐集家や学者たちの業績の全体像については、次を参照：Ernest Babelon, *Traité des monnaies grecques et romaines*, part 1, vol. 1 (Paris, 1901), cols. 136-187; Elvira Clain-Stefanelli, *Numismatics: An Ancient Science* (Washington, D.C., 1965) pp. 22-25.

訳者あとがき

1. 蒐集文化史の基礎文献は以下：Julius von Schlosser, *Die Kunst-und Wunderkammern der Spätrenaissance*, Leipzig, Klinkhardt-Biermann 1908; Adalgisa Lugli, *Naturalia et mirabilia: il colezionismo enciclopedico nelle Wunderkammern d'Europa*, Milano, Mazzota 1983; *The Origins of Museums: The Cabinet of Curiosities in Sixteenth and Seventeenth-Centuries Europe*, O. Impey – A. MacGregor (eds.), Oxford, Clarendon 1985; Antoine Schnapper, *La géant, la licorne, la tulipe. Collections françaises au XVIIe siècle*, Paris, Flammarion 1988; Krzysztof Pomian, *Collectionneurs, amateurs et curieux: Paris, Venice: xvi-xviii siècle*, Paris, Gallimard 1987（邦訳：クシシトフ・ポミアン『コレクション――趣味と好奇の歴史人類学』平凡社、1992年）; Joy Kenseth, *A World of Wonders in One Closet Shut*, in *The Age of the Marvelous*, Id.(ed.), Hanover, Hood Museum of Art 1991, pp. 81-102; Giuseppe Olmi, *L'inventario del mondo. Catalogazione della natura e luoghi del sapere nella prima età moderna*, Bologna, Mulino 1992; *Macrocosmos in Microcosmo. Die Welt in der Stube. Zur Geschichte des Sammelns 1450-1800*, A. Grote (ed.), Opladen, Leske-Budrich 1994; Paula Findlen, *Possessing Nature: Museums, Collecting, and Scientific Culture in Early Modern Italy*, Berkeley, University of California Press 1994（ポーラ・フィンドレン『自然の占有――ミュージアム、蒐集、そして初期近代イタリアの科学文化』ありな書房、2005年）; Loraine Daston – Katherin Park, *Wonders and the Order of Nature, 1150-1750*, New York, Zone Books 1998; Marjorie

Swann, *Curiosities and Texts: The Culture of Collecting in Early Modern England*, Philadelphia, University of Pennsylvania Press 2001.

2. Ann M. Blair, *Too Much to Know: Managing Scholarly Information before the Modern Age*, New Haven & London, Yale University Press 2010. 関連テーマの良著として次も参照：*Cognition and the Book: Typologies of Formal Organisation of Knowledge in the Printed Book of the Early Modern Period*, K.A.E. Enenkel – W. Neuber (eds.), Leiden-Boston, Brill 2005; Andrew Pettegree, *The Book in the Renaissance*, New Haven, Yale University Press 2010.
3. 初期近代の百科全書主義に関する基本文献は：Cesare Vasoli, *L'enciclopedismo del Seicento*, Napoli, Bibliopolis 1978; Wilhelm Schmidt-Biggemann, *Topica universalis. Eine Modellgeschichte humanistischer und barocker Wissenschaft*, Hamburg, Felix Meiner 1983; A. Blair, *The Theater of Nature: Jean Bodin and Renaissance Science*, Princeton (N.J.), Princeton University Press 1997; Alfredo Serrai, *Storia della bibliografia I. Bibliografia e Cabala. Le Enciclopedie rinascimentali (I)*, a cura di M. Cochetti, Roma, Bulzoni 1988; Id., *Storia della bibliografia II. Le Enciclopedie rinascimentali (II). Bibliografi universali*, a cura di M. Cochetti, Roma, Bulzoni 1991; *Enzykopädien der Frühen Neuzeit. Beiträge zu ihrer Erforschung*, F.M. Eybl et alii (eds.), Tübingen, Max Niemeyer 1995; *Die Enzyklopädie im Wandel vom Hochmittelalter bis zur Frühen Neuzeit*, C. Meier (ed.), München, Wilhelm Fink 2002; Alberto Cevolini, *De arte excerpendi. Imparare a dimenticare nella modernità*, Firenze, Olschki 2006; Umberto Eco, *Dall'albero al labirinto. Studi storici sul segno e l'interpretazione*, Milano, Bompiani 2007.
4. 明治期の啓蒙思想家・西周が同語を「百学連環」と訳したのは、語源的観点からみて実に言えて妙であったといえる。西の百科全書思想については次のカタログを参照:『百学連環——百科事典と博物図譜の饗宴』、印刷博物館、2007年。
5. クヴィヒェベルクの理想ミュージアム構想については訳者（桑木野）がピサ大学に提出した博士論文に基づく次の著作を参照：Koji Kuwakino, *L'architetto sapiente. Giardino, teatro, città come schemi mnemonici tra il XVI e il XVII secolo*, Firenze, Olschki 2011, pp. 165-234.
6. エンブレムに関する研究は膨大な量にのぼるため、近年のもののみあげておく：Alison M. Saunders, *The Sixteenth-Century French Emblem Book: A Decorative and Useful Genre*, Genève, Droz 1988; Daniel S. Russell, *Emblematic Structures in Renaissance French Culture*, Toronto, University of Toronto Press 1995; Anne-Elisabeth Spica, *Symbolique humaniste et emblématique. L'évolution et les genres (1580-1700)*, Paris, Honoré Champion Éditeur 1996; John Manning, *The Emblem*, London, Reaktion Books, 2002; *Mundus Emblematicus: Studies in Neo-Latin Emblem Books*, a cura di K.A.E. Enenkel – A.S.Q. Visser, Turnhout, Brepols 2003; Alison Adams, *Webs of Allusion: French Protestant Emblem Books of the Sixteenth Century*, Genève, Droz 2003; *Emblemata sacra*, a cura di R. Dekoninck – A. Guiderdoni-Bruslé, Turnhout, Brepols 2007; *Con parola brieve e con figura. Emblemi e imprese fra antico e moderno*, a cura di L. Bolzoni – S. Volterrani , Pisa, Edizioni della Normale 2008; *Companion to Emblem Studies*, P.M. Daly (ed.), New York, AMS Press 2008. 日本語で読めるまとまった論考としては:伊藤博明『綺想の表象学——エンブレムへの招待』ありな書房、2007年。
7. "Moralia, Usus, Mystica, Hieroglyphica, Historica, Symbola, Numismata, Emblemata, Fabulae, et Apologi": Ulisse Aldrovandi, *Ornithologiae hoc est de avibus historiae libri XII*,

Bononiae, De Franciscis 1599, «Praefatio».

8. 次を参照：Massimo Luigi Bianchi, *Signatura rerum: segni, magia e conoscenza da Paracelso a Leibniz*, Roma, Edizioni dell'Ateneo 1987.

9. 16世紀の世界観と博物学の関係を論じた以下の研究を参照：William Ashworth Jr., *Natural History and the Emblematic World View*, in *Reappraisals of the Scientific Revolution*, D.C. Lindberg – R.S. Westman (eds.), Cambridge, Cambridge University Press 1990, pp. 304-322; Id, *Emblematic natural history of the Renaissance*, in *Cultures of Natural History*, N.S. Jardine et alii (eds.), Cambridge, Cambridge University Press 1996, pp. 17-37; G. Olmi, *L'inventario del mondo*, cit; Brian W. Ogilvie, *The Science of Describing: Natural History in Renaissance Europe*, Chicago and London, The University of Chicago Press, 2006.

10. ジョーヴィオについては以下の文献を参照：Paolo Giovio, *Scritti d'arte. Lessico ed ecfrasi*, a cura di S. Maffei, Pisa, Scuola Normale Superiore 1999; Id, *Elogi degli uomini illustri*, a cura di F. Mizonzio, Torino, Einaudi 2006; Lara Michelacci, *Giovio in Parnaso: tra collezione di forme e storia universale*, Bologna, Mulino 2004; Franco Minonzio, *Il Museo di Giovio e la galleria degli uomini illustri*, in *Testi, immagini e filologia nel XVI secolo*, a cura di E. Carrara – S. Ginzburg, Pisa, Edizioni della Normale 2007, pp. 77-146.

11. Ruth Webb, Ekphrasis, *Imagination and Persuation in Ancient Rhetorical Theory and Practice*, Farnham, Ashgate 2009.

12. エクフラーシスについては次の基本文献を参照：Rensselaer W. Lee, *Ut pictura poesis: The Humanistic Theory of Painting*, «The Art Bulletin», XXII, 4, 1940, pp. 197-268; Robert J. Clements, *Picta Poesis. Literary and Humanistic Theory in Renaissance Emblem Books*, Roma, Edizioni di Storia e Letteratura 1960; Mario Praz, *Mnemosyne: The Parallel Between Litterature and the Visual Arts*, London, Oxford University Press 1970（邦訳『ムネモシュネ：文学都市学芸術との間の平行現象』ありな書房、1991年）; Carlo Ossola, *Autunno del Rinascimento: «Idea del Tempio» dell'arte nell'ultimo Cinquecento*, Firenze, Olschki 1971; James A. W. Heffernan, *Museum of Words: the Poetics of Ekphrasis from Homer to Asbery*, Chicago & New York, The University of Chicago Press 1993 (pap. 2004); *Ecfrasi. Modelli ed esempi fra medioevo e rinascimento*, a cura di G. Venturi – M. Farnetti , 2 vols., Roma, Bulzoni 2004.

13. 初期近代におけるイメージの力を、奉納品、デスマスク、予言、怪物、記憶術といったさまざまなテーマを通じて剔抉した水野千依氏による著作は、本書のトピックをさらに深めるうえで重要な案内役となってくれる：水野千依『イメージの地層――ルネサンスの図像文化における奇跡・分身・予言――』名古屋大学出版会、2011年。

参考文献

Adams, Herbert M. *Catalogue of Books Printed on the Continent of Europe, 1501-1600 in Cambridge Libraries*. 2 vols. Cambridge, 1967.

Alfoldi, Maria R. "Zu den frühen illustrationen numismatischer Werke: Die *Emblemata* des Johannes Sambucus, 1531-1584." Pp. 71-95 in *Wissenschaftsgeschichte der Numismatik*, ed. Rainer Albert and Reiner Cunz. Speyer, 1995.

Alfons, Sven. "The Museum as Image of the World." Pp. 67-87 in *The Arcimboldo Effect: Transformations of the Face from the 16th to the 20th Century*. New York, 1987.

Allen, Don Cameron. *Mysteriously Meant: The Rediscovery of Pagan Symbolism and Allegorical Interpretation in the Renaissance*. Baltimore, 1970.

Allgemeine deutsche Biographie. 56 vols. Leipzig, 1875-1912.

Andresen, Andreas. *Der deutsche Peintre-Graveur*, 5 vols. Leipzig, 1864-1878.

Aretino, Pietro. *Lettere sull'Arte*. Ed. Ettore Camesasca. vol. 3, Part 2. Milan. 1960.

Arnold, Paul. "Adolf III Occo (1524-1606) und das Dresdner Münzkabinett im 16. Jahrhundert." Pp. 139-157 in *Wissenschaftsgeschichte der Numismatik*, ed. Ranier Albert and Reiner Cunz. Speyer, 1995.

Ascarelli, Fernanda. *Annali tipografici di Giacomo Mazzocchi*. Florence, 1961.

Aschbach, Joseph. *Geschichte der Wiener Universität*. 3 vols. Vienna, 1865-1888.

Babelon, Ernest. *Traité des monnaies grecques et romaines*. Part 1, vol. 1. Paris, 1901.

Bach, Endre. *Un humaniste hongrois en France: Jean Sambucus et ses relations littéraires (1551-1584)*. Szeged, 1932.

Bálint-Nagy, Stephan. "Der weltberühmte Historicus Johannes Sambucus (1531-1584) als Alzt." *Archiv für Geschichte der Medizin*, vol. 24 (1931), pp. 150-174.

Banduri, Anselmo. *Bibliotheca nummaria sive auctorum qui de re nummaria scripsermt*. Hamburg, 1719.

Bassoli, Ferdinando. *Monete e medaglie nel libro antico dal XV al XIX secolo*. Florence, 1985.

Baudrier, Henri. *Bibliographie lyonnaise*. 12 vols. Lyons, 1895-1921.

Berghaus, Peter. "Auctor Damnatus — Opus Permissum: Johannes Huttichius im Kungliga Myntkabinettet." Pp. 43-64 in *Florilegium Numismaticum : Studia in Honorem U. Westermark Edita*, ed. H. Nilsson. Stockholm, 1992.

—. "Der deutsche Anteil and der numismatischen Literatur des 16. Jahrhunderts." Pp. 11-25 in *Numismatische Literatur 1500-1864*, ed. P. Berghaus. Wiesbaden, 1995.

—, ed. *Der Archäologe: Graphische Bildnisse aus dem Portratärchiv Diepenbroick*. Münster, 1983.

Bernleithner, Ernst. Introduction. P. vii in *Austria (Vienna 1561)* by Wolfgang Lazius. Amsterdam, 1972.

Bibliotheca belgica : bibliographie générale des Pays-Bas. 2nd ser. vol. 15. 1891-1923.

Bietenholz, Peter, ed. *Contemporaries of Erasmus : A Biographical Register of the Renaissance and*

Reformation. Toronto, 1985-1987.
Biographie nationale de Belgique. 28 vols. Brussels, 1866-1944.
Biographisch Woordenboek der Nederlanden. 12 vols. Haarlem, 1876.
Boppert, Walburg. *Johann Huttich: Leben und Werk*. Mainz, 1977.
Borroni, Fabia. *Il Cicognara: Bibliografia dell'archeologia classica e dell'arte italiana*. Florence, 1954-1967.
Bragantini, Renzo. "Nota biografica." Pp. xxx-xxxi in *Le Sei Giornate* by Sebastiano Erizzo. Rome, 1977.
British Museum General Catalogue of Printed Books : Photolithographic Edition to 1955. 263 vols. London, 1965-1966.
Brown, Clifford. *Our Accustomed Discourse on the Antique: Cesare Gonzaga and Gerolamo Garimberto, Two Renaissance Collectors of Greco-Roman Art*. New York, 1993.
Brun, Robert. *Le livre français illustré de la Renaissance*. Paris, 1969.
Brunet, Jacques-Charles. *Manuel de libraire et de l'amateur de livres*. 9 vols. Paris, 1860-1865; reprinted, Copenhagen, 1966-1968.
Buck, August. "Leben und Werk des Johannes Sambucus (Zsámboky János)." Pp. 7-43 in *Emblemata Antverpiae 1564*, by Johannes Sambucus. Budapest, 1982.
Busch, Renate von. *Studien zu deutschen Antikensammlungen des 16. Jahrhunderts*. Dissertation, Eberhard-Karls-Universität, Tübingen, 1973.
BWN : See *Biographisch Woordenboek der Nederlanden.*
Cartier, Alfred. *Bibliographie des editions des de Tournes, imprimeurs lyonnais*. 2 vols. Paris, 1937-1938.
Catalogue général des livres imprimés de la Bibliothèque Nationale: auteurs. 231 vols. Paris, 1897-1981.
Cicognara, Leopold. *Catalogo ragionato dei libri d'arte e d'antichità posseduti dal Conte Cicognara*. 2 vols. Pisa, 1821.
Clain-Stefanelli, Elvira Eliza. *Numismatics, an Ancient Science*. Washington, D.C., 1965.
Colonia, Dominique de. *Histoire littéraire de la ville de Lyon*. 2 vols. Lyons, 1728-1730; reprinted, Geneva, 1970.
Cooper, Richard. "Collectors of Coins and Numismatic Scholarship in Early Renaissance France." Pp. 5-23 in *Medals and Coins from Budé to Mommsen*, ed. M. H. Crawford. London, 1990.
Darst, David H. "La bibliografíla numismática de D. Antonio Agustín." *Numisma*, vols. 35-36 (1985-1986), pp. 73-79.
Davies, Hugh W. *Catalogue of a Collection of Early French Books in the Library of C. Fairfax Murray*. London, 1910.
—. *Catalogue of a Collection of Early German Books in the Library of C. Fairfax Murray*. London, 1913.
Davis, Margaret Daly. *Archäologie der Antike aus den Beständen der Herzog August Bibliothek, 1500-1700*. Wiesbaden, 1994.
Dekesel, Christian E. *Bibliotheca nummaria: Bibliography of 16th Century Numismatic Books*. London, 1997.

—. *Bibliothecae Guelferbytanae Numismatica Selecta : Twelve Highlights from the Numismatic Book Collection in the Herzog August Bibliothek (Augusteer) in Wolfenbüttel.* Ghent, 1991.

—. *Bibliothecae Universitatis Gandavensis Numismatica Selecta 1514-1599: Numismatic Books Printed before 1600 in the Central Librafy of the University of Ghent.* Ghent, 1992.

—. *Hubertus Goltzius, the Father of Ancient Numismatics.* Ghent, 1988.

—. "Hubertus Goltzius in Douai." *Revue belge de numismatique*, vol. 127 (1981), pp. 117-125.

The Dictionary of Art. 34 vols. New York, 1996.

Dictionnaire de biographie française. 18 vols. Paris, 1933-.

Dizionario biografico degli Italiani. 49 vols. Rome, 1960-.

Eckhel, Joseph. *Doctrina numorum veterum*, vol. 1. Vienna, 1792.

Flores Selles, Candido. *Epistolario de Antonio Agustín.* Salamanca, 1980.

Gerstinger, Hans. *Die Briefe des Johannes Sambucus (Zsamboky) 1554-1584.* Vienna, 1968.

Goldschmidt, Ernst. *The Printed Book in the Renaissance.* Cambridge, 1950.

Graesse, Jean George Théodore. *Trésor de livres rares et précieux.* 6 vols. Dresden, 1859-1867; reprinted, Berlin, 1922.

Haskell, Francis. *History and Its Images: Art and the Interpretation of the Past.* New Haven, Conn., 1993.

Haym, Nicola Francesco. *Biblioteca italiana, o sia notizia de' libri rari italiani.* 2 vols. Milan, 1771-1773.

Henkel, Arthur, and Albrecht Schöne. *Emblemata: Handbuch zur Sinnbildkunst des XVI. und XVII. Jahrhunderts.* Stuttgart, 1967.

Hirsch, Johann Christoph. *Bibliotheca numismatica.* Nuremberg, 1760.

Homann, Holger. *Studien zur Emblematik des 16. Jahrhunderts.* Utrecht, 1971.

Hornik, Marcel P., and Steven E. Smith. "Who's Who: 400 Years Ago." *Scienza nuova*, vol. 1. no. 2 (1954-1955), pp. 42-57.

Hulst, Feliz van. *Hub. Goltzius.* 2nd ed. Liège, 1846.

Husemann, Theodor. *A Facsimile of the First Edition of the Pharmacopoeia Augustana.* Madison, Wis., 1927.

Index aureliensis: Catalogus librorum sedecimo saeculo impressorum. Baden-Baden, 1962-.

Jacks, Philip. *The Antiquarian and the Myth of Antiquity: The Origins of Rome in Renaissance Thought.* Cambridge, 1993.

Jansen, Dirk Jacob. "Antonio Agustín and Jacopo Strada." Pp. 211-246 in *Antonio Agustín between Renaissance and Counter-Reform*, ed. M. H. Crawford, London, 1993.

—. "Jacopo Strada e le commerce d'art," *Revue de l'art*, vol. 77 (1987), pp. 11-21.

—. "Jacopo Strada's Antiquarian Interests: A Survey of His Musaeum and Its Purpose." *Xenta*, vol. 21 (1991), pp. 59-76.

Johnson, Alfred F. *German Renaissance Title-Borders.* Oxford, 1929.

Kapp, Friedrich. *Geschichte des deutschen Buchhandels.* Leipzig, 1886.

Karrow, Robert. *Mapmakers of the Sixteenth Century and Their Maps.* Chicago, 1993.

Koeman, Cornelis. *The History of Abraham Ortelius and His Theatrum Orbis Terrarum.* Lausanne, 1964.

Krasnopolski, Paul. "Des Hubert Goltz 'Lebendige Bilder gar nach aller Keyseren,'" Pp. 118-121 in *Gutenberg Festschrift*, ed. A. Ruppel. Mainz, 1925.

Labbé, Philippe. *Bibliotheca bibliothecarum*. 2nd ed. Paris, 1664.

La Guardia, Rina. *Le cinquecentine della Bibliotheca Archeologica e Numismatica di Milano*. Milan, 1978.

Lanckoronska, Maria. "Des Johannes Huttichius Imperatorum Romanorum Libellus als Dokument des Glaubenkampfes." *Gutenberg Jahrbuch* (1965), pp. 262-270.

Landau, David, and Peter Parshall. *The Renaissance Print, 1470-1550*. New Haven, Conn., 1994.

Landau, Horace de. *Catalogue des livres manuscrits et imprimées composants la bibliothèque de M. Horace de Landau*. 2 vols. Florence. 1885-1890.

Landwehr, John. *Emblem Books in the Low Countries, 1554-1949: A Bibliography*. Utrecht, 1970.

La Serna Santander, Charles Antoine de. *Catalogue des livres de la bibliothèque de M. C. de la Serna Santander*. Brussels, 1803.

Lemburg-Ruppelt, Edith. "Der systematische Ausbau des Numismatik im Werk EneaVicos (1523-1567)." Pp. 49-70 in *Wissenschaftsgeschichte der Numismatik*, ed. Rainer Albert and Reiner Cunz. Speyer, 1995.

—. *Enea Vico, ein Künstler-Antiquar des 16. Jahrhunderts*. Dissertation, Freie Universität Berlin. 1988.

Le Loup, Willy, ed. *Hubertus Goltzius en Brugge 1583-1983*. Bruges, 1983.

Lipsius, Johann Gottfried. *Bibliotheca numaria*. Leipzig, 1801; reprinted, Colchester, 1977.

Lopez, Serrano Matilda. "Iconografia de Antonio Agustín," *Numario hispanico*, vol. 1 (1952), Pp. 11-32.

Mander, Carel van. *Dutch and Flemish Painters*. Trans. C. van de Wall. New York, 1936.

Mateu y Llopis, Felipe. "Un inventario numismatico del segle XVI." *Boletín arqueológico*, no. 40 (1929-1932), pp.75-86.

Mensi, Luigi. *Dizionario biographico piacentino*. Piacenza, 1899.

The Metropolitan Museum of Art Library Catalogue. 25 vols. Boston, 1960.

Michel, Suzanne, and Paul-Henri Michel. *Repertoire des ouvrages imprimés in langue italienne au XVIIe siècle*. Florence, 1970.

Missere Fontana, Federica. "I progetti di studio di un antiquario del cinquecento: Enea Vico tra Venezia e Ferrara." *Quaderni ticinesi di numismatica e antichità classiche*, vol. 24 (1995), Pp.379-412.

—. "La controversia 'monete o medaglie': I nuovi documenti su Enea Vico e Sebastiano Erizzo." *Atti dell'Istituto Veneto di Scienze, Lettere ed Arti*, vol. 153 (1994-1995), Pp.61-103.

Mitchell, Charles. "Archaeology and Romance in Renaissance Italy." Pp. 455-483 in *Italian Renaissance Studies : A Tribute to the Late Cecilia M. Ady*, ed. E. F. Jacob. London, 1960.

Mortimer, Ruth. *Harvard College Library Catalogue of Books and Manuscripts*. Part 1 : *French 16th Century Books*. Cambridge, Mass., 1964.

—. *Harvard College Library Catalogue of Books and Manuscripts*. Part 2 : *Italian 16th Century Books*. Cambridge, Mass., 1974.

Musper, Theodor. *Die Holzschnitte des Petrarca-Meisters*. Munich, 1927.

National Union Catalog: Pre-1956 Imprints. 152 vols. Chicago, 1968-1980.
Neue deutsche Biographie. Berlin, 1953-.
New York Public Library. *Dictionary Catalogue of the Research Libraries, 1911-1971*. 800 vols. New York, 1979.
Nolhac, Pierre de. *La bibliothèque de Fulvio Orsini*. Paris, 1887.
Palau y Dulcet, Antonio. *Manuel del librero hispano-americano*. 2nd ed. Barcelona, 1948.
Penney, Clara Louisa. *Printed Books (1468-1700) in the Hispanic Society of America*. New York, 1965.
Picot, Émile. *Les Français italianisants au XVI siècle*. 2 vols. Paris, 1906-1907; reprinted, New York, 1968.
Praz, Mario. *Studies in Seventeenth Century Imagery*. Rome, 1964.
Primo catalogo collettivo delle biblioteche italiane. 9 vols. Rome, 1963-.
Puraye, Jean. "Abraham Ortelius: Album Amicorum." *De Guilden Passer: Bulletin van de Vereeniging der Antwerpische Bibiophielen*, vols. 45-46 (1967-1968).
Rave, Paul Ortwin. "Paolo Giovio und die Bildnisvitenbücher des Humanismus." *Jahrbuch der Berliner Museen*, vol. 1 (1959), Pp. 119-154.
Renauldin, L. *Études historiques et critiques sur les médecins numismatistes*. Paris, 1851.
Renouard, Antoine Augustin. *Annales de l'imprimerie des Alde*. Paris, 1834.
—. Annales de *l'imprimerie des Estienne*. Paris, 1843; reprinted, New York, 1960.
Renucci, Toussaint. *Un aventurier des lettres au XVle siècle: Gabriel Symeoni*. Paris, 1943.
—. "Vie de Gabriel Symeoni. " Pp.v-xi in *Description de la Lemagne d'Auvergne* by Gabriel Symeoni. Paris, 1943.
Rivero, Casto María del. "Don Antonio Agustín, principe de los numismaticos españoles." *Archivio español de arqueología*, vol. 18 (1945), Pp.97-123.
Robert-Dumesnil, A. *Le peintre-graveur français*, vol. 7. Paris, 1844; reprinted Paris, 1967.
Robertson, Clare. *Il Gran Cardinale: Alessandro Farnese, patron of the Arts*. New Haven, Conn., 1992.
Rondot, Natalis. *Bernard Salomon: Peintre et tailleur d'histoires*. Lyons, 1897.
Roth, J. W. E . "Johann Huttich (1487-1544)." *Euphorion: Zeitschrift für Litteraturgeschichte*, vol. 4 (1897), Pp.772-789.
Röttinger, Heinrich. *Hans Weiditz der Petrarkameister*. Strasbourg, 1904.
Saivá y Perez, Vincente. *Catalogo de la bibliotheca de Salvá*. Valencia, 1872.
Sander, Max. *Le livre à figures italien depuis 1467 jusqu'à 1530*. Milan, 1942; reprinted, Chicago, 1969.
Sandys, John Edwin. *A History of Classical Scholarship*. vol. 2. Cambridge, 1908; reprinted, New York, 1958.
Scandaliato Ciciani, Isotta. *La letteratura numismatica nei secoli XVI-XVIII dalle raecolte della Biblioteca di Archeologia e Storia dell'Arte*. Rome, 1980.
Schepper, Marcus de. "Numismatic Publications of the Plantin Press, 1561-1588." Pp. 27-36 in *Numismatische Literatur 1500-1864*, ed. P. Berghaus. Wiesbaden, 1995.
Simon Diaz, Jose. *Bibliografia de la literatura hispanica*, vol. 4. Madrid, 1955.

Spike, John, ed. *The Illustrated Bartsch*. vol. 30: *Enea Vico*. New York, 1985.

Thieme, Ulrich, and Felix Becker. *Allgemeines Lexikon der bildenden Kunstler*. 37 vols. Leipzig, 1908-1950.

Tiraboschi, Girolamo. *Storia della letteratura italiana*. 10 vols. Naples, 1777-1786.

Toda y Güell, Eduardo. *Bibliografia espanyola d'Italia*. 5 vols. Barcelona, 1927-1931.

Vindel, Francisco. *Manual gráfico-descriptivo del bibliófilo hispano americano (1475-1850)*. 12 vols. Madrid, 1930-1931.

Voet, Leon. *The Plantin Press (1555-1589)*. 6 vols. Amsterdam, 1980-1983.

Weiss, Roberto. "Andrea Fulvio antiquario romano." *Annali della Scuola Normale Superiore di Pisa: Classe di Lettere, Storia e Filosofia*, 2nd ser., vol. 28 (1959), Pp.1-44.

—. *The Renaissance Discovery of Classical Antiquity*. Oxford, 1969.

—. "The Study of Ancient Numismatics during the Renaissance." *Numismatic Chronicle*, 7th ser., vol. 7 (1968), Pp. 177-187.

Wolf, Edwin. *The Library of James Logan of Philadelphia*. Philadelphia, 1974.

Zappella, Giuseppina. *Il ritratto nel libro italiano del Cinquecento*. Milan, 1988.

Zulueta, Francisco de. *Don Antonio Agustín*. Glasgow, 1939.

図版一覧

図1　フルヴィオ『著名人の肖像』（ローマ、1517年）、タイトル・ページ。Photo courtesy of The John M. Wing Foundation, The Newberry Library, Chicago.
図2　ヴィーコ『アウグスタ伝』（ヴェネツィア、1557年）収録の図35、ユリア・ドルシッラ。Photo courtesy of The Library of Congress, Washington, D.C.
図3　ストラーダ『古代宝物要覧』（リヨン、1553年）94頁、スカンティッラ、ディディア、ペスケンニウスの硬貨。Photo courtesy of The American Numismatic Society, New York.
図4　ヴィーコ『裏面もすべて含めた皇帝の図像』（ヴェネツィア、1548年）、ネロの銅貨をあらわした図版。Photo courtesy of The American Numismatic Society, New York.
図5　エリッツォ『古代メダル論』第4版（ヴェネツィア、1585年頃）、85頁、クラウディウス帝のメダル。Photo courtesy of The Newberry Library, Chicago.
図6　フルヴィオ『著名人の肖像』（ローマ、1517年）、ff. 27-28、アグリッパ・ポストゥムスと大ティベリウスの肖像。Photo courtesy of The John M. Wing Foundation, The Newberry Library, Chicago.
図7　ヴィーコ『裏面もすべて含めた皇帝の図像』（ヴェネツィア、1548年）、ティベリウスの肖像画とティベリウスの銅貨をあらわした図版。Photo courtesy of The American Numismatic Society, New York.
図8　フルヴィオ『著名人の肖像』（ローマ、1517年）、f. 13、クレオパトラの肖像。Photo courtesy of The John M. Wing Foundation, The Newberry Library, Chicago.
図9　デュ・シュール『古代ローマ人たちの宗教に関する議論』（リヨン、1556年）46ページ、ダチョウやクジャクなどの硬貨。Photo courtesy of The John M. Wing Foundation, The Newberry Library, Chicago.
図10　ルイユ『プロンプトゥアリウム』（リヨン、1553年）第1部、131ページ、アレクサンドロスとタレストリスの肖像。Photo courtesy of The Newberry Library, Chicago.
図11　ゴルツィウス『アウグストゥス帝』（ブルージュ、1574年）、タイトル・ページ。Photo courtesy of The American Numismatic Society, New York.
図12　サンブクス『エンブレム集』（アントウェルペン、1564年）191頁、「古代研究家の情熱」。Photo courtesy of The Newberry Library, Chicago.
図13　ティツィアーノ「ヤコポ・ストラーダの肖像」、カンヴァスに油彩。ウィーン美術史美術館蔵。写真：TopFoto／アフロ
図14　ストラーダ『古代宝物要覧』（リヨン、1553年）、タイトル・ページ。Photo courtesy of The American Numismatic Society, New York.
図15　ゴルツィウス『ガイウス・ユリウス・カエサル』（ブルージュ、1563年）、pl.

VII、カエサルの硬貨。Photo courtesy of The American Numismatic Society, New York.

図16　ゴルツィウス『ガイウス・ユリウス・カエサル』（ブルージュ、1563年）、f. aa4r。ドイツの古銭学者のリスト。フランクフルト市の項目に、ザカリア・ベン・ソロモンなる人物が含まれている。Photo courtesy of The American Numismatic Society, New York.

図17　ポステル『文字の異なる12の言語の初歩、入門、そしてとても簡単な読み方』（パリ、1538年）、p. 16。Photo courtesy of The John M. Wing Foundation. The Newberry Library, Chicago.

図18　ヴィーコ『すべての皇帝たちの真なる図像』（ヴェネツィア、1554年）、pl. FF.I、ネロの銀貨。左下にデクルシオ・デナリウス硬貨がみえる。Photo courtesy of The Newberry Library, Chicago.

図19　フルヴィオ『著名人の肖像』（ローマ、1517年）、f. 5、ヤヌスの頭部像。Photo courtesy of The John M. Wing Foundation, The Newberry Library, Chicago.

図20　フルヴィオ『著名人の肖像』（ローマ、1517年）、f. 15、カエサルの母親アウレリアの肖像。Photo courtesy of The John M. Wing Foundation, The Newberry Library, Chicago.

図21　フルヴィオ『著名人の肖像』（ローマ、1517年）、f. 16、ユリウス・カエサルの肖像。Photo courtesy of The John M. Wing Foundation, The Newberry Library, Chicago.

図22　フルヴィオ『著名人の肖像』（ローマ、1517年）、f. 11、ブルートゥスの肖像。Photo courtesy of The John M. Wing Foundation, The Newberry Library, Chicago.

図23　フルヴィオ『著名人の肖像』（ローマ、1517年）、ff. 117-118、ハインリヒ3世とコンラートの肖像。Photo courtesy of The John M. Wing Foundation, The Newberry Library, Chicago.

図24　ヴィーコ『アウグスタ伝』（ヴェネツィア、1557年）、タイトル・ページに適用されたアメンプトゥスの石碑。Photo courtesy of The Library of Congress, Washington, D.C.

図25　フルヴィオ『著名人の肖像』（ローマ、1517年）、f. 47、ネロの肖像。Photo courtesy of The John M. Wing Foundation, The Newberry Library, Chicago.

図26　フルヴィオ『著名人の肖像』（ローマ、1517年）、f. 90、アウレリアヌスの肖像。Photo courtesy of The John M. Wing Foundation, The Newberry Library, Chicago.

図27　フルヴィオ『著名人の肖像』（ローマ、1517年）、f. 94、コンスタンティウス・クロルスの肖像。Photo courtesy of The John M. Wing Foundation, The Newberry Library, Chicago.

図28　フルヴィオ『著名人の肖像』（ローマ、1517年）、f. 76v、マルクス・アウレリウスの肖像。Photo courtesy of The John M. Wing Foundation, The Newberry Library, Chicago.

図29　フルヴィオ『著名人の肖像』（ローマ、1517年）、f. 5v、アレクサンドロス大王の肖像。Photo courtesy of The John M. Wing Foundation, The Newberry Library, Chicago.

図30　フルヴィオ『著名人の肖像』（ローマ、1517年）、f. 9、カトーの肖像。Photo

courtesy of The John M. Wing Foundation, The Newberry Library, Chicago.

図31　フルヴィオ『著名人の肖像』（ローマ、1517年）、f. 115v、ベレンガルの肖像。Photo courtesy of The John M. Wing Foundation, The Newberry Library, Chicago.

図32　フルヴィオ『著名人の肖像』（ローマ、1517年）、f. 63、ティトゥス帝の娘ユリアの肖像。Photo courtesy of The John M. Wing Foundation, The Newberry Library, Chicago.

図33　ダ・カルピ「ムーサの神殿から嫉妬を追い払うヘラクレス」、明暗法表現の木版画。Photo courtesy of The British Museum, London.

図34　フランチャの一派「ローマ皇帝の頭部像」、ニエロ版画。Photo courtesy of The National Gallery of Art, Washington, D. C., Rosenwald Collection.

図35　ライモンディ「ユリウス・カエサルのメダリオン風肖像」、彫版画。Photo courtesy of The Metropolitan Museum of Art, New York, Harris Brisbane Dick fund, 1941 (41.72.3/83).

図36　マッゾッキ『都市ローマのエピグラム』（ローマ、1521年）、f. 15、イノシシ狩り、ならびに他の古典的モチーフを描いた木版パネル。Photo courtesy of The John M. Wing Foundation, The Newberry Library, Chicago.

図37　マッゾッキ『都市ローマのエピグラム』（ローマ、1521年）、f. 74、古代の祭壇を真似た木版枠組み。Photo courtesy of The John M. Wing Foundation, The Newberry Library, Chicago.

図38　マッゾッキ『都市ローマのエピグラム』（ローマ、1521年）、f. 171v、スキピオ・オルフィトゥスの葬儀祭壇。Photo courtesy of The John M. Wing Foundation, The Newberry Library, Chicago.

図39　マッゾッキ『都市ローマのエピグラム』（ローマ、1521年）、f. 105、バティニア・プリスキッラの祭壇。Photo courtesy of The John M. Wing Foundation, The Newberry Library Chicago.

図40　パルンバ「レダと白鳥」、彫版画。Photo courtesy of The National Gallery of Art, Washington, D.C., Rosenwald Collection.

図41　パルンバ「ローマ」、彫版画。Photo courtesy of The British Museum, London.

図42　パルンバ「ガニュメデスの略奪」、木版画。Photo courtesy of The Metropolitan Museum of Art, New York, Harris Brisbane Dick fund, 1925 (25.2.9).

図43　パルンバ「ディアナとアクタイオン」、木版画。Photo courtesy of The British Museum, London.

図44　フルヴィオ『著名人の肖像』（ローマ、1517年）、f. 49、メッサリナの肖像。Photo courtesy of The John M. Wing Foundation, The Newberry Library, Chicago.

図45　フルヴィオ『著名人の肖像』（ローマ、1517年）、f. 45、シラヌスの肖像。Photo courtesy of The John M. Wing Foundation, The Newberry Library, Chicago.

図46　ライモンディ「パリスの審判」、彫版画。Photo courtesy of The National Gallery of Art, Washington, D. C., gift of W. R. Russell Allen.

図47　ル・ポワ『メダルについての議論』（パリ、1579年）、タイトル・ページ。Photo courtesy of The Newberry Library, Chicago.

図48　ル・ポワ『メダルについての議論』（パリ、1579年）、pl. A、ユリウス・カエ

サルの偽造メダルを含む、さまざまな硬貨。Photo courtesy of The Newberry Library, Chicago.
図49　ルイユ『プロンプトゥアリウム』(リヨン、1553年)、タイトル。ページ。Photo courtesy of The Newberry Library, Chicago.
図50　ルイユ『プロンプトゥアリウム』(リヨン、1553年)、第1部、119頁、アスパシアとペリクレスの肖像。Photo courtesy of The Newberry Library, Chicago.
図51　サンブクス『エンブレム集』(アントウェルペン、1564年)、タイトル・ページ。Photo courtesy of The Newberry Library, Chicago.
図52　サンブクス『エンブレム集』(アントウェルペン、1564年)、234ページ、さまざまなメダル。Photo courtesy of The Newberry Library, Chicago.
図53　サンブクス『エンブレム集』(アントウェルペン、1564年)、240ページ、「四季」のメダル。Photo courtesy of The Newberry Library, Chicago.
図54　シメオーニ『古代の図解』(リヨン、1558年)、タイトル・ページ。Photo courtesy of The John M. Wing Foundation, The Newberry Library, Chicago.
図55　シメオーニ『古代の図解』(リヨン、1558年)、130頁、ソロモンのメダル。Photo courtesy of The John M. Wing Foundation, The Newberry Library, Chicago.
図56　シメオーニ『敬虔なる議論』(リヨン、1560年)、203頁、シメオーニの記念墓碑。Photo courtesy of The John M. Wing Foundation, The Newberry Library, Chicago.
図57　フルヴィオ『著名人の肖像』(ローマ、1517年)、f. 26v、M・アグリッパの肖像。Photo courtesy of The John M. Wing Foundation, The Newberry Library, Chicago.
図58　オクゼンブルナー『ローマ著名人史』(ローマ、1510年)、オクタウィウスの木版画。Photo courtesy of The John M. Wing Foundation, The Newberry Library, Chicago.
図59　アルチャート『エンブレム集』(ヴェネツィア、1546年)、f. 42、「芸術ハ自然ヲ助ケル」。Photo courtesy of The Newberry Library, Chrcago.
図60　ホイットニー『エンブレム選集』(ライデン、1586年)、186頁、「オルフェウスの音楽」のエンブレム。Photo courtesy of The Newberry Library, Chicago.
図61　ラツィウス『古代貨幣に関するまぎれもなく最大規模の注釈書からのささやかな見本』(ウィーン、1558年)、タイトル・ページ。Photo reproduced by permission of the British Library, London: shelfmark 602k18 (1). 124
図62　ラツィウス『古銭に関するまぎれもなく最大規模の注釈書からのささやかな見本』(ウィーン、1558年)、最初の3人の皇帝の銀貨を示した図版(「板」)。Photo reproduced by permission of the British Library, London: shelfmark 602K18(1).
図63　ゴルツィウス『ガイウス・ユリウス・カエサル』(ブルージュ、1563年)、タイトル・ページ。Photo courtesy of The American Numismatic Society, New York.
図64　オルシーニ『ローマの家族』(ローマ、1557年)、ユニウス氏族の硬貨。Photo courtesy of The American Numismatic Society, New York.
図65　オッコ『ローマ皇帝の古銭』(アントウェルペン、1579年)、タイトル・ページ。Photo courtesy of The American Numismatic Society, New York.
図66　ヴィーコ『古代メダル論』(ヴェネツィア、1555年)、タイトル・ページ。Photo courtesy of The Newberry Library, Chicago.

図67　アグスティン『メダル、碑文、その他の古代遺物についての対話』（タラゴナ、1587年）、タイトル・ページ。Photo courtesy of The Houghton Library, Harvard University, Cambridge, Mass.

図68　アグスティン『メダル、碑文、その他の古代遺物についての対話』（タラゴナ、1587年）、plate D、さまざまな硬貨。Photo courtesy of The Houghton Library, Harvard University, Cambridge, Mass.